Plötzlich Chef

CLAUDE HEINI | IRMTRAUD BRÄUNLICH KELLER

Plötzlich CHEF

Souverän in der neuen Führungsrolle

Handels**zeitung**

Dank

Die Autorin und der Autor danken Regina Jäggi vom Beobachter-Beratungszentrum für die kritische Durchsicht des rechtlichen Teils sowie der Lektorin Käthi Zeugin für die sorgfältige Betreuung.

www.beobachter.ch/chef

Hier finden Sie zusätzliche Inhalte, Tipps und Austauschmöglichkeiten zum Thema «souverän in der neuen Führungsrolle» (zum Beispiel Videos, Interviews, Umfragen, Quiz). Diese werden laufend aktualisiert. Wir freuen uns auf Ihren Besuch und Ihre Teilnahme an unseren Online-Aktivitäten.

Die Kurzinterviews mit prominenten Führungskräften führte Pascal Ihle, ehemaliger stellvertretender Chefredaktor der «Handelszeitung». Das Gespräch mit Jürg Eggenberger von der Schweizer Kader Organisation SKO führte Stefan Mair, Ressortleiter bei der «Handelszeitung».

Beobachter-Edition
© 2015 Axel Springer Schweiz AG
Alle Rechte vorbehalten
www.beobachter.ch

Herausgeber: Der schweizerische Beobachter in Zusammenarbeit mit der Schweizer Kader Organisation SKO und der Handelszeitung
Lektorat: Käthi Zeugin, Zürich
Umschlaggestaltung: Cornelia Federer, fraufederer.ch
Fotos Umschlag, Seite 12 und 158: iStock
Porträtfotos auf Seite 25, 59, 83, 105, 131, 147, 171, 201, 219, 245: zVg
Reihenkonzept: buchundgrafik.ch
Satz: Bruno Bolliger, Losone
Druck: Grafisches Centrum Cuno GmbH & Co. KG, Calbe

ISBN 978-3-85569-899-8

Mit dem Beobachter online in Kontakt:

 www.facebook.com/beobachtermagazin
 www.twitter.com/BeobachterRat
 www.beobachter.ch/google+

Inhalt

4 Was muss ein guter Chef können? 117

Teil 2: Arbeitsrecht für Führungskräfte 158

5 Besonderheiten des Kaderarbeitsvertrags 161

6 Rechtlich korrekter Umgang mit Untergebenen

Führen ist keine Kunst

Es ist wie in den meisten Disziplinen. Jede Zeit hat ihre eigenen Herausforderungen und Sichtweisen. Dies gilt auch beim Thema Führen in der Wirtschaft. Längst gehört das Fördern von Frauen und Talenten zu den Kernaufgaben eines Vorgesetzten. Wer heute Mitarbeitende motivieren will, tut dies nicht im Kasernenton, sondern besinnt sich auf einen partizipativen Führungsstil mit klarer Zielvorgabe.

Monika Rühl, Pierin Vincenz oder Jean-Claude Biver erzählen in diesem Buch mit Witz und Esprit von ihren Erfahrungen im modernen Führen. Die zitierten Praktiker wissen aus ihrer täglichen Arbeit: Effizientes Führen ist heute anspruchsvoller als je zuvor. Die Vorgesetztenrolle muss bewusst wahrgenommen und mit vielfältigem Wissen umgesetzt werden. Führen ist zwar keine Kunst, aber es ist ein anspruchsvolles Handwerk, das eingeübt und beherrscht sein will. Wer den heutigen Qualitätsansprüchen an Führungskräfte beim Staat und in der Privatwirtschaft entsprechen möchte, tut also gut daran, sich noch intensiver in seine Cheffunktion hineinzudenken und auf seine Vorgesetztenrolle vorzubereiten. Das Sachbuch «Plötzlich Chef. Souverän in der neuen Führungsrolle» ist dabei überaus hilfreich, mithin eine Pflichtlektüre für künftige Führungskräfte. Es ist aber auch gestandenen Chefinnen und Chefs zu empfehlen, die sich noch intensiver mit ihrer Rolle auseinandersetzen wollen. Beispiele im Buch plus konkrete Tipps aus der Praxis bieten auch ihnen einen Mehrwert.

Dieses Sachbuch aus der Beobachter-Edition ist das Werk zweier überaus kompetenter Fachleute. Eingeflossen ist das praxiserprobte Wissen des Beobachter-Beratungszentrums, die Erfahrung der Schweizerischen Kaderorganisation SKO und der Redaktion der «Handelszeitung». Wir alle wüschen Ihnen eine nützliche und inspirierende Lektüre.

Stefan Barmettler,
Chefredaktor der «Handelszeitung»
im September 2015

Teil 1

Souverän in Führung gehen

Mit der Nominierung zum Chef, zur Vorgesetzten geht oft ein Traum in Erfüllung. Das wollte ich schon lange einmal, denken viele. Die heutige Realität zeigt jedoch: Viele Mitarbeitende kommen mit ihrem Chef nicht klar, stellen sich gegen ihn. Dann kann der Traum rasch zum Albtraum werden.

In verschiedenen Umfragen wurden Frischbeförderte nach ihren grössten Sorgen vor dem Rollenwechsel gefragt. Am häufigsten genannt wurde die Angst, zu versagen, an zweiter und dritter Stelle standen die Befürchtungen, nicht anerkannt zu werden respektive nicht genügend Autorität zu haben.

Fragt man gestandene Führungskräfte, weshalb zu Beginn ihrer Karriere einiges schiefgelaufen ist, sagen viele: «Richtig gelernt habe ich das ja nie.» Das können Sie besser handhaben: Dieses Buch hilft Ihnen, das Führen anderer Menschen bewusst anzugehen und den Rollenwechsel zu meistern. Sie lernen, über Ihre Wirkung nachzudenken und auf andere positiv Einfluss zu nehmen. So machen Sie Ihren neuen Job von Anfang an gut.

1

Chefin, Chef werden

Ein erstes Mal Chef zu werden, hat besondere Bedeutung.

Sie haben vielleicht Respekt oder gar etwas Angst vor der neuen

Situation. Anderseits sind Sie voller Tatendrang, wollen sich

beweisen, die neue Aufgabe gut erfüllen. Erfahren Sie in diesem

Kapitel, wie Motive, die eigene Geschichte und persönliche

Voraussetzungen einen beim Rollenwechsel beeinflussen. Darüber

nachzudenken, bevor Sie in der neuen Rolle beginnen, kann

sehr hilfreich sein.

Weshalb werden Sie Chef?

Mehr Einfluss, mehr Geld, höheres Ansehen oder Spass am Führen anderer Menschen? Was motiviert Sie, Chef zu sein? Diese Frage ist zentral, Ihre Antwort auch.

Es ist wichtig, dass Sie sich im Klaren darüber sind, was Sie motiviert, Chefin, Vorgesetzter zu sein und eine Führungsrolle zu übernehmen. Berücksichtigen müssen Sie aber auch, unter welchen Umständen und aus welchen Gründen Sie zum Chef gemacht werden. Werden Sie mit offenen Armen empfangen und unterstützt oder in eiskaltes Wasser geworfen? Die Ausgangssituation zu verstehen, ist entscheidend.

Motive und Wünsche: Weshalb wollen Sie führen?

Es ist durchaus sinnvoll, wenn Sie für Ihre erstmalige Rolle als Führungsperson Wünsche und Motive haben. Daraus entstehen Erwartungen, an denen Sie Ihre Aufmerksamkeit orientieren.

Was motiviert Sie, eine Führungsposition zu übernehmen? Ist es der gute Karriereschritt, die Beförderung mit angenehmen Folgen? Ist es die Möglichkeit, die eigenen Stärken noch besser einbringen, etwas bewegen zu können? Wollen Sie sich selber etwas beweisen?

Gründe und Motivationen für die Übernahme einer Chefrolle können ganz unterschiedlich sein, und es gibt dabei auch kein Richtig oder Falsch. Es kommt sogar vor, dass jemand gar nicht den Wunsch hat, eine Führungsposition zu übernehmen, und doch in diese Situation gerät.

In einer Umfrage bei Erstführenden wurden folgende Gründe oder Motivationen genannt (Reihenfolge nach Häufigkeit):

- Anerkennung
- Karriere, Erfolg
- Einfluss, Macht
- Selbstverwirklichung
- finanzielle Unabhängigkeit

Diese Aspekte sind alle auf die eigene Person bezogen. Wenn man jung ist – und das sind viele, wenn sie ein erstes Mal «in Führung gehen» –, stehen solche Motivationen vielleicht im Vordergrund. Das ist legitim. Die Erfahrung zeigt jedoch: Wer ausschliesslich von selbstbezogenen Kriterien getrieben ist, kann nur beschränkt über längere Zeit erfolgreich führen.

Ihre Motivation hat Einfluss auf Ihr Führungsverhalten, auf Ihre Art, Prioritäten zu setzen, und damit auf Ihre Wirkung auf andere. Wer zum Beispiel auf Anerkennung aus ist, wird alle zur Verfügung stehenden Mittel und sogar die Mitarbeitenden so einsetzen, dass er oder sie diese Anerkennung erhält.

TIPP *Die höchste Chance, in der Führungsrolle erfolgreich zu sein, haben Sie dann, wenn Sie gern führen, wenn Sie gern mit anderen Menschen zusammen auf ein Ziel hin arbeiten.*

MMMM – man muss Menschen mögen

Dieser alte Spruch hat es in sich. Wenn Sie mit dieser Aussage ganz ehrlich nichts anfangen können, sollten Sie sich nochmals gut überlegen, ob Sie für eine Führungsrolle wirklich geeignet und bereit sind. Wie wichtig diese Grundhaltung zu Menschen ist, zeigt folgendes reale Beispiel.

ALS CAROLA H. ihre erste Führungsrolle antritt, ist im Team neben zwei fast gleichaltrigen und einem jüngeren auch ein deutlich älterer Mitarbeiter. Dieser verfügt über viel mehr Berufserfahrung als seine neue Chefin, hat einen ganz anderen Arbeitsstil und ist auch etwas kompliziert. Frau H. lässt sich von diesem Mitarbeiter früh seine Geschichte samt all seinen Erfahrungen erzählen und hört interessiert zu. So kann sie vieles, was ihr etwas fremd vorkommt, immerhin nachvollziehen. Sie sucht nach Dingen, die sie an der besonderen Art dieses Mitarbeiters sogar mögen kann. Diese wertschätzende Haltung führt dazu, dass der Mitarbeiter seine Aufgaben pflichtbewusst erfüllt, dass es kaum je ein Problem mit ihm gibt, obschon er deutlich mehr Führungserfahrung hat als die neue, jüngere Chefin.

Etwas bewegen wollen

Viele Menschen, die eine Führungsposition anstreben, wollen etwas bewegen, positiven Einfluss nehmen. Auch das ist eine berechtigte Motivation. Mehr Verantwortung übernehmen zu wollen, ist ein guter Treiber. Solche Mitarbeiter wünscht sich jeder Betrieb.

Etwas bewegen zu wollen, sollte aber nicht bedeuten, Macht über andere auszuüben. Vielmehr geht es darum, selber voranzugehen, um mit anderen zusammen herausragende Ergebnisse zu erzielen.

Führen heisst dienen

Wollen Sie beruflichen Erfolg mit Zufriedenheit und Erfüllung verbinden? Diese Frage stellt sich jedem, der erstmals in die Chefrolle schlüpft. Lautet Ihre Antwort Ja, empfiehlt es sich, die Führungsaufgabe als Dienst an den Mitarbeitenden, am Unternehmen zu betrachten.

Empfinden Sie das als paradox? Es gibt dazu eine von Robert Greenleaf begründete Philosophie der Führung, einen heute etablierten Ansatz der Führungsforschung: Servant Leadership, die dienende Führung. Diese Philosophie beschreibt das Wirken von Führenden als Dienst am Geführten – im Gegensatz zum beherrschenden Führen. Und sie zeigt deutlich: Wer so führt, führt mit Freude sowie mit Klarheit zum Wozu und Wofür. Positive Kraft für die Erfüllung der Aufgaben ist die Folge. Die oben genannten äusseren Aspekte wie Karriere und Anerkennung werden sich ohne grosse Anstrengung auch einstellen.

REFLEXION

Folgende Fragen können Ihnen helfen, Klarheit über Ihre Motive zu gewinnen:
- Was interessiert mich besonders, was reizt mich an der Führungsaufgabe?
- Welche Erwartungen habe ich an die positiven Folgen der Führungsposition? Suche ich höheres Ansehen, Status, mehr Lohn, die Möglichkeit, etwas zu bewegen, etwas Neues zu lernen ...?
- Wie gern arbeite ich mit Menschen und helfe ihnen, erfolgreich zu sein?
- Wie wichtig sind für mich Einfluss, Macht(mittel), Verantwortung? Was möchte ich bewegen?
- Wie zufrieden möchte ich in der Führungsarbeit sein?

Weshalb kommt es zum Wechsel?

Wissen und verstehen Sie, weshalb Ihr bisheriger oder ein neuer Betrieb Sie zum Chef, zur Vorgesetzten macht? Je nachdem sind die Herausforderungen, die Sie in Ihrer neuen Rolle zu meistern haben, unterschiedlicher Natur. In der Folge finden Sie die häufigsten Szenarien samt einigen Verhaltenstipps.

Natürliche Ablösung

Das ist der häufigste Fall: Die Vorgängerin übernimmt entweder selber eine neue Rolle oder scheidet altershalber aus dem Arbeitsprozess aus. Solche Wechsel sind meist vorhersehbar. Das Unternehmen hat eine gewisse Zeit, eine gute Nachfolgeregelung einzuleiten. Im besten Fall sind Sie bei Ihrer bisherigen Arbeit im Unternehmen durch Leistung und persönliche Qualitäten wiederholt positiv aufgefallen und geniessen den Respekt Ihrer Kollegen und Kolleginnen. Man setzt auf Sie, traut Ihnen die Führungsrolle zu und wählt Sie im Rahmen eines Auswahlverfahrens ganz gezielt aus. Trifft dies zu, starten Sie mit guten Voraussetzungen.

TIPPS *Unterschätzen Sie die neue Situation nicht, trotz aller Vorschusslorbeeren. Klären Sie die Erwartungen an Sie mit den Vorgesetzten. Denn so positiv alles aussehen mag, diese Erwartungen könnten auch zu hoch sein.*

Bringen Sie in Erfahrung, welche Spuren Ihr Vorgänger hinterlassen hat. Waren die Mitarbeiter von ihm so begeistert, dass sie sich gar nichts Besseres vorstellen können? Oder haben sie unter ihm gelitten und sind deshalb sehr froh über den Wechsel?

Sprechen Sie mit Ihrem Vorgänger und lassen Sie sich auch seine Perspektive zeigen – ohne sich davon beeinflussen zu lassen.

Nehmen Sie sich Zeit und hören Sie Untergebenen wie Vorgesetzten aufmerksam zu.

Machen Sie sich ein eigenes Bild, klären Sie Ihre eigenen Vorstellungen und treffen Sie dann erste Entscheidungen.

DER ABTRETENDE TEAMLEITER pflegte einerseits einen relativ direktiven Führungsstil und berücksichtigte die Meinung anderer nur begrenzt. Anderseits war er aber wenig entscheidungsfreudig und änderte häufig seine Meinung, je nach Reaktion von oben. Die Mitarbeitenden erwarten nun von Ihnen als Nachfolger, dass Sie sie mehr miteinbeziehen. Zudem wünschen sie, dass Sie eine klare Richtung vorgeben, Entscheidungen treffen und bei diesen auch bleiben. Wie gehen Sie mit diesen anspruchsvollen Erwartungen um? Wie erreichen Sie, dass die Mitarbeiter lernen, selber mehr Verantwortung zu übernehmen?

Der Vorgänger wurde abgesetzt

Wurde Ihr Vorgänger wegen ungenügender Leistungen oder unerfüllter Erwartungen abgesetzt, ergibt sich für Sie eine besondere Konstellation. Für die Teammitglieder, die Sie führen werden, ist eine solche Absetzung ein Schock – selbst wenn sie absehbar war. Die meisten sind emotional betroffen. Selbst Mitarbeitende, die unter der früheren Situation gelitten haben und froh sind, dass sich etwas ändert, können irritiert sein, wenn es dann so weit ist. Sie können nun nämlich nicht mehr wie vorher den Chef für alles, was nicht funktioniert, verantwortlich machen. Andere, die dem Vorgänger nahestanden, sind möglicherweise sehr verärgert und protestieren, oder sie fühlen sich verletzt und ziehen sich zurück. Vorsicht ist also angesagt.

TIPPS *Erklären Sie dem Team zusammen mit Ihren Vorgesetzten die Situation. Wichtig ist, zu akzeptieren, dass die besonderen Umstände verarbeitet werden müssen. Emotionen sollten nicht verdrängt werden, sondern ihren Platz erhalten, allerdings in kontrolliertem Rahmen.*

———

Verletzen Sie nie zentrale Werte wie Respekt und Fairness gegenüber der abgesetzten Person. Dies deshalb, weil alle Beteiligten genau beobachten, wie Sie als neuer Verantwortlicher mit der Situation umgehen.

———

Beziehen Sie das, was geschieht, gesagt oder empfunden wird, nicht auf sich selber, nehmen Sie es nicht persönlich. Vieles hängt mit der nicht von Ihnen zu verantwortenden Vergangenheit zusammen.

TIPP *Waren Sie Teil dieser Vergangenheit, stehen Sie zu dem, was war. Machen Sie Ihre damaligen Überlegungen transparent. So reduzieren Sie die Gefahr, dass die Mitarbeitenden hinter Ihrem Rücken über nicht Geklärtes sprechen. Sie stärken Ihre Glaubwürdigkeit als neuer Vorgesetzter. Versuchen Sie, Dinge zu vertuschen, sind Sie von Anfang an angreifbar und können nur verlieren.*

Kündigung des Vorgängers

Hat Ihre Vorgängerin selber gekündigt, sollten Sie alles daransetzen, die Hintergründe in Erfahrung zu bringen. Wenn sie anderswo einen guten Karriereschritt machen konnte, schafft das kaum Probleme für Sie. Hat sie die Kündigung hingegen aus Unzufriedenheit, Ärger oder anderen negativen Empfindungen eingereicht, dann ist genaueres Hinsehen sinnvoll.

MIRKO M., DER CHEF DES TEAMS, das Sie übernehmen sollen, hat gekündigt. Sie erfahren, dass er sich in seiner Führungsaufgabe stark eingeschränkt fühlte. Er hatte Probleme mit dem Vorgesetzten, fühlte sich zu oft kontrolliert. Die Mitarbeitenden bekamen die Differenzen mit; auch ihre Motivation litt unter der Situation. Sie sprechen mit Herrn M. vor seinem Abgang und versuchen, seine Sicht zu verstehen, ohne sofort Schlüsse zu ziehen. Dann überlegen Sie, welchen Anteil er selber an der Situation hatte und welchen möglicherweise der Vorgesetzte, Ihr neuer Chef. Gut vorbereitet gehen Sie in das wichtige Gespräch mit diesem. Zuerst lassen Sie ihn seine Sicht darlegen. Auch da versuchen Sie zu verstehen. Beim gemeinsamen Blick in die Zukunft kommunizieren Sie höflich, aber bestimmt, was Ihnen wichtig ist und wie Sie denken, gut zusammenarbeiten zu können.

 TIPPS *Klären Sie folgende Fragen: Was hat die Unzufriedenheit und die negativen Wahrnehmungen Ihres Vorgängers am stärksten beeinflusst? Welche Erwartungen wurden aus seiner Sicht nicht erfüllt? Welchen Anteil an der Situation sehen Sie aufseiten des Betriebs, welchen aufseiten Ihres Vorgängers? Wie denken die Mitarbeitenden über die Vergangenheit?*

Versuchen Sie, die Situation gut zu verstehen, und grenzen Sie sich dort ab, wo die Themen nichts mit Ihnen zu tun haben.

TIPP *Machen Sie Ihre Mitarbeiterinnen und Mitarbeiter darauf aufmerksam, dass Vergleiche sich immer auf die Vergangenheit beziehen und deshalb die Offenheit für eine gemeinsame positive Zukunft beeinträchtigen.*

Der Vorgänger fällt überraschend aus

Ihr Vorgänger fällt unerwartet aus, krankheitshalber oder weil er dringend für ein wichtiges Projekt abgezogen wird. Dann werden Sie in einer Notsituation ins kalte Wasser geworfen. Sie wissen nicht genau, ob dies nur vorübergehend oder definitiv ist. Sie haben jedenfalls weniger Anlaufzeit und müssen sofort in der neuen Rolle agieren. Was als Nachteil erscheint, kann für die Beziehung zu den Mitarbeitenden zum Vorteil werden. Diese wissen, dass es schwierig ist, so unvorbereitet einzuspringen; die Erwartungen bleiben oft realistischer.

TIPPS Lamentieren Sie nicht. Packen Sie die Aufgabe sofort an und geben Sie Ihr Bestes. Nutzen Sie die besondere Situation und besprechen Sie Schwierigkeiten offen mit den Mitarbeiterinnen und Mitarbeitern.

Holen Sie wenn nötig Hilfe, das ist ein Zeichen der Stärke. Diese Unterstützung erhalten Sie bei erfahrenen Führungskräften und auch aus Ihrem Familienkreis. Oder bei einem Führungscoach.

Reorganisation

Ihr Betrieb organisiert sich neu, es gibt eine angepasste oder stark veränderte Struktur und damit auch andere Führungspositionen. Das ist grundsätzlich eine positive Ausgangslage: Sie können im besten Fall Ihre neue Rolle, die Teamaufgabe mitgestalten und die Zusammenstellung Ihres Teams mit beeinflussen.

Oft wird diese Chance nicht genutzt, weil viele Fragen offen sind, weil Unsicherheiten über die Reorganisation bestehen. Man traut sich zu wenig, proaktiv Entscheidungen zu treffen oder Vorschläge zu machen. Das muss nicht sein. In der Regel haben die Verantwortlichen der Reorganisation selber noch keine allzu konkrete Vorstellung von den Details. Da sind Sie also gefragt und können gleich zeigen, dass Sie bereit sind, Verantwortung zu übernehmen.

TIPPS Seien Sie proaktiv und klären Sie so früh wie möglich, welchen Spielraum für eigene Ideen, Vorschläge und vor allem für Entscheidungen Sie haben.

Suchen Sie nach Unterstützern auf allen Ebenen des Unternehmens, bilden Sie ein Netz von Gleichgesinnten.

Von aussen kommen

Bisher war implizit die Rede davon, dass Sie innerhalb Ihres Betriebs zur Chefin, zum Vorgesetzten befördert werden. Alle beschriebenen Situationen treffen Sie natürlich auch an, wenn Sie von ausserhalb rekrutiert werden. Der wichtigste Unterschied: Sie haben keine gemeinsame Geschichte mit Ihrem Team, alles ist neu für Sie.

 TIPPS Investieren Sie genug Zeit und Aufmerksamkeit, um die Geschichte Ihres neuen Umfelds gut zu verstehen. Neu und unbelastet zu sein, ist oft ein Vorteil.

Lassen Sie sich nicht zu stark von den Meinungen Einzelner beeinflussen. Respektieren Sie die Ihnen beschriebene Vergangenheit und die unterschiedlichen Sichtweisen dazu.

REFLEXION

Folgende Fragen helfen Ihnen, Klarheit zu gewinnen über die Ausgangslage und daraus Ihre Schlussfolgerungen abzuleiten:

- Weshalb werde ich als Chef eingesetzt, welche Ausgangssituation hat zum Rollenwechsel geführt?
- Welche Rolle habe ich in der Vergangenheit des Teams gespielt, das ich jetzt übernehme?
- Welche Voraussetzungen finde ich beim Antritt vor? Wo sehe ich besondere Chancen, wo Gefahren?
- Welche Einstellung zum Wechsel und zu mir, welche Empfindungen und Wahrnehmungen haben meine neuen Mitarbeitenden?
- Wo ist Klärung angesagt, wo muss Unausgesprochenes auf den Tisch gebracht werden?

Was für ein Chef wollen Sie sein?

Allen klar machen, wer nun das Sagen hat, befehlen und sich dann zurücklehnen. Oder alle motivieren, ihr Bestes zu geben, gemeinsam hohe Ziele erreichen und darauf stolz sein. Welches ist Ihr Chefkonzept?

Wenn Sie ein erstes Mal die Chefrolle übernehmen, ist es nützlich, sich zu überlegen, wie Sie führen wollen. Sie entscheiden, welchen Führungsstil, welche Art der Führung Sie anwenden. Die Frage ist, wie bewusst Sie das tun. Welche Vorstellungen prägen Ihre Art der Führung? Ihre bisherigen Erfahrungen mit Führung, vor allem auch als Geführter oder Geführte, spielen eine Rolle. Ihre eigene Geschichte, prägende Momente und Ereignisse haben fest verankerte Werte geschaffen und die Erwartungen geprägt, die Sie selber an sich haben.

Die persönliche (Führungs-)Geschichte

Sie denken vielleicht, dass Sie gar keine Führungsgeschichte haben, weil Sie ja zum ersten Mal selber führen werden. Denken Sie nach.

Gut möglich, dass Sie ausserhalb des Berufs schon formell oder informell geführt haben – zum Beispiel als Pfadiführer oder in einer ähnlichen Funktion. Vielleicht waren Sie in der Schule informell die Anführerin einer Gruppe. Welche Erfahrungen haben Sie da mit dem Beeinflussen anderer gemacht? Etwa dass das eigene Wort und Verhalten plötzlich als Beispiel genommen wird?

Zu Ihrer Geschichte gehören aber auch alle Ihre Erfahrungen als Geführter oder Geführte. Diese beginnen viel früher, als wir das manchmal wahrhaben wollen, nämlich mit den eigenen Eltern. Sie waren die ersten Autoritätspersonen. Als kleines Kind haben Sie die elterliche Autorität ohne Einschränkung akzeptiert, Sie waren in einem Abhängigkeitsverhältnis. Sie haben, ohne nachzudenken, «gelernt», dass das Verhalten von Mutter und Vater die einzige Wahrheit darstellt. Diese Wahrheit prägt unbemerkt bis weit ins Erwachsenenalter. Haben Sie da zum Beispiel ge-

NICOLE LOEB

Verwaltungsratsdelegierte der Loeb-Gruppe

Welches war Ihre erste Führungsrolle?

Das war bereits in meiner Jugend. Ich war aktives Mitglied der Pfadfinderbewegung.
Mit 15 Jahren durfte ich zum ersten Mal eine Gruppe «Wölflis» führen, alles Jungs im Alter
von 7 bis 10 Jahren. Für mich war dies eine besondere Erfahrung, da ich zum ersten Mal
allein Verantwortung für andere trug.

Welches war Ihr grösster Fehler als Führungsperson?

Es gab sicher einige Fehler, die mir im Lauf meiner Karriere unterliefen. An einen erinnere
ich mich besonders gut – das war ganz zu Beginn meiner Laufbahn im eigenen Unternehmen. Als ich 1999 als Bereichsleiterin Fashion anfing, war ich voller Enthusiasmus und
Tatendrang. Bei meinen Rundgängen durchs Haus sah ich denn auch tausend Dinge, die
ich verändern wollte, und legte in der Damenmode gleich selbst Hand an. Kurz darauf
stand eine wutentbrannte Abteilungsleiterin in meinem Büro. Sie legte mir eindringlich
nahe, solche Aktionen zuerst mit ihr zu besprechen, da sie sonst das Gesicht vor ihrer
Mannschaft verlieren würde.

Was haben Sie daraus gelernt?

Dass ich mein Team nicht einfach so mit Ideen und Entscheidungen überfahren kann.
Ich handle heute viel überlegter als damals. Ich diskutiere meine Ideen und Visionen im
Team. Auch wenn ich unliebsame Entscheidungen treffen muss, ist es wichtig, dass
meine Mitarbeiterinnen und Mitarbeiter die Gründe kennen. Nur so gewinnt man die
Unterstützung des Teams und hat den gewünschten Rückhalt.

lernt, dass man Sie um Ihre Meinung fragt, oder waren die Ansichten des Vaters ohne Widerspruch zu übernehmen?

Als Jugendliche beginnen wir, die Welt objektiver zu sehen, die bisher einzige Realität mit anderem zu vergleichen und deshalb auch etwas Distanz dazu herzustellen. Doch die frühen Prägungen wirken unbemerkt weiter. Der Einfluss eines sehr autoritären Elternteils etwa kann sich so bemerkbar machen, dass direktives Verhalten später wegen der negativen Erlebnisse abgelehnt wird. Was hat das nun mit Ihrer aktuellen Führungsrolle zu tun?

VIKTOR B., MITARBEITER in einem grösseren Betrieb, wird Teamleiter. Er geht diese erste Führungsfunktion seriös an und bereitet sich gut auf die erste Zeit vor. Nach ein paar Monaten erhält er von seiner Chefin das Feedback, dass er seine Sache gut mache. Allerdings solle er etwas klarer führen und sich bei wichtigen Anliegen gegenüber den Mitarbeitenden durchsetzen. Herr B. denkt nach, und mit der Hilfe eines Coaches entdeckt er, dass er unbemerkt den «Führungsstil» seiner Mutter übernommen hat. Diese hätte gegenüber den Kindern nie ein böses Wort gesagt, obschon auch sie klare Werte hatte. Sie versuchte stets, die Kinder im Gespräch, über Vernunft zu beeinflussen, nie über die Ausübung von Macht. Dies ganz im Gegensatz zum autoritären Vater.

REFLEXION

Folgende Fragen ermöglichen Ihnen, unbewusste Prägungen zu entdecken, die Ihr Verhalten als Chef mitbestimmen:

– Welche Autoritätspersonen in meinem Leben hatten besondere Bedeutung für mich? Welchen Einfluss haben diese bis heute auf mein Denken, meine Werte, mein Verhalten?
– Welches Verhalten möchte ich als Chef unbedingt zeigen (können)? Weshalb finde ich das wichtig?
– Welche Verhaltensweisen will ich um jeden Preis vermeiden? Was steckt dahinter, weshalb ist das so?
– Was habe ich bisher von Führungs- und Autoritätspersonen im beruflichen und privaten Leben gelernt?

Herr B. hat die Art der Einflussnahme seiner Mutter übernommen. In vielen Situationen ist diese Art sinnvoll und ermöglicht ihm gute Beziehungen zu seinem Team. Wenn er allerdings eine Vorgabe machen oder eine wichtige Angelegenheit durchbringen muss, hat er Mühe. Erst als Viktor B. seine Prägung bewusst wird, kann er daran etwas ändern. Er muss Schritt für Schritt lernen, klar Position zu beziehen und anderen auch Grenzen zu setzen.

Auch spätere Prägungen können die eigenen Vorlieben in der Führung beeinflussen – zum Beispiel durch Lehrer, die für die Entwicklung sehr wichtig waren, oder durch Autoritätspersonen in Vereinen, etwa die Trainerin einer Sportmannschaft.

Persönliche Werte

Werte sind internalisierte Handlungsanleitungen, die Ihnen ermöglichen, Entscheidungen zu treffen in Situationen, in denen nicht unmittelbar klar ist, was getan werden sollte. Ein Beispiel:

Sie sitzen im Zug zusammen mit einer Gruppe von Menschen aus einer anderen Kultur, die sich merkwürdig benehmen. Alle reden laut und gestikulieren mit den Händen, als wäre irgendetwas passiert. Aber offenbar ist das normal für diese Menschen. Wenn Toleranz als Wert bei Ihnen fest verankert ist, werden Sie dieses Verhalten akzeptieren, auch wenn es Ihnen fremd erscheint. Wenn nicht, regen Sie sich möglicherweise mächtig auf und beschweren sich sogar. Sie brauchen dabei nicht alle Details der Situation zu kennen. Ihr innerer Wert gibt Ihnen Anleitung für Ihre Entscheidung.

Auch Herr B. im nebenstehenden Beispiel hat Werte gelernt; ein wichtiger für ihn ist Respekt. Das führt dazu, dass er sich stets zurückhält und nicht autoritär auftreten will. Weshalb? Weil er mit dem autoritären Vater erfahren hat, wie es ist, wenn man sich nicht respektiert fühlt. Auch bei Werten wirkt die persönliche Geschichte prägend.

Werte sind in der Führung ein ganz wichtiges Instrument, darauf wird im Kapitel «Gute Führung» noch eingegangen (siehe Seite 108). Hier geht es vor allem darum, dass Sie erkennen, wie Ihre gelernten Werte die Art, wie Sie führen, beeinflussen.

REFLEXION

Mithilfe der folgenden Fragen entdecken Sie, welche Werte Ihr Handeln leiten:

– Was ist mir besonders wichtig, wenn ich andere führe, mit anderen zusammenarbeite, wenn ich bei der Arbeit bin?
– Woher kommt das? Wer und welche Ereignisse haben meine Werthaltungen am stärksten geprägt? Welche Werte will ich weiter hochhalten, welche überdenken und eventuell loslassen?

Erwartungen an sich selbst

Ihre persönliche Geschichte und die Werte, die Sie hochhalten, beeinflussen die Erwartungen, die Sie an sich selber als Chef oder Chefin haben. Diese Selbsterwartungen sind nicht zu unterschätzen, sie haben eine positive, aber auch eine belastende Kraft. Oft denken Führungskräfte – wie auch Menschen generell –, dass Schwierigkeiten im (Berufs-)Alltag von den Erwartungen anderer herrühren. Tatsächlich sind es aber oft die nicht bewussten Erwartungen an einen selber, die sich belastend auswirken.

Positive Auswirkungen der Selbsterwartung

Wenn Sie ein möglichst guter Vorgesetzter, eine möglichst gute Chefin sein möchten, dann ist das grundsätzlich positiv. Sie wollen Ihr Bestes geben, Erfolg haben und zeigen, was Sie können. Eine gute Voraussetzung – Sie werden nicht so rasch mit sich selber zufrieden sein, werden stets darüber nachdenken, ob es noch eine bessere Art gibt, in Ihrer Führung den eigenen Erwartungen zu entsprechen. Sie sind bereit, zu lernen und an der Führungsaufgabe zu wachsen.

LINDA J. TRITT IHRE ERSTE FÜHRUNGSAUFGABE an. Sie hat sich aufgrund eigener Erfahrungen fest vorgenommen, die Mitarbeitenden wertschätzend zu behandeln und sie wo immer möglich in die Entscheidungsprozesse einzubeziehen. Deshalb achtet sie bei jedem Meeting darauf, wie sie kommuniziert. Sie wählt ihre Worte bewusst und fragt stets nach, wie die Mitarbeitenden mit den Aufgaben klarkommen. Ihr Team reagiert positiv auf diese Art der Führung und unterstützt sie. Sobald Frau J. aber das Gefühl hat, jemand fühle sich

28

nicht mehr ganz wohl, beschäftigt sie das sehr. Sie zerbricht sich den Kopf, wie sie diesem Teammitglied helfen könnte – getrieben von ihrer Selbsterwartung, stets zu unterstützen.

DAMIAN W., AUCH SOEBEN TEAMLEITER GEWORDEN, hat sich fest vorgenommen, klar zu zeigen, dass er der Chef ist. Er befürchtet, dass sonst die Exkollegen ihn als Vorgesetzten nicht respektieren. Diese Erwartung führt dazu, dass er etwas auf Distanz zum Team geht. Er kommuniziert klar und vermittelt den Mitarbeitenden seine Vorstellung von der nächsten Zukunft mit allen Verbesserungsmöglichkeiten. Diese Massnahme verfehlt ihre Wirkung nicht. Die Mitarbeitenden verstehen relativ schnell, dass er jetzt eine andere Rolle hat. Allerdings führt seine Entscheidung, in der Pause nicht mehr gemeinsam Kaffee zu trinken, auch zu Unstimmigkeiten. Einzelne glauben, dass er sich zu stark als Chef darstellen wolle, weil sie seine gute Absicht nicht verstehen.

In beiden Beispielen haben die Selbsterwartungen der neu Führenden tatsächlich positive Wirkungen.

Belastende Auswirkungen der Selbsterwartung

Die Beispiele zeigen aber auch, dass feste Selbsterwartungen Gefahren mit sich bringen. Die positiven Erwartungen – im ersten Beispiel Wertschätzung, im zweiten Abgrenzung – werden zur fixen Vorstellung, mögliche negative Auswirkungen werden ausgeblendet.

Frau J. im ersten Beispiel hat aufgrund ihrer Führungsgeschichte die Befürchtung, sie könnte jemandem auf die Füsse treten, sie könnte zu wenig wertschätzend sein. Ihre Erwartung wertschätzender Führung – grundsätzlich sehr positiv und unterstützungswürdig – wird zum festen Antreiber ihres Verhaltens. Jede Abweichung nimmt Frau J. als Irritation und als Gefühl des Versagens wahr, weil sie die eigene Erwartung nicht erfüllt. Das löst unnötige Zweifel aus und schwächt letztlich ihre Führungswirkung.

Die Erwartung von Herrn W., sich jederzeit Respekt zu verschaffen, führt dazu, dass er alles tut, um jede Erfahrung des fehlenden Respekts zu vermeiden. Er grenzt sich so übertrieben von seinen Exkollegen ab, dass diese sein Verhalten nicht nachvollziehen können. Reagieren dann Einzelne mit Unverständnis, nimmt Herr W. dies als mangenden Respekt wahr – und grenzt sich noch stärker ab. Ein Teufelskreis bahnt sich an.

- Ich muss perfekt sein.
- Ich darf keine Fehler machen.
- Ich muss beliebt sein.
- Ich muss mich immer anstrengen und mich beweisen.

INFO *Die meisten Probleme in der Arbeitswelt entstehen aus festen Erwartungen, wie etwas sein sollte. Werden diese nicht erfüllt, stellt sich ein unangenehmes Gefühl ein. Man empfindet etwa Schuld, Scham, Ärger oder Ähnliches – alles weitverbreitete Emotionen. Die Folge ist oft ein reduziertes Selbstwertgefühl.*

Seien Sie nicht zu streng mit sich selbst

Oft hört man von Führungskräften folgenden Satz: «Ich erwarte von mir, stets ein Vorbild für meine Mitarbeitenden zu sein, und erwarte von ihnen nur, was ich auch von mir erwarte.» Diese Absicht ist erstrebenswert, hat aber bei Übertreibung einen Haken. Das Denkmuster dahinter könnte sein: «Ich muss es allen recht machen.» Das Risiko dabei ist, dass man dann beim kleinsten Fehler bereits die eigene Qualität als Führungskraft hinterfragt. Die Lösung: Behalten Sie diesen Satz als Prinzip und ergänzen

REFLEXION

- Welche positiven Erwartungen habe ich an mich als Chef oder Chefin?
- Welche Absichten verfolge ich, die auf andere positive Wirkung haben können?
- Woher kommen diese Absichten?
- Wie sehr bin ich auf meine Erwartungen fixiert? Was ist, wenn ich sie nicht erfülle?
- Welches sind meine drei grössten Vorbilder als Führungskräfte (in meinem Umfeld, aus Geschichten, die ich gehört habe, aus den Medien)? Welche Qualitäten dieser Persönlichkeiten faszinieren mich?

Sie ihn: «...und wenn es mir einmal nicht gelingt, dann stehe ich dazu, spreche darüber und bekräftige meine Absicht.»

TIPP *Machen Sie sich Ihre Erwartungen an sich selbst bewusst und streben Sie ihnen nach, ohne sich darauf zu versteifen, ohne sie zur fixen Idee werden zu lassen.*

Was für ein Chef können Sie sein?

Die Heldin sein, die immer richtig handelt und alles schafft, oder das Opfer der eigenen Schwächen sein, für die man eh nichts kann? Beides sind Trugbilder. Was können Sie wirklich?

Jeder und jede von uns hat einzigartige Talente und Stärken ebenso wie Begrenzungen. Wie können Sie in der Führung Ihre besonderen Stärken einbringen und anderseits Ihre Grenzen akzeptieren, Ihre Schwächen kompensieren? Das Wichtigste: Sie müssen sich selber gut kennen.

Was macht Sie stark?

Wie gut kennen Sie sich selber wirklich? Diese Frage können nur Sie für sich beantworten. Die Antwort hängt davon ab, wie oft Sie darüber schon nachgedacht haben. Neben den eigenen Gedanken sind aber immer auch Rückmeldungen – Feedback – von anderen wichtig. Alle Menschen haben ihre blinden Flecken, Aspekte, die sie gar nicht sehen. Dies gilt auch für Stärken, Qualitäten etwa, die Sie ganz natürlich einbringen und deshalb gar nicht mehr als etwas Besonderes betrachten. Andere Menschen aus Ihrem Umfeld können Ihnen solche Eigenschaften als Stärken bestätigen.

Klarheit über die eigenen Stärken ist wichtig, wenn Sie eine erste Führungsrolle übernehmen. Denn auf diese Stärken sollten Sie setzen. Ebenso wichtig ist es, dass Sie wissen, wie Sie mit Ihren Begrenzungen umgehen wollen. Sie müssen ja nicht alles selber können.

Können und Wollen

Eine Tätigkeit, die Sie sehr gut können, für die Sie aber keine besondere Leidenschaft empfinden, ist noch nicht eine wirkliche Stärke. Beispiel: Sie können sehr gut planen, haben aber selten wirklich Lust dazu.

Ebenso wenig ist es eine Stärke, wenn Sie etwas besonders gern tun. Dann handelt es sich vielmehr um eine Leidenschaft, die Sie mit mehr oder weniger Talent dazu ausüben. Beispiel: Sie zeichnen gern Folien, sind gern kreativ – wissen aber, dass andere dies deutlich besser und auch schneller können als Sie. Für eine echte Stärke braucht es beide Dimensionen, Können und Wollen (siehe Grafik).

WAS IST EINE STÄRKE?

Identifizieren Sie Ihre Stärken

Stärken können sowohl angeborene Fähigkeiten, sogenannte Talente, beinhalten wie auch gelernte Fertigkeiten, die darauf aufbauen. Hier eine Aufzählung möglicher Stärken, die sich in der Führung gewinnbringend einsetzen lassen:

- Aktiv und dynamisch: bringt sich und andere rasch vom Denken zum Tun.
- Inspirierend: kann andere motivieren und dazu bewegen, mitzumachen.

- Gut in der Planung: kann gut arrangieren und organisieren.
- Natürlich kommunikativ: kann gut sprechen und mit einfachen, verständlichen Botschaften andere erreichen.
- Besonnen in den Entscheidungen: kann auch mit heiklen Themen gut umgehen und dazu für alle tragbare Entscheidungen treffen.
- Selbstdiszipliniert: liebt Struktur und eine gewisse Routine (auch Regeln) sowie Verantwortungsbewusstsein.
- Gut im Setzen von Prioritäten: schafft einen klaren Fokus und bringt Aufgaben termingerecht zur Erfüllung.
- Begabt in der Entwicklung anderer: sieht das Potenzial in anderen und bringt dieses zum Einsatz.
- Empathisch: versteht unterschiedliche Sichtweisen und Empfindungen und kann anderen in schwierigen (emotionalen) Situationen durch Einfühlung helfen.
- Ehrgeizig: strebt Bestleistungen an und treibt andere zu solchen an.
- …: Ergänzen Sie, was Sie als (Führungs-)Stärke empfinden.

Oft bestehen Stärken auch aus einer Kombination von mehreren Aspekten. Seien Sie vor allem ehrlich mit sich selber, wenn Sie in der folgenden Reflexionsübung die zwei bis drei Punkte auswählen, die Ihre Stärken darstellen. Schauen Sie in einem zweiten Schritt, welche weiteren Aspekte Ihr Potenzial für morgen repräsentieren. Dann arbeiten Sie daran.

REFLEXION
Folgende Fragen helfen Ihnen, Klarheit zu gewinnen über Ihre in der Führung relevanten Stärken:
- Welche Eigenschaften/Qualitäten aus der obigen Liste – samt meinen eigenen Ergänzungen – zähle ich zu meinen Stärken?
- Welches sind die drei Topaspekte, zu denen ich auch regelmässig positives Feedback erhalte?
- Wie zeigen sich diese Stärken im Arbeitsalltag? Welche positive Wirkung können diese Stärken erzielen?
- Wie setze ich meine Stärken in der Führungsarbeit ein und wie kann ich dies noch mehr und gezielter tun?

Persönliche Grenzen

Ebenso wie jeder Mensch seine Stärken hat, gibt es für alle Grenzen und Begrenzungen. Man kann nicht überall stark sein, das macht den Menschen ja gerade aus. Die Frage ist aber, ob Sie Ihre Grenzen kennen und wie Sie damit umgehen. Versuchen Sie nicht, die zu Ihnen gehörenden Schwächen auszuschalten. Eine Schwäche ist kein Anlass, sich zu schämen. Freuen Sie sich vielmehr, dass dadurch die Unterstützung von anderen und die Zusammenarbeit mit ihnen gefragt ist. Ihre Mitarbeitenden können Stärken dort einbringen, wo Sie Ihre Schwächen haben.

Es gibt Führungskräfte, die sehr kreativ sind, stets gute Ideen, Visionen haben und in jeder Situation Möglichkeiten sehen. Solche Chefs sind selten auch genau. Sie verpassen die kleinen Details, was manchmal zu unangenehmen Situationen führen kann. Ebenso sind sie schlecht darin, Arbeiten routinemässig auf dieselbe Art und Weise zu erledigen. Es liegt ihnen nicht und sie tun es äusserst ungern. Ist das auch Ihre Ausprägung? Dann können Sie vernünftigerweise nur zwei Dinge tun:

- Methoden und Techniken identifizieren oder bei anderen abschauen, die die negativen Konsequenzen Ihrer Schwäche minimieren. Zum Beispiel lernen, mit Checklisten die Details einer Aufgabe in den Griff zu bekommen.
- Mitarbeitende oder Kollegen finden, die ihre Stärken dort haben, wo Sie schwach sind, und diese gezielt einsetzen.

STÄRKE-SCHWÄCHE-PAARE

Die folgenden Fähigkeiten sind selten beide gleich ausgeprägt vorhanden – sie treten häufig als Stärke-Schwäche-Paar auf.

Die grossen Zusammenhänge sehen	Die Details einer Situation erkennen
Sehr gut für sich allein arbeiten können	Sich mit anderen austauschen können
Sehr flexibel sein und sich anpassen können	Strukturiert und nach Vorgabe arbeiten können
Analytisches Denken und Entscheiden	Entscheiden nach Prinzipien

Sie arbeiten nicht allein!

Lassen Sie sich nicht von Ihrem Ego bestimmen. Dieses wird Ihnen wahrscheinlich einreden, dass Sie keine Schwächen eingestehen sollten, erst recht nicht am Anfang. In der Praxis ist es gerade so, dass diejenigen Chefs als souverän und stark bewertet werden, die sowohl zu ihren Stärken wie auch zu ihren Schwächen stehen.

CARLO Z., DER NEUE KÜCHENCHEF, hat es gern flexibel. Er freut sich über tägliche Veränderungen bei den Wünschen der Gäste und kann sich sehr rasch darauf einstellen. Diese Flexibilität hilft ihm auch in der Zeit, als ein grosser Küchenumbau angesagt ist. Er kann gut mit den Veränderungen umgehen und hilft seinem Team, sich rasch zu adaptieren. Aber: Wichtige Dokumente von Umbauaufträgen gehen fast verloren, die Sitzungen mit dem Küchenteam finden meist zu spät statt – weil Herr Z. sich verspätet oder sie vergisst. Es gibt keine Struktur, keine festen Abläufe mehr. Herr Z. fühlt sich dabei wohl, sein Team aber gar nicht. Es kommt zu Unstimmigkeiten, das Klima verschlechtert sich immer mehr – bis der Chef erkennt, dass er etwas unternehmen muss. Er stärkt die Rolle seiner Stellvertreterin, einer hoch strukturierten, detailorientierten Person. Einmal pro Woche sitzt er mit ihr zusammen, bespricht Anstehendes und stellt sicher, dass sie die Sitzungen plant und in die Agenda einträgt. Stabilität und Verlässlichkeit kehren zurück. Die Stimmung im Team verbessert sich schnell.

TIPPS *Lernen Sie Ihre Stärken kennen. Identifizieren Sie auch Ihre Begrenzungen, lernen Sie, damit umzugehen, und kompensieren Sie grössere Schwächen mithilfe Ihres Teams.*

Wenn Sie trotz Reflexion unsicher sind, wo Ihre Stärken und Begrenzungen liegen, nutzen Sie Rückmeldungen vertrauenswürdiger Quellen, beruflich (eine Kollegin) oder privat (den Partner).

Fragen Sie bei der Personalabteilung nach, ob in Ihrer Firma ein Feedback-Instrument mit Fragebogen eingesetzt wird. Die Mitarbeitenden können dann direkt Rückmeldung geben, wie sie Ihre Führung wahrnehmen. Dies macht allerdings frühestens nach sechs Monaten in der neuen Rolle Sinn.

DIESE HERAUSFORDERUNGEN ERWARTEN FÜHRUNGSKRÄFTE IN ZUKUNFT

Auf der Basis einer Studie, die mit der Kalaidos Fachhochschule durchgeführt wurde, hat die Schweizer Kader Organisation folgende Herausforderungen identifiziert:

Komplexität und Widersprüche

Die Einflussmöglichkeiten von Anspruchsgruppen (Kunden, Lieferanten, anderen Abteilungen) sowie der Informationsfluss werden vielschichtiger, das zunehmende Tempo sorgt für Entscheidungsdruck.

→ *Als Führungskraft müssen Sie die an Sie gestellten Erwartungen kennen, sich abgrenzen und mit Widersprüchen umgehen können. Gefragt sind Vernetzung, Transparenz und der Einbezug der Mitarbeiter in die Entscheidungsprozesse (siehe Seite 127).*

Innovation unter Ressourcenknappheit

Innovationen müssen schneller und kundenorientierter auf den Markt gebracht werden; der Fachkräftemangel nimmt zu. Es ist zentral, die (besten) Mitarbeiter zu halten und zu fördern.

→ *Als Vorgesetzte müssen Sie das Know-how im Team auf die gestiegenen Anforderungen ausrichten. Sie müssen Probleme rasch und effizient lösen. Dazu braucht es eine produktive Zusammenarbeit und die Rekrutierung der besten und kooperationswilligen Leute.*

Heterogenität in der Teamarbeit

Immer öfter arbeiten in Teams Menschen unterschiedlicher Generationen, kultureller Hintergründe, Lebensstile und Wertvorstellungen – das wirkt sich auf die Einstellung zur Arbeit aus.

→ *Als Chef müssen Sie Regeln der Zusammenarbeit definieren, die von allen getragen werden. Die Regeln sollten die Meinungsvielfalt zulassen oder gar fördern.*

Neue Arbeitsformen, neue Unternehmensstrukturen

Das Bedürfnis nach zeit- und ortsunabhängigem Arbeiten in Netzwerken steigt. Immer mehr Vorhaben werden in interdisziplinären Projektteams umgesetzt. Die Bedeutung von Hierarchien in der Linienführung nimmt ab.

→ *Als Führungskraft müssen Sie die Teammitglieder koordinieren und sinnvoll vernetzen. Und Sie müssen die Selbstführung und -verantwortung der Mitarbeitenden sowie die Ausrichtung an den Ergebnissen fördern (siehe auch virtuelle Teams, Seite 148).*

Der eigene Energiehaushalt

Die Zunahme an Komplexität, Tempo und Dynamik verlangt von Führenden das Navigieren in Spannungsfeldern und das Bewältigen von Herausforderungen, ohne auszubrennen.

→ *Als Chef müssen Sie sich regelmässige Regenerations- und Reflexionszeiten schaffen und ihre Arbeitstechnik stetig verfeinern (siehe Seite 85).*

REFLEXION

Folgende Überlegungen helfen Ihnen, gut mit Ihren Grenzen umzugehen:

– Welche Schwächen kenne ich von mir? Wie wirken sie sich in meiner Führung und Beziehung zu anderen aus?

– Was ist jeweils das Gegenteil meiner Stärken in der Führung? Trifft das auf mich zu? Wie begrenzen solche Eigenschaften mich und mein Team im Alltag?

– Wie und mit wem kann ich die Schwächen kompensieren? Was brauche ich dazu?

2

Die neue Rolle

Sie waren Mitarbeiter, Mitarbeiterin wie viele andere, jetzt sind Sie plötzlich Chef oder Chefin. Was bedeutet das? Ihre Hauptaufgabe ist es nun, ein Team zum Erfolg zu führen. Sie werden vor allem am Ergebnis Ihres Teams gemessen, nicht mehr nur an Ihrem individuellen Beitrag. Dieser Wechsel des Fokus vom Ich zum Wir ist entscheidend und mit Herausforderungen verbunden. Wie Sie ihn meistern, erfahren Sie in diesem Kapitel.

Was verändert sich?

Vorher gelobt für die eigene Leistung, das eigene Fachwissen, nun verantwortlich für die Leistung des ganzen Teams. Ein Schritt, der es in sich hat und den viele unterschätzen.

Einerseits verändern sich die Sichtweisen und Erwartungen anderer an Sie – sei es Ihr neuer Vorgesetzter, seien es Ihre Mitarbeitenden oder Kolleginnen und Kollegen. Auch Sie selber müssen die Perspektive wechseln und akzeptieren, dass Sie nicht auf gleiche Weise wie früher erfolgreich sein können. Die Art, wie Sie Wirkung erzielen, ändert sich und ebenso Ihre Einflussmöglichkeiten. Wenn Sie den Wechsel bewusst angehen, vermeiden Sie Fallstricke und dumme Fehler.

Vom Ich zum Wir

Dies ist der schwierigste Schritt bei der Übernahme einer Führungsrolle: Nicht mehr das Ich steht im Vordergrund, sondern das ganze Team.

Je nach Grösse und Aufgabe Ihres Teams kann Ihr persönlicher Anteil am gemeinsamen Ergebnis immer noch hoch sein. Ein Garagenchef zum Beispiel mit einem kleinen Team packt nach wie vor selber mit an. Seine Fähigkeiten als Spezialist sind weiterhin gefragt. Aber sie reichen nicht mehr.

Sobald Sie mehr als drei Mitarbeitende führen, ändern sich die Verhältnisse. Als Mitglied des Teams konnten Sie Ihre Aufgaben gut abgrenzen. Sie wussten, wie Sie die Erwartungen erfüllen konnten. Ihre Leistung steuerten Sie weitgehend selber. Nun haben Sie eine neue Aufgabe: Sie müssen dafür sorgen, dass Ihre Teammitglieder genau dies optimal tun können.

INFO *Ihren grössten Beitrag als Führungsperson leisten Sie dann, wenn es Ihnen gelingt, die Beiträge der einzelnen Mitarbeiterinnen und Mitarbeiter optimal zu summieren und zusätzlich das Potenzial von Synergien spielen zu lassen. Ganz nach dem Motto: 1 + 1 = mindestens 3.*

DER WECHSEL VOM ICH ZUM WIR

Ich

WIRKUNG

Ich
Teamleiter

Wir
Team

Loslassen!

Dieser Wechsel fällt vielen schwer. Als erstmals Führende klammern sie sich in ihrer Unsicherheit an die bisherige Arbeitsweise und den eigenen Beitrag an die Teamleistung. Dadurch wird das Gesamtergebnis aber kaum besser. Als Führungskraft wird es zu Ihrer grössten Anerkennung, dass Ihr Team erfolgreich ist.

HEINER S. HAT DIE FÜHRUNG eines Kundenberaterteams in einem Mobiltelefonunternehmen übernommen. Vorher war er selber einer der besten Kundenberater und wurde verschiedentlich für seine Leistung ausgezeichnet. Er bleibt Kundenberater und versucht, das Team zu koordinieren. Er nimmt an den Abteilungssitzungen teil und gibt sich die grösste Mühe, allen Anforderungen als Teammanager zu genügen. Das alles wird bald zu viel für ihn. Er merkt, dass die anderen Berater zwar immer noch viel Respekt haben, weil er zu den besten gehört. Aber ihre Leistung nimmt erkennbar ab. Was ist los?

Herr S. spricht mit einzelnen Teammitgliedern und erfährt, dass er aus ihrer Sicht seine Rolle als Führungskraft noch gar nicht richtig eingenommen hat. Er entscheidet sich, mehrere Kunden an Mitarbeiter abzugeben und diese beim Aufbau der neuen Beziehung zu unterstützen. Zudem beschliesst er, alle zwei Wochen mit jedem Teammitglied zu sprechen und zu schauen, was er oder sie braucht, um noch erfolgreicher zu sein. Nach drei Monaten spürt Heiner S. keinen unnötigen Stress mehr, und die Teamleistung ist merklich gestiegen.

Das Beispiel zeigt, dass es beim Rollenwechsel darum geht, loszulassen. Unterschätzen Sie diese Herausforderung nicht. Später werden Sie dafür belohnt.

Vom Auftragnehmer zum Auftraggeber

Bisher haben Sie Aufträge und Aufgaben von oben erhalten. Bestimmt war Ihnen auch nicht immer klar, was man genau von Ihnen erwartete. Aber Sie mussten Ihre Aufgaben nur bedingt selber formulieren – vorausgesetzt, Sie hatten einen aktiv führenden Vorgesetzten.

Nun ist es Ihre Sache, Aufträge und Aufgaben zu vergeben. Wenn Sie sich an Ihre Zeit als Mitarbeiter erinnern, wissen Sie sehr wohl, worauf es für Ihre Untergebenen dabei ankommt.

Aufträge erteilen

Der Auftrag muss klar und verständlich formuliert und definiert werden. Je nach «Reifegrad» eines Mitarbeiters sind dazu mehr oder weniger Details nötig. Ein junger, unerfahrener Mitarbeiter braucht eindeutige Anweisungen mit vielen Details. Einer erfahrenen, kompetenten Fachkraft dagegen genügen die Eckpfeiler; wie sie den Auftrag ausführt, können Sie ihr weitgehend überlassen. Auch können Sie sie schon bei der Formulierung des Auftrags miteinbeziehen.

Die Erwartungen an die Mitarbeitenden müssen geklärt sein, das ist entscheidend. Dazu braucht es Vorbereitung und gute Gespräche. Wenn jemand erstmals führt, hat er möglicherweise Hemmungen, anderen, vor allem auch den Exkollegen, Anweisungen zu erteilen. Man will ja nicht unnötig den Chef markieren. Doch es gibt nichts Unangenehmeres, als wenn Sie während des Bearbeitungsprozesses oder zum Schluss feststellen, dass die Erwartungen nicht klar waren oder dass unterschiedliche Vorstellungen von der Qualität des Ergebnisses vorlagen.

Kontrollieren

Früher, als Mitarbeiter oder Mitarbeiterin, haben Sie es möglicherweise nicht gemocht, wenn Ihr Vorgesetzter Ihre Arbeit kontrollierte. Wenn er ständig wissen wollte, was Sie machten und was dabei herausschaute. Gleichzeitig freuten Sie sich, wenn Sie für Ihre Arbeit Anerkennung erhielten. Nun sitzen Sie auf der anderen Seite. Sie haben das Gesamtergebnis zu verantworten. Deshalb sollten Sie bestens informiert sein, was wo und wie läuft.

Die Kunst ist es, die Qualität zu sichern, ohne dass Ihre Kontrolle von den Mitarbeitenden als unangenehm wahrgenommen wird. Das müssen Sie lernen. Der Schlüssel dazu ist die Haltung, mit der Sie die Kontrollen vornehmen. Wenn Sie aus echtem Interesse mit Mitarbeitenden sprechen und ihnen auch Anerkennung geben für Geleistetes, wird Kontrolle nicht negativ erlebt. Sie wird als Teil Ihrer Unterstützung und Wertschätzung wahrgenommen.

Andere beurteilen

Als Mitarbeiter oder Mitarbeiterin haben Sie Situationen erlebt, in denen es Ihnen wichtig war, die Fairness der Vorgesetzten zu spüren. Nun schauen Ihre Teammitglieder auf Sie, erwarten Fairness von Ihnen.

Dies gilt besonders bei Leistungsbeurteilungen. Wenn es nur um die Überprüfung von zahlenmässigen Umsatz- oder Verkaufszielen geht, ist Fairness weniger schwierig. Die Fakten bestimmen die Beurteilung. Grösser ist die Herausforderung, wenn qualitative Ziele vereinbart wurden, etwa Verbesserungen eines Arbeitsschritts wie die Kontrolle von Belegen, oder sogar Verhaltensziele, zum Beispiel «zuvorkommender kommunizieren». Viele Führungsanfänger haben zu Recht grossen Respekt vor solchen nicht objektiven Beurteilungen. Manche fürchten sich vor klaren Aussagen, um ja keinen vor den Kopf zu stossen. Sie formulieren schwammige Bewertungen, die niemandem etwas nützen. Im Zweifelsfall geben sie positive Einschätzungen ab und machen Versprechungen, die nicht erfüllt werden können. Das schwächt das gegenseitige Vertrauen und macht es für beide Seiten schwierig.

Als Vorgesetzter, als Teamleiterin kommen Sie nicht darum herum, Einschätzungen in Bezug auf Ihre Mitarbeitenden vorzunehmen. Sie stehen in der Verantwortung.

CORNELIA D. FÜHRT das Jahreszwischengespräch mit ihrem erfahrenen Mitarbeiter Markus B. Sie hat vorgängig sowohl Zahlen (Leistung) wie auch die Zielvereinbarung studiert und festgestellt, dass Herr B. bei zwei Zielen deutlich im Hintertreffen ist. Im Gespräch fokussiert sie auf die positiven Seiten und anerkennt die guten Ergebnisse sowie die grosse Erfahrung des Mitarbeiters. Sie will sich ja keine unnötigen Probleme schaffen. Am Ende erwähnt sie kurz die beiden offenen Ziele und meint, Herr B. würde ja sicher noch daran arbeiten. Dieser bestätigt, dass er sich da Mühe geben wolle.

Ende Jahr entscheidet sich Frau D., Markus B. bei der Bewertung im Vergleich zu den anderen Teammitgliedern nur ein durchschnittliches Rating zu geben. Schliesslich hat er die beiden Ziele noch immer nicht erfüllt. Herr B. ist sehr verärgert und gibt zu verstehen, dass die Chefin ihm nie klar gesagt habe, dass diese Ziele wirklich erfüllt sein müssten und wie wichtig sie seien. Es kommt zu einer Auseinandersetzung, das Vertrauensverhältnis ist getrübt.

Solche Situationen müssen nicht entstehen. Sie können sie verhindern, indem Sie klar kommunizieren und die Beurteilungsaufgabe von Anfang an ernst nehmen (mehr zum Qualifikationsgespräch auf Seite 153).

TIPPS *Treffen Sie zu Beginn des Jahres klare und von beiden Seiten bestätigte Vereinbarungen: eindeutige Ziele und Rahmenbedingungen, unmissverständliche Erwartungen.*

———

Zeigen Sie auf, was die Konsequenz ist, wenn eine Erwartung nicht erfüllt wird. Diese Transparenz hilft beiden Seiten.

———

Geben Sie rasch Rückmeldung, wenn etwas Ihrer Meinung nach nicht nach Wunsch läuft.

*Unterstützen Sie Ihre Mitarbeiterinnen und Mitarbeiter aktiv, um die
Differenz zu beheben respektive zu bearbeiten.*

———

*Halten Sie alle Beobachtungen und Referenzen fest, sodass Sie
am Ende des Jahres genau erklären können, wie Sie zu Ihren Beurteilungen gekommen sind.*

Spezialfall: vom Kollegen zum Chef

Wer vom Kollegen zum Chef wird, denkt oft, die Rolle zu wechseln, sei
kein Problem: Die früheren Kolleginnen und Kollegen werden es doch
weiterhin gut haben mit mir. Fehlanzeige!

Altlasten!
Diejenigen, die Ihnen vorher als Kollegen nahestanden, hoffen und erwarten, dass Sie sie wo möglich bevorzugen. Sie versuchen, die Nähe zu Ihnen
auszunutzen, und suchen nach informellen Begegnungen, in denen man
noch kurz dies und das besprechen, Ihnen ein paar Hinweise geben kann,
was da bei wem läuft. Meist sind keine bösen Absichten im Spiel. Dennoch
ist Vorsicht angesagt. Bemühen Sie sich, dass gerade diese Exkollegen
Ihre neue Rolle verstehen. Das wird eine Weile dauern. Wenn Sie ein
Ungleichgewicht entstehen lassen, kann das der Teamdynamik schaden.

Einzelne Mitarbeiter, die Sie von vorher gut kennen, befürchten möglicherweise auch, dass Sie diese Kenntnisse gegen sie verwenden. Etwa ein
Kollege, der in der Vergangenheit mit Ihnen über persönliche Schwächen
und Herausforderungen gesprochen hat. Sie könnten dieses Wissen ja
nutzen, um eine kritische Leistungsbeurteilung zu legitimieren. Oder Sie
könnten sich bei wichtigen Entscheidungen, etwa zum Salär oder zu Beförderungen, davon beeinflussen lassen. Solche Befürchtungen sollten Sie
ernst nehmen.

Anders ist die Situation für Mitarbeiter, die vorher nicht zu Ihren enge-
ren Kollegen gehörten. Diese könnten befürchten, durch den Rollenwechsel benachteiligt zu sein. Sie werden Ihr Verhalten besonders genau beobachten und jede Aktion registrieren, die ihre Befürchtungen nährt. Dann
wird getuschelt, kleine Gerüchte werden verbreitet und schon entsteht
Unruhe, die nur schwer zu kontrollieren ist.

Ihre neue Position verändert die Beziehungen im Team – ob Sie das wollen oder nicht. Frühere Freundschaften können durchaus auf die Probe gestellt werden, bis sich das neue Verhältnis eingespielt hat.

 TIPP *Nehmen Sie Befürchtungen im Team ernst. Seien Sie sich immer bewusst, weshalb Sie wann und wozu mit wem sprechen, um unnötige negative Interpretationen zu vermeiden.*

Auf Distanz gehen?

Es gibt frischgebackene Chefs, die auf Distanz gehen und plötzlich tun, als wären die Exkollegen ihnen fremd. Jeder direkte informelle Kontakt wird vermieden aus Angst, etwas falsch zu machen. Das ist kontraproduktiv, weil nicht ehrlich und nicht authentisch. Alle Beteiligten wissen, wie die Welt vor Ihrem Antritt als Teamleiter oder Chefin ausgesehen hat. Es ist kaum förderlich, da etwas vorzumachen. Das setzt bloss Ihre Glaubwürdigkeit aufs Spiel.

Wenn Sie ein gutes Vertrauensverhältnis zu den Mitarbeitenden haben, können Sie die veränderte Situation direkt ansprechen. Die Teammitglieder sollen Ihre positiven Absichten für das zukünftige Verhältnis kennen. Erklären Sie, was sich für Sie ändert und wie Sie damit umgehen wollen.

Achtung: Konkurrent im Team!

Was, wenn einer Ihrer früheren Kollegen den neuen Posten auch haben wollte? Dann wird er enttäuscht sein und seine Frustration auf Sie übertragen. Die Vorgesetzten wird er kaum direkt angehen wollen, stattdessen macht er Sie zum Sündenbock. Möglicherweise wird der Kollege Sie missachten oder andere Teammitglieder mit unwahren Geschichten versorgen. Er macht Stimmung gegen Sie.

Eine solch heikle Situation sollten Sie rasch klären. Am besten sprechen Sie mit dem enttäuschten Konkurrenten früh, bevor Sie offiziell die Führungsrolle antreten. Dann wissen Sie, wie gross die Herausforderung wird. Zudem machen Sie damit klar, dass Sie die Situation «richtig» einschätzen. In diesem Gespräch ist eine gute Mischung gefragt: Verständnis zeigen für die Emotionen des Gegenübers, aber auch klare Verhältnisse schaffen und die Erwartung auf konstruktive Zusammenarbeit äussern.

Sind Sie nach ein paar Wochen mit der Entwicklung nicht zufrieden, müssen Sie erneut das Gespräch suchen und mit deutlichen Worten die

Bedingungen für die weitere Zusammenarbeit setzen. Wenn nötig, holen Sie die Unterstützung Ihrer Vorgesetzten.

 TIPPS Schaffen Sie von Anfang an Klarheit bezüglich Ihrer neuen Rolle und unterstreichen Sie den Rollenwechsel mit symbolischen Handlungen:
- *Apéro mit kurzer positiver Ansprache*
- *Erstes Teammeeting mit klaren Botschaften und Offenheit für die Sichtweisen der Teammitglieder*
- *Wenn möglich, längere Workshop-Sequenz zur gemeinsamen Auseinandersetzung mit der Vergangenheit, der aktuellen Situation und der Zukunft*

Sprechen Sie die neue Situation auf natürliche Weise an. Machen Sie transparent, dass sich alle – auch Sie – erst daran gewöhnen müssen.

Vereinbaren Sie klare Spielregeln, die für alle im Team gelten.

Machen Sie keine Versprechungen, die sich nicht halten lassen. Machen Sie keine Aussagen, die später zum Problem werden können – etwa: «Ich werde nichts ändern», oder: «Alles wird jetzt anders.»

Erwartungen in Ihrem Umfeld

Nicht nur Sie haben Erwartungen an sich, auch aus Ihrem Umfeld werden Erwartungen an Sie gerichtet – offen oder auch stillschweigend. Versuchen Sie, es allen recht zu machen, oder zeigen Sie sich gleichgültig? Beides ist nicht zu empfehlen.

Im Folgenden finden Sie einige Überlegungen zu allgemein bekannten Erwartungen. Letztlich aber müssen Sie die Erwartungen anderer – Vorgesetzter, Mitarbeitender, Kollegen gleicher Stufe – selber entdecken und identifizieren.

Ein Beispiel sein für andere

Wenn Sie die Führungsrolle übernehmen, wird Ihr Verhalten von den Mitarbeitenden genau verfolgt und beobachtet. Die Erwartung an Sie als Vor-Bild steigt. Alles, was Sie tun und sagen, erhält mehr Gewicht.

Das hat den Vorteil, dass Sie mit gutem Beispiel vorangehen und damit Wirkung erzielen können. Dies vor allem dann, wenn Sie ein bestimmtes Verhalten fördern möchten. Dann können Sie dieses Verhalten betont zeigen und so Ihre Erwartung an das Team vorleben.

FRAU L., TEAMLEITERIN IN EINEM LABOR, möchte, dass die Teammitglieder deutlich proaktiver auf externe Partner zugehen und nicht warten, bis sich diese melden. Bewusst tut sie dies nun selber verstärkt bei den Kontakten, die sie noch betreut. Dann erzählt sie im Teammeeting von ihren Erfahrungen beim direkten Ansprechen der Partner. Wenn ein Mitarbeiter sagt, dass ein Geschäftspartner besonders schwierig anzusprechen sei, hilft sie ihm sofort dabei oder übernimmt das Telefonat, damit der Mitarbeiter sieht, wie man vorgehen kann. Dann lässt sie ihn selber machen.

Sie stehen unter Beobachtung

Vergessen Sie nicht, dass Sie auch dann als Beispiel angeschaut werden, wenn Sie nicht bewusst daran denken. Das kann negative Folgen haben. Hier ein paar Beispiele von Vorgesetztenverhalten, das die Mitarbeiter mit der Zeit übernehmen und kopieren oder das in die Geschichten einfliesst, die über den Chef, also Sie, im Betrieb erzählt werden.

- Sie kommen regelmässig, wenn auch nur ein wenig, zu spät zur Teamsitzung, zum Mitarbeitergespräch. Mögliche Interpretation seitens der Mitarbeitenden: Wir nehmen es mit der Zeit hier nicht so genau. Oder: Der Chef hält sich offenbar für wichtiger als andere und meint, er habe es nicht nötig, pünktlich zu sein.
- Sie unterbrechen regelmässig andere beim Sprechen und reden drein. Die Botschaft, die ankommt: Die Meinung der Chefin ist wichtiger als unsere; sie nimmt sich das Recht, überall reinzupfuschen. Noch schlimmer ist es, wenn Sie Ihrerseits verärgert reagieren, wenn mal jemand anders Sie unterbricht. Dann werden Ihre Leute vorsichtig und halten sich zurück.

- Sie gehen regelmässig früher als Ihre Mitarbeitenden nach Hause, ohne dies zu kommentieren. Die Botschaft: Als Chef wird nur noch befohlen, die Arbeit machen die anderen.
- Sie sprechen öffentlich schlecht über andere oder kritisieren Entscheidungen Ihrer Vorgesetzten. Die Botschaft: Bei uns darf man über andere herziehen, Loyalität ist nicht so wichtig.

Seien Sie also achtsam bei allem, was Sie tun und sagen. Zu empfehlen ist, dass Sie in Ihrem beruflichen Umfeld mindestens eine Vertrauensperson haben, die Sie auf unbeabsichtigte Ungeschicklichkeiten und auch auf die Reaktionen der Mitarbeitenden auf Ihre Kommunikation aufmerksam macht.

> **TIPP** *Sprechen Sie Missgeschicke offen und ehrlich an. Sie gewinnen dadurch an Glaubwürdigkeit und zeigen, dass Sie auch ein Mensch und keineswegs perfekt sind. Entscheidend ist, dass Ihre feste Absicht erkannt wird, als positives Beispiel und Vorbild aufzutreten. Dann verzeihen Ihnen die Mitarbeiter auch Fehler.*

Die Erwartungen der Unterstellten

Folgende Erwartungen sind im Fokus Ihrer Mitarbeiter von dem Moment an, da Sie die Führungsrolle übernehmen:
- **Faire Behandlung:** Mitarbeitende wollen sich fair behandelt fühlen. Sie müssen immer wieder an geeigneter Stelle erklären und begründen, weshalb Sie eine bestimmte Entscheidung treffen – gerade, wenn es um personelle Entscheide und Ihre damit verbundenen Einschätzungen geht. Weshalb wurde zum Beispiel Mitarbeiterin A befördert und Mitarbeiter B nicht?
- **Beschützen vor negativen Entwicklungen:** Mitarbeitende wollen sich möglichst auf ihre Aufgaben konzentrieren können und sind wenig an übergeordneten Ereignissen oder politischen Spielen interessiert. Von Ihnen wird erwartet, dass Sie negative Aspekte des Umfelds vom Team fernhalten und allen unnötige Irritationen und Unruhe ersparen. Interessenkonflikte zwischen Abteilungen zum Beispiel sollten Sie mit den entsprechenden Führungskräften klären.

- **Hindernisse aus dem Weg räumen:** Mitarbeitende gehen davon aus, dass ihr Vorgesetzter ihnen hilft, unnötige Hindernisse beim Erledigen der Arbeit aus dem Weg zu räumen. Solche Hindernisse können unterschiedlicher Natur sein – zum Beispiel überholte Regeln, die ohne Schaden aufgelöst werden können.

- **Hinter den Mitarbeitenden stehen:** Mitarbeitende erachten es klar als Aufgabe des Chefs, der Chefin, hinter ihnen zu stehen, sich für sie und ihre Anliegen einzusetzen. Das gilt auch für den Umgang mit Fehlern, die bei der Arbeit passieren. Rückendeckung – vorausgesetzt, es handelt sich nicht um absichtliches Fehlverhalten – wird erwartet. Wenn die Mitarbeiter dies nicht spüren, hinterfragen sie den Wert des Vorgesetzten.

- **Wertschätzen und ernst nehmen:** Das Bedürfnis, wertgeschätzt zu werden, gehört zum Menschen wie kaum ein anderes. Man will das Gefühl haben, dass man gesehen wird, dass man etwas zu sagen hat und mit der eigenen Meinung ernst genommen wird. Dies auch dann, wenn Sie in Ihren Entscheidungen schliesslich nicht alles berücksichtigen können.

- **Leistungen anerkennen:** Alle Mitarbeiter und Mitarbeiterinnen wollen, dass man sieht, was sie leisten. Sie erwarten vom Chef, dass er weiss, was sie tun. Die logische Folge ist, dass sie vom Chef explizite oder implizite Reaktionen wünschen: ein Dankeschön, ein konkretes Lob, einen Zuspruch.

- **Direktes kritisches Feedback:** Anderseits erwarten Mitarbeitende auch, dass sie von der Chefin rasch hören, wenn etwas als nicht gut betrachtet wird. Sie wollen jederzeit wissen, wo sie stehen. Warten Sie nicht bis zum Jahresende mit kritischen Rückmeldungen, das ist zu spät.

Solche Anliegen und Erwartungen sind das, was für Ihre Mitarbeitenden zählt. Denken Sie zurück, wie es noch vor Kurzem für Sie war, als Sie auch zu den Mitarbeitenden zählten. Erwartungen und die subjektive Wahrnehmung, dass sie erfüllt oder nicht erfüllt werden, steuern die Befindlichkeit der Menschen, die Sie führen. Wenn Sie dies missachten, werden Sie früher oder später mit der Frustration und Demotivation Ihrer Leute konfrontiert, was im schlimmsten Fall bis zur inneren Kündigung führen kann. Wenn Sie anderseits die Erwartungen immer zu erfüllen versuchen, es allen recht machen wollen, laufen Sie Gefahr, Ihre Aufgabe als Chef oder

WELCHEN CHEF BRAUCHT DAS TEAM?

Wenn Sie in Ihrer neuen Rolle positive Wirkung erzielen wollen, sollten Sie verstehen, in welcher Phase sich Ihr Team befindet. Kennen Sie das im Team vorherrschende Bedürfnis? Folgende Situationen und unerfüllten Bedürfnisse des Teams können Sie antreffen:

Wunsch nach Sicherheit

Das Team ist verunsichert, Angst herrscht, einige fühlen sich sogar bedroht. Zum Beispiel, weil ein Mitarbeiter entlassen oder bestraft wurde und sowohl er wie seine Kollegen sich ungerecht behandelt fühlen. Oder weil Gerüchte über eine Reorganisation mit personellen Konsequenzen herumgeboten werden.

Strategie: Legen Sie die Ängstlichkeit in der Gruppe offen. Dann können Sie Argumente einbringen, weshalb die Mitarbeitenden sich nicht zu fürchten brauchen. Sie können zeigen, wie man mit möglichen Bedrohungen umgehen kann und wie das Team wieder zur nötigen Stabilität kommt. Bieten Sie auch Ihre direkte Unterstützung an.

Wunsch nach Leistung, Erfolg

Das Team agiert relativ motivationslos. Es gibt aufgrund vergangener Geschehnisse Gefühle des Versagens und der Unzulänglichkeit.

Strategie: Bringen Sie Ihre eigene Freude und Begeisterung für die Teamaufgabe ein. Kommunizieren Sie aber sorgfältig, sonst sind die Teammitglieder überfordert oder nehmen Sie als unglaubwürdigen Illusionisten wahr. Suchen Sie kleine Fortschritte und Erfolge, die Sie bestätigen können. Sie können den Teamgeist stärken, indem Sie kleine Erfolge, auch wenn von Einzelnen erarbeitet, als Teamerfolge darstellen. Sprechen Sie mit dem Team über zukünftige Möglichkeiten. Verteilen Sie Aufgaben und Projekte so, dass die Beauftragten damit Erfolg haben und auf sich stolz sein können.

Wunsch nach Zuwendung und Zugehörigkeit

Einige im Team fühlen sich isoliert, missverstanden oder zu wenig beachtet. Ihr Vorgänger hatte einen autoritären Führungsstil, ausgerichtet an sachlichen Arbeitsaspekten. Wertschätzung und persönliche Beachtung der Mitarbeiter kamen zu kurz.

Strategie: Zeigen Sie, dass jeder und jede in der Gruppe wichtig ist. Fühlt sich jemand ausgeschlossen, hat das Auswirkungen auf das ganze Team und die Dynamik. Eine solche Situation sollten Sie aber nicht öffentlich ansprechen, das ist heikel für die betroffene Person. Finden Sie in Zweiergesprächen heraus, was für die erneute Integration ins Team getan werden könnte. Fragen Sie einzelne Teammitglieder, wie es ihnen im Moment im Team geht.

Quelle: Deebak Chopra: «Mit dem Herzen führen»

Chefin nicht mehr bewältigen zu können. Ein Mittelweg ist wahrscheinlich am erfolgversprechendsten.

TIPP *Zu empfehlen ist eine transparente Klärung von und Auseinandersetzung mit Erwartungen. Definieren Sie, welche der Erwartungen Ihrer Mitarbeitenden Sie erfüllen wollen und wo Sie das nicht wollen oder können.*

FRANZ L. MERKT, dass die Mitarbeiter von ihm erwarten, dass er alle Hindernisse bei der Arbeit ausräumt. Er weiss, dass er das nur bedingt kann, und ist zudem der Überzeugung, dass seine Leute selber einen Teil der Verantwortung übernehmen sollten. Also spricht er das Thema in einem längeren Teammeeting an. Er lässt die Mitarbeiter alle Anliegen dazu beschreiben und festhalten. Dann erarbeitet er zusammen mit dem Team, was jeder Einzelne beitragen kann, auch er selber. Er macht klar, dass er von den Teammitgliedern mehr Selbstverantwortung erwartet. Es entsteht eine angeregte Diskussion mit Einigungen und Vereinbarungen. Ein paar Punkte bleiben offen, weil die gegenseitigen Erwartungen zu unterschiedlich sind. Diese werden für eine spätere Sitzung traktandiert. In der Folge bemühen sich alle, die Vereinbarungen einzuhalten. Und alle schätzen die offene Art, Erwartungen konkret anzusprechen.

REFLEXION

Folgende Fragen helfen Ihnen, Erwartungen mit Mitarbeitenden zu klären:

— Welche Erwartungen von meinen neuen Teammitgliedern kenne ich schon oder vermute ich?

— Welche dieser Erwartungen glaube ich erfüllen zu können oder zu wollen? Bei welchen muss ich klären und kommunizieren, was ich dazu denke?

— Wie war das seinerzeit als Mitarbeiter: Welche Erwartungen hatte ich an meine Vorgesetzten? Wie sind diese damit umgegangen? Was kann ich daraus für meine Führungsrolle lernen?

Die Erwartungen der Vorgesetzten

Viel Anstrengung und der Chef ist doch nicht zufrieden? Das passiert Ihnen dann, wenn Sie die Erwartungen nicht mit Ihrem Vorgesetzten geklärt haben. Es lohnt sich, sorgfältig zu sein.

Verantwortung übernehmen

Ihr neuer Vorgesetzter führt nicht nur ein Team, sondern mehrere. Er muss Ihnen die Verantwortung für Ihr Team überlassen können, denn er kann sich nicht überall einbringen. Er erwartet also, dass Sie die Dinge zum Laufen bringen, dass Sie das Team selbständig führen und mit ihm die gesteckten Ziele erreichen. Wenn Ihr Vorgesetzter aktiv führt, hilft er Ihnen vor allem in der Anfangsphase und steht Ihnen bei Fragen zur Verfügung. Aber irgendwann kommt der Moment, da Sie allein entscheiden müssen. Auch dann, wenn Sie nicht die Gewissheit haben, «richtig» zu entscheiden. Der Vorgesetzte erwartet, dass Sie im Interesse des Unternehmens entscheiden und wissen, was das bedeutet.

Viele Führungskräfte, die mehrere Teams oder Abteilungen führen, wünschen sich, so wenig wie möglich von diesen zu hören. Ohne spezielle Rückmeldung nehmen sie an, dass alles läuft und in Ordnung ist. Sie wollen aber sofort informiert sein, wenn es Probleme gibt. Suchen Sie die richtige Balance und sprechen Sie sich wenn möglich mit Ihrem Vorgesetzten über das gewünschte Vorgehen ab.

 TIPP *Wenn Sie einen Vorgesetzten haben, der sich ständig einmischt und sogenanntes Mikromanagement betreibt, sollten Sie dieses Thema nach ein paar Wochen auf höfliche Weise ansprechen.*

Erwartungen an den Führungsstil

Oft erwarten Vorgesetzte, dass ihre Teamleiter auf ähnliche Art führen wie sie selbst. Das kann durchaus hilfreich sein, wenn Sie den Führungsstil des Vorgesetzten selber positiv erleben. Wenn nicht, sind Sie gefordert. Sie wollen und sollen ja Ihren eigenen Stil finden und einsetzen. Suchen Sie das Gespräch, um zu klären, welchen Spielraum Sie erhalten, um so zu führen, wie es für Sie Sinn macht. Am Ende zählen die Ergebnisse. Der Weg, den Sie einschlagen, um diese zu erreichen, sollte – abgesehen von gemeinsamen Werten – nicht vorgegeben sein.

Persönliche Interessen der Vorgesetzten

In gewissen Situation werden Sie mit der Erwartung konfrontiert, «im Interesse» des Vorgesetzten zu entscheiden. Er will seine eigenen Interessen wahren. Finden Sie heraus, was ihm besonders wichtig ist. Für die einen ist es die Karriere, die Möglichkeit, einen weiteren Schritt auf der Leiter zu machen; für andere zählt der Status oder die Anerkennung von oben. Wieder andere wollen eigene Projekte vorwärtsbringen und zählen auf Ihre Unterstützung.

ACHTUNG *Die Idee ist nicht, dass Sie nach der Pfeife des Chefs tanzen. Sie müssen Ihren eigenen Weg gehen und dafür einstehen. Aber wenn Sie wissen, was Ihren Vorgesetzten besonders antreibt, können Sie sich mit etwas Geschick unnötige Probleme ersparen und Handlungsspielraum schaffen.*

EVA W. HAT EINEN EHRGEIZIGEN VORGESETZTEN, der vor allem an der nächsten Karrierestufe interessiert ist. Sie leitet ein wichtiges Projekt zur Verbesserung der Abläufe in der Produktion. Sie tut dies sehr erfolgreich und wird von einem Geschäftsleitungsmitglied für eine Präsentation der aktuellen Projektergebnisse angefragt. Sie informiert ihren Chef, der sofort vorschlägt, dass er selber die Präsentation halten werde, vorbereitet mit ihrer Hilfe. Frau W. ist auf diesen Vorschlag schon mental vorbereitet und reagiert ganz ruhig. Sie erklärt dem Chef, dass sie ihm gern helfen werde, dass sie aber einen noch besseren Vorschlag habe: Da sie ja alle Details zum Projekt kenne, sei es sinnvoll, gemeinsam zur Geschäftsleitung zu gehen. Er als Chef werde die Präsentation eröffnen und auch wieder schliessen, und sie werde die Details erläutern. Der Chef versteht, dass so beide gewinnen und dass seine Chance, positiv gesehen zu werden, sogar noch höher ist. Allein könnte er ja auch in Schwierigkeiten geraten.

Loyalität

Ihre Chefin erwartet uneingeschränkte Loyalität, und zwar nicht nur von Ihnen, sondern von Ihrem ganzen Team. Vorgesetzte hassen nichts mehr, als wenn ein unterstellter Teamleiter oder ein Teammitglied sie in irgendeiner Weise umgeht. Dazu gehört auch, dass Sie Ihre Vorgesetzte sowohl bei Erfolgen als auch bei Misserfolgen und Problemen umgehend infor-

mieren. Nichts Unangenehmeres, als wenn eine Führungskraft von Gleichgestellten erfährt, was in ihrem Bereich läuft oder eben schiefgeht. Das
wird selten verziehen.

 INFO *Loyalität verlangt im Übrigen auch das Gesetz – unter
dem Stichwort Treuepflicht. Mehr dazu lesen Sie im rechtlichen
Teil auf Seite 190.*

Übergeordnete Interessen

Meist will ein Vorgesetzter, dass Sie sich für die ganze Abteilung einsetzen,
über Ihr eigenes Team hinaus denken und den ganzen Bereich, die Abteilung nach aussen vertreten. Das ist zwar interessant und gibt Ihnen die
Möglichkeit, auch ausserhalb des Teams Einfluss zu nehmen. Anderseits
begeben Sie sich in ein Spannungsfeld unterschiedlicher Prioritäten.

Wenn Sie sich aus Zeitgründen für eine der beiden Prioritäten entscheiden müssen, setzen Sie Ihren Fokus auf Ihr Team – auch mit dem Risiko,
dass Ihr Vorgesetzter Ihnen mangelnden Einsatz für das Ganze vorwirft.
Stellen Sie die Priorität für das Ganze in den Vordergrund, kommt Ihr
Team zu kurz. Sie müssen hier von Situation zu Situation abschätzen, wo
das Risiko höher liegt, und die richtige Balance finden.

 TIPPS *Sprechen Sie vor Antritt Ihrer neuen Funktion mit
Ihrem Vorgesetzten explizit über Erwartungen – vor allem, wenn
dies von Ihrem Chef nicht ohnehin schon geplant wurde (siehe die
Reflexion auf der nächsten Seite).*

*Fragen Sie, was ihm besonders wichtig ist, wann Sie aus seiner Sicht
Ihren Job als Teamleiter erfolgreich gestalten.*

*Überlegen Sie auch, was Ihnen wichtig ist, was Sie sich in der Zusam-
menarbeit wünschen.*

*Treffen Sie klare Vereinbarungen. Auf diese können Sie zurückkom-
men, wenn etwas nicht wie gewünscht läuft. Trotz guter Absichten
kann in der Anfangsphase das eine oder andere Missverständnis entstehen. Die Art, wie Sie Ihre neue Funktion wahrnehmen, und das
Verhältnis zum Vorgesetzten müssen sich erst einspielen.*

REFLEXION

Diese Überlegungen helfen Ihnen, mit Ihrem Vorgesetzten gut im Gespräch zu sein:

- Was weiss ich über meinen neuen Vorgesetzten? Was erzählt man über ihn?
- Welche Annahmen habe ich über seine Erwartungen, Vorlieben, Eigenheiten?
- Was weiss ich über seinen Führungsstil, und wie nahe dabei sehe ich meinen eigenen Stil? Was gibt es da zu klären?
- Welche Erwartungen habe ich selber an meine Vorgesetzte, welche kann ich früh ansprechen?
- Was ist mir besonders wichtig in der Zusammenarbeit, was will ich klären?

Die Erwartungen der Kollegen auf gleicher Stufe

Sie haben als Teamleiter nun auch neue Kolleginnen und Kollegen auf gleicher Stufe, sogenannte Peers. Die Beziehungen zu diesen hängen von der Grösse des Betriebs und von Ihrer Geschichte darin ab. In kleinen Betrieben kennt man sich, es herrschen familiäre Verhältnisse mit allen Vor- und Nachteilen. In der Regel ist der Rollenwechsel dann wenig problematisch.

Anders sieht es in grösseren Unternehmen aus. Mit dem Rollenwechsel werden Sie zur Konkurrenz Ihrer neuen, gleichgestellten Kollegen in derselben Abteilung, demselben Bereich. Sie werden herausfinden, wer Sie aufgrund der eigenen Karriereinteressen mehr, wer weniger als Konkurrenten betrachtet.

Die Verhältnisse werden komplexer und undurchschaubarer. Vielleicht gibt es Koalitionen, kleine Gruppen oder Paare von Teamleitern, die zusammenspannen. Diese könnten ein Interesse haben, Sie für ihre Anliegen gegenüber den Vorgesetzten einzuspannen. Jeder kann über jeden mit jedem sprechen. Diese Kommunikation können Sie nur sehr bedingt direkt kontrollieren oder beeinflussen.

Es lohnt sich, in gute Beziehungen zu Gleichgestellten und in gegenseitiges Vertrauen zu investieren. Behandeln Sie alle mit Respekt und Wertschätzung. Das erhöht die Chance, dass andere mit Ihnen dasselbe tun. Am besten trennen Sie die Sache (Inhalt) so gut wie möglich von der Beziehung, die Sie mit den Kollegen pflegen.

TIPP *Treten Sie in der Anfangsphase zurückhaltend auf.*
Beobachten Sie und finden Sie heraus, was läuft und wie die
Beziehungen im Führungsteam aussehen.

Mein Team, dein Team

Teamleiterkollegen erwarten, dass Sie mit offenen Karten spielen, transparent sind. Sie wollen wissen, mit wem sie es zu tun haben. Genau wie Sie wollen auch die Kollegen, dass niemand seine Teaminteressen auf Kosten anderer durchzusetzen versucht. Das bringt Sie in ein Dilemma. Denn Ihre eigenen Mitarbeiter erwarten von Ihnen, dass Sie sich vorbehaltlos für die Teaminteressen einsetzen. Sie müssen also die Balance finden zwischen dem Vertreten der Interessen Ihres Teams und dem Aushandeln von Lösungen mit den Teamleiterkollegen. Dieser Herausforderung müssen Sie sich stellen. Geschickte Beeinflussungstechniken sind gefragt. Etwa aufzuzeigen, wie Ihre Lösung für alle Beteiligten von Nutzen ist und welches die Gemeinsamkeiten sind zwischen Ihrer Idee und den von anderen vorgeschlagenen Lösungen.

Im Sandwich – Fluch oder Segen?

Wer neu eine Vorgesetztenrolle übernimmt, ist in einer Sandwichposition, sitzt in der Mitte verschiedenster Erwartungen von oben (Vorgesetzte), von unten (Mitarbeiter) sowie von der Seite (Kollegen). Da können sich scheinbar unlösbare Probleme und Spannungsfelder ergeben. Hier ein paar Beispiele für solche Herausforderungen:

■ Der Chef setzt bei der Aufgabenerledigung auf hohes Tempo – Ihre Mitarbeiter setzen auf saubere Arbeit und Qualität.

■ Ihre Mitarbeiter erwarten, dass Sie die Teaminteressen konsequent vertreten und wenn möglich durchsetzen – Ihre Teamleiterkollegen erwarten von Ihnen Zurückhaltung.

■ Ihr Chef drängt Sie zu Verbesserungen und Veränderungen – Ihre Mitarbeiter wollen endlich eine stabile Situation und in Ruhe arbeiten können.

Die Haltung, mit der Sie solche Spannungsfelder angehen, bestimmt weitgehend das Ergebnis und die Qualität der Lösung. Wenn Sie es allen jederzeit recht machen wollen, reiben Sie sich auf, setzen sich selber unter Druck und werden mit der Zeit zum Spielball aller Beteiligten. Wenn Sie einseitig agieren und zum Beispiel die Sicht des Vorgesetzten stets höher gewichten als die Ihrer Mitarbeiter, dann werden Sie mit der Zeit von diesem abhängig. Ihre Glaubwürdigkeit im Team sinkt und Sie verlieren an Einfluss.

Die Lösung liegt im Sowohl-als-auch

In der Praxis bewährt sich eine grundsätzlich positive und optimistische Haltung. Gehen Sie davon aus, dass Sie eine Lösung finden, die auf dem Prinzip des Sowohl-als-auch basiert. Zum Beispiel in der ersten der auf der vorangehenden Seite erwähnten Situationen: Wenn Sie beim Vorgesetzten nachfragen, was «hohes Tempo» genau heisst, wissen Sie, wo der Spielraum für Kompromisse liegt, und erfahren, weshalb dieses Kriterium so entscheidend ist. Sie können sich überlegen, ob Sie seiner Erwartung voll entsprechen und dies den Mitarbeitern überzeugend erklären können. Oder ob Sie einstehen für Ihre Anliegen und die Ihres Teams. Gegenüber dem Vorgesetzten erklären Sie, wie viel Zeit Sie brauchen, um eine ihn zufriedenstellende Lösung zu präsentieren. Mit Ihren Mitarbeitern klären Sie, was diese benötigen, um in der vorgegebenen Zeit eine ihrem Qualitätsanspruch genügende Lösung hinzukriegen.

IHRE VORGESETZTE ERWARTET VON IHNEN und dem Team in zwei Wochen das detaillierte Konzept für einen neu definierten Kundenservice. Ihre Mitarbeiter erachten die Zeitvorgabe als unmöglich. Sie sprechen mit der Chefin und erfahren, dass diese den Vorschlag in drei Wochen im Managementgremium präsentieren muss. Nun verhandeln Sie um zwei Tage mehr Zeit. Sie vereinbaren, dass Sie dann den Vorschlag mit ihr im Detail durchgehen, sodass sie sich bei ihrer Präsentation wohlfühlt. Ihren Mitarbeitern erklären Sie, wie wichtig die Präsentation der Chefin für das ganze Team und die Zukunft ist. So verstehen diese, dass die Zeit wirklich drängt, und anerkennen, dass Sie etwas herausholen konnten. Dann fragen Sie das Team, welche Arbeiten in den zwei Wochen zurückgestellt werden können, um der Präsentation erste Priorität einzuräumen. Gemeinsam finden Sie ein paar Aufgaben, die Sie zu verschieben bereit sind. Wo nötig, packen Sie selber mit an.

PIERIN VINCENZ

CEO von Raiffeisen Schweiz, ab Oktober 2015 Verwaltungsratspräsident der Helvetia-Gruppe

Welches war Ihre erste Führungsrolle?

Erste Gehversuche in der Führung durfte ich in der Pfadi, im Fussballklub und als Präsident eines romanischen Chores machen. Diese wurden später erweitert durch verschiedene militärische Führungsaufgaben.

Welches war Ihr grösster Fehler als Führungsperson?

Wenn man als Führungsperson etwas bewegen will, muss man immer damit rechnen, dass nicht alles gelingt. Wichtig ist, dass man die richtigen Lehren daraus zieht. Konkret hatten wir einmal ein Beratungsunternehmen beigezogen, weil wir in gewissen Bereichen das Tempo erhöhen wollten. Wir mussten dann aber feststellen, dass unsere Kulturen nicht zur Deckung gebracht werden konnten und dass eine Weiterführung des Mandats mehr Schaden angerichtet hätte, als sie Nutzen versprach.

Was haben Sie daraus gelernt?

Erfolgreiche Unternehmen haben eine eigene Kultur. Darauf ist Rücksicht zu nehmen, gerade auch bei der Rekrutierung von neuen Mitarbeitenden. Wenn man eine Kultur weiterentwickeln will, muss man das sehr behutsam tun. Ein solcher Prozess erfordert eine intensive Kommunikation. Dabei sollte man vermehrt auf das Know-how der eigenen Leute setzen. Das beweist Wertschätzung und gibt Motivation.

Die beschriebene Vorgehensweise ist nur möglich, wenn Sie aktiv führen und die Sandwichrolle als Chance sehen, einen für alle gangbaren Weg zu finden. Das ist anspruchsvoll, aber auch sehr wertvoll. In diesen Situationen entscheidet sich, ob die Umsetzung der Ihnen übertragenen Aufgaben gelingt.

Fallstricke beim Rollenwechsel

Unachtsamkeit beim Rollenwechsel kann zu unnötigen Problemen führen. Wir Menschen haben alle unseren blinden Fleck, oft funkt unser Ego dazwischen. Folgende Punkte illustrieren das.

- **Sofort alles verändern:** Mit dem Rollenwechsel erhalten Sie die Gelegenheit, Dinge anzupacken, zu verändern. Aber verändern Sie nicht zu schnell zu viel. Sonst sind Ihre Teammitglieder überfordert mit den neuen Ideen und verstehen Ihren Enthusiasmus als mangelnden Respekt vor den Leistungen in der Vergangenheit. Das kommt schlecht an. Nehmen Sie sich Zeit zu verstehen, wo Veränderungen sinnvoll sind.
- **Den Chef spielen:** Markieren Sie nicht den Chef. Das kommt selten gut an. Wenn Sie Sätze äussern wie: «So ist es jetzt einfach», oder: «Ich bin jetzt der Chef und bestimme», können Sie mit Widerstand rechnen.
- **Sofort akzeptiert sein wollen:** Die Akzeptanz und der Respekt Ihrer Mitarbeitenden sind wichtig. Das können Sie aber nicht «verordnen», Sie müssen sich den Respekt verdienen. Ihr Betrieb hat Sie auf die Führungsposition gesetzt. Das heisst noch lange nicht, dass das Team Sie als Führungsperson akzeptiert. Ihre Mitarbeiter brauchen Zeit, um sich an Sie zu gewöhnen. Treten Sie von Anfang an möglichst echt auf. Finden Sie heraus, was es braucht, um die Akzeptanz zu steigern. Zum Beispiel Ehrlichkeit und Verlässlichkeit.

Was, wenn Sie nicht akzeptiert werden? Dann müssen Sie die Situation so rasch wie möglich ansprechen. Am besten sprechen Sie zuerst mit Ihrem Vorgesetzten und holen zum Beispiel bei der Personalabteilung Hilfe für die Vorbereitung der Gespräche mit den Mitarbeitenden. Eine rasche Klärung ist entscheidend. Dann findet sich entweder ein Weg, oder Sie müssen personelle Konsequenzen ziehen und zum Beispiel einzelne ablehnende Personen mahnen oder austauschen.

GRÜNDE, WESHALB NEUE VORGESETZTE SCHEITERN

In einer aktuellen Umfrage haben Betroffene vor allem folgende Aspekte als Stolpersteine angegeben:

- **Mangelnde Unterstützung:** Es ist wichtig, dass Sie ein Gespür dafür entwickeln, mit welcher Unterstützung – des Vorgesetzten und des Umfelds – Sie rechnen können. Haben Sie das Gefühl, dass Sie in Ihrer neuen Rolle gar behindert werden, müssen Sie rasch das Gespräch suchen. Denken Sie aber auch daran, dass Sie aktiv um Unterstützung nachfragen können. Dies ist kein Zeichen von Unfähigkeit, im Gegenteil: In einer neuen Situation Unterstützung zu holen, kann durchaus professionell sein.

- **Selbstüberschätzung:** Zu grosses Selbstvertrauen oder gar Überheblichkeit führt zu Konflikten und beeinträchtigt die Führungsbeziehung zu den Mitarbeitenden. Einmal angerichteter Schaden lässt sich nur mit grossem Aufwand wieder reparieren. Bleiben Sie also realistisch, was Ihre Stärken und Schwächen angeht. Und zeigen Sie, dass Sie alle im Team brauchen.

- **Mangelnde Sozialkompetenz:** Fachliche Kompetenz ist wichtig. Junge Vorgesetzte scheitern aber an den «weichen» Faktoren. Sozialkompetenz ist gefragt, die Fähigkeit, Beziehungen zu anderen so zu gestalten, dass man gemeinsame Ziele erreichen kann und will. Wer diese Kompetenz nicht hat, verliert als Führungskraft rasch an Wirkung oder wirkt sogar kontraproduktiv.

- **Führung nicht gelernt:** Weitaus am häufigsten gaben die Befragten an, dass sie das Führungshandwerk nie richtig gelernt hätten und deshalb einfach überfordert gewesen seien. In diesem Ratgeber finden Sie eine erste Orientierung und lernen einige wichtige Grundhaltungen. Es lohnt sich, dieses Lernen in einem Führungsseminar oder einem Coaching zu ergänzen. Das gibt Ihnen die Möglichkeit, Ihre Erfahrungen aus dem Unternehmensalltag zu reflektieren und dann bewusster zu agieren. Diese Kombination von Theorie mit direkter Erfahrung im beruflichen Umfeld ist wertvoll. Die besten Führungskräfte sind die besten Lerner!

Keine Angst vor Fehlern

Versuchen Sie beim Antritt nicht, um jeden Preis Fehler zu vermeiden. Vorsichtig zu sein, ist durchaus empfehlenswert, Angst allerdings ist ein schlechter Ratgeber. Es gibt niemanden, der keine Fehler macht. Eine Unterscheidung sollten Sie sich bewusst machen: Fehler in der Sache haben meist weniger schädliche Auswirkungen als Fehler im Umgang mit Mitarbeitenden.

Jünger als die Mitarbeiter

Sie sind jünger als mehrere Teammitglieder, vielleicht sogar der Jüngste im Team. Die Mitarbeiter fragen sich, ob und wie Sie in der Führungsrolle den gewünschten Beitrag leisten können, wenn Sie weniger Erfahrung haben als andere. Verunsicherung ist die Folge.

Signalisieren Sie, wie wichtig die Erfahrung und die Kompetenz der älteren Mitarbeitenden für Sie sind. Dann konzentrieren Sie sich auf die Steuerung des Teamprozesses. Sie haben als Vorgesetzter die Aufgabe, das Potenzial und die Erfahrung aller im Team für die gemeinsamen Ziele zu nutzen. Wenn Sie sich darauf konzentrieren, wird das Alter unwichtig.

Phasen des Rollenwechsels

Heute ernannt, morgen erfolgreich als Kapitän des Teamschiffs unterwegs. So rasch geht es nicht. Die Übernahme einer Führungsaufgabe erfordert etwas Zeit, Geduld und ein achtsames, bewusstes Vorgehen.

Wenn Sie in Ihrer Position als Führungskraft beginnen, halten Sie sich am besten an folgende Phasen:

- Nominierung
- Erster Kontakt
- Start ins Neue
- Die ersten 100 Tage

Nominierung

Ihre Vorgesetzten haben Ihnen mitgeteilt, dass Sie den Teamleiterposten erhalten. Ihr Betrieb spricht mit diesem Entscheid Anerkennung aus und schenkt Ihnen sein Vertrauen. Man traut Ihnen diese Aufgabe zu. Es gibt keinen Grund, eine solche Nominierung abzulehnen – es sei denn, Sie fühlen sich nicht bereit dazu.

FRAGEN ZUR NEUEN SITUATION

- Welches ist der Grundauftrag, der Zweck des Teams? Welches sind die Kernaufgaben?
- Welche Ziele hat das Team? Wo steht es bezüglich Zielerreichung?
- Wie gut kennen Sie die einzelnen Teammitglieder? Was wissen Sie über sie?
- Welches sind die Stärken im Team, welches die Schwachstellen?
- Was wissen Sie über die Teamdynamik und die Art, wie das Team funktioniert? Wie haben die Teammitglieder bisher zusammengearbeitet?
- Wie funktionierte das Team mit Ihrer Vorgängerin?
- Welchen Führungsstil, welche Führungsphilosophie pflegte der Vorgänger? Wie ist das beim Team angekommen?
- Welche Bedürfnisse gibt es im Team und wie gut sind diese heute abgedeckt?
- Welche Erwartungen haben die Teammitglieder an die Teamleitung, an Sie?
- Was wissen Sie über Ihren neuen Vorgesetzten? Welche Erwartungen hat er an Sie und Ihre neue Rolle?
- Welchen Ruf hat das Team im Betrieb? Positive Aspekte, negative Aspekte?
- ...

In aller Regel wird der Betrieb Ihre Nominierung offiziell und formell kommunizieren. Es empfiehlt sich, diese Ankündigung abzuwarten, bevor Sie mit anderen über Ihre Beförderung sprechen. Das ist meist auch die Erwartung der Vorgesetzten.

Vor dem Anfang das Ende

Bevor man etwas Neues anfängt, ist es gut, das Alte bewusst und explizit abzuschliessen. Das ist für Sie ebenso wichtig wie für die anderen Betroffenen. Sobald Sie den Zeitpunkt der Rollenübernahme kennen, können Sie planen, sich zum Beispiel bei Kaffee und Gipfeli von Ihrem aktuellen Team zu verabschieden. Setzen Sie auch einen Punkt, wenn Sie Chefin desselben Teams werden. Sie bestätigen damit auf symbolische Weise, dass Sie die Vergangenheit hinter sich lassen, und geben ein Signal an die Mitarbeitenden, dass sich etwas Wichtiges verändert.

Vorbereitung aufs Neue

Parallel zur Organisation des Abschlusses beginnt die Vorbereitung auf die neue Rolle. Nehmen Sie sich – sofern möglich – die Zeit, genau zu überlegen, wie Sie vorgehen. Je nachdem, wie gut Sie schon über die Ausgangssituation und das Team informiert sind, brauchen Sie mehr oder weniger ergänzende Informationen dazu.

Eine Reihe von Fragen, mit denen Sie sich ein Bild von der Situation machen können, finden Sie im Kasten auf Seite 63. Machen Sie sich Gedanken dazu und ergänzen Sie mit eigenen Fragen. Überlegen Sie, mit wem Sie wann sprechen wollen, um Klarheit zu gewinnen.

Überlegen Sie auch, was Ihre eigenen Vorstellungen für die Zukunft sind. Stellen Sie einen Plan auf für alle Phasen des Rollenwechsels.

TIPP Es ist nützlich zu unterscheiden, was Sie wissen, was nicht und wo Sie Annahmen zur Situation und zu einzelnen Mitarbeitenden treffen. Diese können Sie in der nächsten Phase überprüfen.

Der erste Kontakt

Sie kennen bestimmt den Spruch: «Es gibt nur einen ersten Eindruck.» Auch wenn Sie die neue Aufgabe in vertrautem Umfeld übernehmen, gilt diese Aussage beim Rollenwechsel. In der neuen Rolle werden Sie neu wahrgenommen. Sie hinterlassen als Chef oder Chefin bei Mitarbeitenden, Kollegen und Vorgesetzten den ersten Eindruck. Das tun Sie tatsächlich nur einmal. Also lohnt es sich, bewusst vorzugehen.

Mit den Mitarbeitern
Sobald die Nominierung bekannt ist, werden Sie von Ihrem neuen Team als zukünftiger Chef angesehen und deshalb genau beobachtet. Je nachdem, wie lange die Zeitspanne zwischen der Nominierung und dem offiziellen Start dauert, haben Sie mehr oder weniger Zeit. Es ist zu empfehlen, vor Rollenantritt NICHT mit einzelnen Mitarbeitern zu sprechen – es sei denn, es gibt einen speziellen Grund dafür. Jeder Kontakt könnte Ihnen als Bevorzugung ausgelegt werden. Wenn Sie von einem Mitarbeiter zum Beispiel zum Kaffee eingeladen werden, bedanken Sie sich und erklären Sie, weshalb Sie damit zuwarten.

Dafür können Sie sich schon vor Amtsantritt beim Team als Ganzes vorstellen. Wenn Sie ein Team übernehmen, in dem Sie vorher selber

Mitglied waren, können Sie zum Ausdruck bringen, weshalb Sie sich auf die neue Rolle freuen. Sie sollten allerdings eher nicht schon konkret über die Zukunft sprechen und vor allem keine Versprechungen machen.

Mit den Kollegen

Anders als bei den Mitarbeitenden sind Gespräche mit den gleichgestellten Kolleginnen und Kollegen vor Rollenantritt zu empfehlen. Diese können Ihnen interessante Informationen zur «Führungswelt», zu den Vorgesetzten und zu verschiedenen anderen Aspekten liefern.

 TIPP *Seien Sie nicht zu gutgläubig. Hinterfragen Sie kritisch, was Sie von den neuen Kollegen hören, und überlegen Sie sich, welche Motive und Interessen deren Aussagen beeinflussen.*

Mit dem Vorgesetzten

Am wichtigsten ist der Kontakt zum neuen Vorgesetzten. Es ist für Sie zentral, seine Erwartungen an Sie und das Team zu kennen, bevor Sie loslegen. Mehrere Gespräche können angebracht sein, bis Sie Klarheit haben, wo er die Schwerpunkte für Sie und Ihr Team sieht, wie er die unmittelbare Vergangenheit interpretiert und wo er sich Veränderungen oder Verbesserungen verspricht. Erwartet Ihr Vorgesetzter zum Beispiel, dass Sie das Team stärker fordern als der Vorgänger? Eine Reihe von Fragen für diese Gespräche finden Sie im Kasten auf der nächsten Seite.

Manchmal hat ein Vorgesetzter auch konkrete Erwartungen, was Entscheide oder Reaktionen gegenüber einzelnen Mitarbeitenden angeht. Da ist es ratsam, seine Sichtweise dankend zur Kenntnis zu nehmen, ohne Versprechungen zu machen. Äussern Sie sich vorsichtig und sagen Sie, dass Sie sich zuerst selber ein genaues Bild von der Situation machen möchten. Sprechen Sie dann zu einem späteren Zeitpunkt mit dem Vorgesetzten über Ihre Erkenntnisse und bringen Sie Ihre Meinung ein. So geben Sie dem Vorgesetzten das Signal, dass Sie jetzt in der Verantwortung stehen und diese gern übernehmen.

Wenn Sie von aussen kommen

Wenn Sie von ausserhalb der Firma für den Chefposten rekrutiert wurden, gelten die meisten hier genannten Punkte ebenso. Der grosse Unterschied ist, dass Sie keine gemeinsame Geschichte mit den Mitarbeitenden haben und dass alles auch für Sie vollständig neu ist. Das hat den Vorteil, dass Sie alles mit frischen Augen sehen. Die Gefahr dabei ist, dass Ihre Unkenntnis und auch Ihre Kulturfremdheit von einzelnen Menschen ausgenutzt werden könnten. Suchen Sie so rasch wie möglich eine Vertrauensperson im Betrieb und machen Sie sich ein unabhängiges, objektives Bild.

DAS ERSTE GESPRÄCH MIT DEM VORGESETZTEN

Ziel

- Klärung der Erwartungen und Einholen von wichtigen Einschätzungen und Rahmenbedingungen
- Signale der aktiven Führungsübernahme geben, zum Beispiel Ihr Vorgehen erläutern

Mögliche Fragen an Ihren Chef

- Wie lautet der Grundauftrag an mich und mein Team? Wann gilt er als erfüllt? Wann haben wir die Ziele erreicht, wann übertroffen?
- Wie schätzen Sie die aktuelle Situation des Teams ein? Was waren Ihre konkreten Beobachtungen in den letzten Wochen und Monaten? Welche Beurteilung ergibt sich für Sie daraus?
- Was sollten wir aus Ihrer Sicht unbedingt beibehalten, was hat gut funktioniert?
- Was sollten wir ändern, wo können wir uns verbessern?
- Welche Erwartungen haben Sie an mich als Führungskraft und Teamleiter? Worauf sollte ich besonders achten?
- Welchen Ratschlag haben Sie an mich zur Führung dieses Teams?
- Was ist Ihnen bei unserer Zusammenarbeit besonders wichtig? Was sollte ich unbedingt vermeiden?
- Wie halten Sie es mit (gegenseitigem) Feedback? Wie wollen Sie von mir informiert werden?
- Wie soll ich vorgehen, wenn ich mit etwas nicht einverstanden bin? Wenn ich ein wichtiges Anliegen habe? Welche Art von Absprache treffen wir regelmässig bilateral?
- …

Der Start ins Neue

Den ersten Arbeitstag als Vorgesetzter, als Teamleiterin kann man mit bewussten besonderen Aktivitäten angehen. Sie können am Start nochmals verschiedene Botschaften senden, nicht nur verbal, sondern auch nonverbal. Viele neue Teamleiter wählen einen feierlichen Beginn, zum Beispiel mit einem gemeinsamen Frühstück. Mit einem solchen Anlass zeigen Sie nochmals, dass Sie das Team von Anfang an wertschätzen und dass Sie – es empfiehlt sich, selber für die Kosten aufzukommen – bereit sind, etwas zu «geben». Solche Botschaften sind in ihrer Wirkung nicht zu unterschätzen.

Wenn Sie eine kurze Ansprache halten, denken Sie daran, was die Mitarbeitenden in einem solchen Moment gern hören. Zum Beispiel, dass Sie die in der Vergangenheit geleistete Arbeit schätzen, dass Sie die Stärken des Teams und jedes Teammitglieds rasch kennenlernen und in Zukunft weiter pflegen möchten.

Ihre eigenen Wertvorstellungen können Sie durchaus ganz zu Beginn kommunizieren. Dann wissen die Mitarbeitenden, mit wem sie es zu tun haben. Sie können die Mitarbeitenden auch fragen, wie sie sich bei diesem Wechsel fühlen, worauf sie sich freuen, welche Fragen sie an Sie haben. Dann beantworten Sie die Fragen, wo sinnvoll, und nehmen die anderen mit, um später darauf einzugehen.

Die erste Teamsitzung

Bei der ersten offiziellen Teamsitzung sollten Sie über den Prozess Ihrer Einarbeitung sprechen. Sie können ersten Schritte nennen – Einzelgespräche, den Austausch über Ihre Erfahrungen daraus sowie das Einholen der Vorgesetztensicht. Wie eine solche Sitzung ablaufen kann, sehen Sie im Kasten auf der nächsten Seite.

Nutzen Sie die erste Sitzung auch, um den Sitzungsrhythmus festzulegen, am besten mit Input von den Mitarbeiterinnen und Mitarbeitern. Wie oft wollen Sie mit dem ganzen Team im Gespräch sein? Zu welchen Themen? Es ist gut, die Erfahrungen und Bedürfnisse der Teammitglieder zu kennen. Bringen Sie in Erfahrung, wie die früheren Sitzungen beurteilt werden. Sind Unzufriedenheiten vorhanden, können Sie mit raschen Änderungen beim Team punkten – etwa wenn die Länge der Sitzung angepasst werden soll.

MEINE ERSTE TEAMSITZUNG (60 BIS 90 MINUTEN)

Ziele

- In guten Kontakt mit der ganzen Gruppe treten
- Signal der formellen Übernahme der Führungsrolle senden
- Erste Vereinbarungen treffen

Vorgehen, Ablauf

1. Herzliche und persönliche Begrüssung

Muss echt und ehrlich sein

→ *Sie zeigen sich als Mensch in der neuen Rolle.*

2. Ziele und Agenda der Sitzung

Mit Kopie für alle oder an einem Flipchart. Fragen Sie nach, ob alle verstanden haben und ob es zusätzliche Themen oder Anliegen gibt. Wenn ja, nehmen Sie diese an geeigneter Stelle in der Agenda auf.

→ *Sie zeigen, dass Sie vorbereitet sind und dass Klarheit und Effektivität für Sie wichtig sind (Sie übernehmen die Führung).*

3. Besprechen der vorgeschlagenen Themen

Aktuelle Aufgaben oder Aufträge, der Prozess der Einführung und des gegenseitigen Kennenlernens. Lassen Sie die Mitarbeitenden sich an der Diskussion und der Lösungsfindung beteiligen. Zeigen Sie aber auch, dass Sie die Verantwortung haben und dass der Entscheid bei Ihnen liegt.

→ *Sie zeigen, dass Sie bereits weitergedacht haben und den Prozess führen.*

4. Besprechen von Mitarbeiteranliegen

Hören Sie gut zu und versuchen Sie vorerst, einfach mal zu verstehen. Sie müssen nicht alles sofort entscheiden und lösen.

→ *Sie zeigen, dass Sie sich für die Ihnen unterstellten Menschen interessieren.*

5. Vereinbarungen

Treffen Sie mit dem Team erste Vereinbarungen zum Sitzungsrhythmus, zu den bilateralen Absprachen, zu Spielregeln, die Ihnen wichtig sind. Fragen Sie dann nochmals nach Anliegen der Mitarbeiter.

→ *Sie zeigen, dass es Ihnen wichtig ist, gemeinsam zu Absprachen für eine konstruktive Zusammenarbeit zu kommen.*

6. Bedanken und Abschluss

Beim Abschliessen prüfen Sie nochmals alle Punkte der Agenda und fragen nach, ob irgendein wichtiger Punkt offen geblieben ist.

→ *Sie zeigen, dass Sie einhalten, was Sie ankündigen (Glaubwürdigkeit).*

Die ersten 100 Tage

Nach den ersten 100 Tagen wird Bilanz gezogen – als neuer Bundesrat genauso wie als neue Abteilungsleiterin. Deklarieren Sie diesen Zeitraum für sich als Einarbeitungszeit, in der Sie sich vorerst in der neuen Rolle etablieren wollen.

Persönliche Einarbeitung

Dazu gehören Instruktionen zum Führungsprozess, zu den Führungsinstrumenten. Sie müssen in Erfahrung bringen, wie die Personalprozesse ablaufen, etwa bei der Rekrutierung neuer Mitarbeiter, welche Zielführungsprozesse Ihr Team und jedes Mitglied kennt und erwartet. Lassen Sie sich von Ihrem Vorgesetzten und/oder der Personalabteilung erklären, was die üblichen Vorgehensweisen sind und welche Entscheidungskompetenzen Sie haben.

Analyse der Ausgangssituation

Erarbeiten Sie sich ein Verständnis von der übergeordneten Strategie, den Ihnen und Ihrem Team gesetzten Zielen, den Erwartungen der Vorgesetzten, den dringlichen Aufgaben und wichtigen Projekten. Verschaffen Sie sich Klarheit darüber, wer im Team was macht und wofür zuständig ist. Bringen Sie die Befindlichkeiten und Erwartungen der einzelnen Teammitglieder in Erfahrung, ebenso die Teamdynamik und informelle Hierarchien. Welche Ressourcen stehen zur Verfügung? Gibt es personelle Probleme, die zu lösen sind?

TIPP *Um diese Analyse gut machen zu können, sollten Sie möglichst früh mit allen Teammitgliedern einzeln sprechen (siehe Kasten auf der nächsten Seite). Auch die Aussenperspektive von jemandem aus der Personalabteilung kann Ihnen helfen, die Situation objektiv zu beurteilen.*

Halten Sie die Erkenntnisse aus Ihrer Analyse mindestens in Stichworten schriftlich fest. Das ist Ihre Bestandsaufnahme, darauf können Sie immer wieder Bezug nehmen. Es ist eine Chance, die Dinge objektiv zu betrachten und eine «Aussensicht» einzunehmen. Dies auch, wenn Sie schon vorher Teil des Teams waren.

ANFANGSGESPRÄCH MIT MITARBEITERN

Ziele

- Überblick über die aktuelle Situation und die verschiedenen Perspektiven im Team gewinnen
- Signal der Wertschätzung der einzelnen Teammitglieder

Fragen

- Wie geht es Ihnen zurzeit? Wie erleben Sie den Führungswechsel?
- Was hat Ihnen bisher gut gefallen hier, was weniger? Weshalb?
- Was läuft aus Ihrer Sicht gut, was sollten wir beibehalten?
- Was könnte aus Ihrer Sicht verbessert werden, was sollte unbedingt verändert werden? Weshalb?
- Welche Chance sollten wir nutzen mit diesem Wechsel? Was sind Ihre Hoffnungen für die Zukunft?
- Welche Themen sollten im Team sobald wie möglich besprochen werden? Was versprechen Sie sich davon?
- Wie klar sind Ihnen Ihre Aufgabe, Ihre Ziele, die Ziele des Teams?
- Wie zufrieden sind Sie mit Ihrer aktuellen Rolle, Ihren Aufgaben? Welche Vorstellungen für die Zukunft haben Sie dazu?
- Wie funktioniert das Teamgefüge (Dynamik)? Was beobachten Sie?
- Wie hat der Vorgänger geführt? Wie ist das angekommen?
- Welche Erwartungen haben Sie an mich als Chef, als Vorgesetzte? Worauf sollte ich achten?
- Welche Bereitschaft haben Sie, aktiv mitzugestalten, sich einzubringen?
- Was ist Ihnen in unserer Zusammenarbeit besonders wichtig?

Kommunikation der Erkenntnisse im Team

Nehmen Sie ein Teammeeting zum Anlass, um über Ihre Beobachtungen und Erkenntnisse zu sprechen. Sie können Vorschläge zur Verbesserung und zur Lösung von Problemen einbringen. Es ist sehr zu empfehlen, das Team bei der Lösungsfindung einzubeziehen. Sonst laufen Sie Gefahr, dass Einzelne sich Ihren Ideen widersetzen und die Umsetzung behindern. Am besten ist es, wenn die Teammitglieder Ihre Ideen als die eigenen betrachten.

Eine gute Planung der künftigen Aktivitäten und eine Übersicht über beabsichtigte Veränderungen schaffen Transparenz und Klarheit.

Personalprozesse bestätigen

In vielen Betrieben gibt es vorgegebene Prozesse zur Zielsetzung für die Mitarbeitenden, zur Beurteilung der Zielerreichung sowie zur Entwicklung und Förderung einzelner Mitarbeiter. Umfragen zeigen immer wieder, dass die persönliche Entwicklung wie auch das konkrete Feedback – Rückmeldungen dazu, wo man als Mitarbeiter steht – zu den wichtigsten Bedürfnissen von Angestellten zählen (siehe auch Seite 153). Zeigen Sie Ihren Untergebenen, wie Sie diese Prozesse und die damit verbundenen Gespräche handhaben wollen.

 TIPP Sind die 100 Tage um, können Sie – zusammen mit den Mitarbeitenden – beurteilen, wo es beabsichtigte Fortschritte gegeben hat und wo die grössten Herausforderungen liegen. Sprechen Sie explizit das gemeinsame Lernen für eine erfolgreiche Zukunft an.

Sie sind auf dem Prüfstand

In den ersten 100 Tagen werden Sie vor allem von Ihrem Team besonders genau beobachtet. Jede Handlung erhält symbolischen Charakter und eine Bedeutung, die Sie unter Umständen gar nicht so wollen. Sie setzen sich im Firmenbistro an einen Tisch, an dem eine Ihrer Mitarbeiterinnen sitzt, und geraten in eine angeregte Diskussion mit ihr. Klarer Fall für die anderen Teammitglieder: Die hat Sie bereits um den Finger gewickelt. Oder: Sie haben im Team einen früheren Kollegen, dem Sie schon länger nahestehen. Da Sie ihm vertrauen, machen Sie ihn zum Stellvertreter. Was kommt an? Die anderen befürchten, dass Sie den Kollegen bevorteilen werden. Wenn dieser dann in den Sitzungen auch noch neben Ihnen sitzt, interpretieren Ihre Mitarbeitenden: Der neue Chef ist unsicher und braucht seinen Kollegen, um sich in Szene zu setzen. Achten Sie also darauf, keine unnötigen Fehlinterpretationen zu nähren.

3

Gute Führung

Sie möchten ein guter Chef, eine gute Chefin sein. In diesem Kapitel erhalten Sie Gelegenheit, die Frage, was denn gute Führung sei, für sich selbst zu beantworten. Sie erfahren, was aus Expertensicht ein guter Vorgesetzter ist und worauf es ankommt, damit Sie als Chef, als Chefin überzeugen.

Mythen der Führung

Nicht alles, was Sie zum Thema Führung gehört haben oder glauben, ist wahr. Auch weitverbreitete Überzeugungen dürfen hinterfragt werden.

Mythen sind überlieferte Behauptungen und Annahmen mit Wahrheitsanspruch. Sie entsprechen oft nicht (mehr) der objektiven Realität. Folgende Mythen zum Thema Führung sind immer wieder anzutreffen.

Der Chef muss es besser wissen und können

Früher hatten Chefs in hierarchischen Organisationen einen grossen Wissensvorsprung. Je höher jemand positioniert war, desto grösser konnte dieser Vorsprung sein. Die wichtigsten Informationen liefen oben zusammen und wurden selektiv nach unten weitervermittelt.

Heute ist die Komplexität bei der Arbeit deutlich höher, und die Mitarbeitenden haben praktisch den gleichen Zugang zu Informationen wie ihre Vorgesetzten. Ein Chef hat bestimmt nicht mehr denselben Wissensvorsprung wie früher. Deutlich wird das vor allem da, wo direkt mit den Kunden gearbeitet wird. Die Kundenberater haben dank ihren täglichen Kontakten das Wissen über die Bedürfnisse und Befindlichkeiten der Kunden. Der Chef muss darauf vertrauen, dass dieses Wissen mit ihm geteilt wird. Er kann es nicht besser wissen, selbst wenn er eigene Kunden betreut. Das hat Konsequenzen für die Führung: Gute Führungskräfte hören ihren Leuten aufmerksam zu. Das Wissen und die Sichtweise der Mitarbeitenden dienen als Grundlage für sinnvolle Entscheidungen.

Früher war man Chef oder Chefin vor allem aufgrund der fachlichen und inhaltlichen Kompetenz. Je höher, desto fachkundiger. Kompetenz ist auch heute wichtig; sie verschafft Respekt und macht glaubwürdig. Fachkompetenz wird allerdings vor allem verstanden als Wissen und Verstehen des eigenen Geschäfts, der für das Team definierten Kernaufgabe. Eine Chefin muss nur so viel von der zu verantwortenden Aufgabe verstehen, dass sie ihr Team gezielt führen, begleiten und befähigen kann. Es ist

wahrscheinlich, dass einzelne Mitarbeitende bestimmte Dinge besser können und verstehen als sie selber. Die Kompetenz der Chefin liegt vor allem
darin, dass sie die Aufgabe des Teams sowie die einzelnen Teilaufgaben
gut kennt und versteht.

INFO *Nein, als Chef oder Chefin müssen Sie nicht alles (besser)
wissen und können. Sie müssen das vorhandene Wissen und
Können Ihres Teams für die zu erreichenden Ziele nutzbar machen.
Dann sind Sie in Ihrer Führungsrolle wertvoll.*

REFLEXION

Folgende Fragen helfen Ihnen, Ihre Rolle wirkungsvoll zu gestalten:
- Welches Wissen muss zwingend allein bei mir sein und kann nicht mit dem Team
  geteilt werden? Zu welchen Aspekten muss ich einen Wissensvorsprung haben?
- Welches Wissen haben meine Mitarbeitenden, das ich nicht habe, und wie
  wichtig ist es für mich, dieses in Erfahrung zu bringen?
- In welchen Aspekten erwartet mein Vorgesetzter, dass ich besser bin als meine
  Mitarbeiter? Wo erwarte ich das von mir? Weshalb?
- Wie fühle ich mich, wenn Einzelne aus meinem Team etwas besser können als
  ich? Wie gehe ich damit um?

Die Chefin ist für alles verantwortlich

Wenn es gut läuft, kriegt die Chefin die Lorbeeren, wenn es schiefgeht,
hat sie versagt. Denken nicht viele so? Weshalb sollte sonst überhaupt
jemand zur Chefin gemacht werden? Wenn die Dinge sich für Mitarbeitende nicht wie gewünscht entwickeln, dann muss die Chefin dafür verantwortlich sein.

Als Führungsperson sind Sie verantwortlich für das Ergebnis Ihres Bereichs und müssen dafür geradestehen. Auch sind Sie im Arbeitsprozess
jederzeit für Ihre eigenen Handlungen, Entscheidungen sowie für Ihr Verhalten verantwortlich. Allerdings gilt das auch für alle anderen. Das heisst:

Wenn ein Mitarbeiter sich zum Beispiel entscheidet, vor allem für sich selber zu arbeiten und weniger für das Team, hat er die Verantwortung für dieses Verhalten selber zu übernehmen. Wie Sie als Vorgesetzte dann darauf reagieren, liegt wieder in Ihrer Führungsverantwortung.

Sie sind zudem weder für die Emotionen noch für die konkreten Handlungen noch für die Probleme anderer verantwortlich, es sei denn, Sie sind selber Teil des Problems. Ihre Verantwortung ist es, stets zu entscheiden, wie Sie mit einer bestimmten Situation, mit dem Verhalten oder den Reaktionen anderer im Team umgehen. Das ist Ihre Wahl.

EINER IHRER MITARBEITER äussert sich regelmässig negativ über Kollegen und verbreitet so schlechte Stimmung. Da Sie nicht für sein Verhalten verantwortlich sind, können Sie ihn im Gespräch ruhig darauf aufmerksam machen und herausfinden, was ihn dazu bewegt. Weil sich das Verhalten des Mitarbeiters auch auf andere negativ auswirkt, beschliessen Sie, ihn im selben Gespräch auf diese Wirkung aufmerksam zu machen. Sie erklären ihm, dass Sie eine rasche Änderung wünschen, da Sie eine gute Stimmung im Team als wichtig erachten. Nun liegt die Entscheidung wieder beim Mitarbeiter. Er kann Ihren Erwartungen entsprechen oder nicht. Sie Ihrerseits müssen überlegen, wie Sie damit umgehen, wenn er sich nicht verbessert. Dann sind wieder Sie dran.

INFO *Nein, als Chefin oder Chef sind Sie nicht für alles verantwortlich. Sie haben für die Ergebnisse, die Geschehnisse im Team und vor allem für Ihre eigenen Entscheidungen, Handlungen und Verhaltensweisen geradezustehen. Dasselbe gilt aber auch für die Mitarbeitenden.*

Der Chef behandelt alle gleich

Die meisten Mitarbeiter haben ein hohes Bedürfnis nach Fairness und Gleichbehandlung. Das zeigen Studien immer wieder. Ist diese Erwartung gerechtfertigt?

Zentral ist Ihre feste Absicht, fair zu sein. Das heisst zum Beispiel, dass Sie in wichtigen Angelegenheiten gleiche Standards für alle anwenden –

vor allem auch, wenn Sie die Leistung Ihrer Mitarbeitenden bewerten. Dann sollten die Kriterien für alle transparent und klar sein.

Wertschätzende Führung bedeutet, dass Sie allen Mitarbeitenden als Menschen den gleichen Wert zuordnen und alle so akzeptieren, wie sie sind. Doch kein Mensch reagiert auf andere jederzeit gleich. Es gibt Sympathien und Antipathien. Wir fühlen uns durch Gemeinsamkeiten und Unterschiede mehr oder weniger zu anderen hingezogen und von ihnen verstanden. Wer etwas anderes behauptet, verkennt die Wirklichkeit oder ist nicht ehrlich.

Die Erwartung der Gleichbehandlung ist deshalb zu hinterfragen. Vollständige Gleichbehandlung ist wenig realistisch, weil wir Menschen sind. Das Bemühen um Fairness allerdings ist zentral.

> **TIPP** *Machen Sie sich Ihre Präferenzen und Abneigungen bewusst und lassen Sie sich davon nicht unreflektiert leiten. Überlegen Sie sich für wichtige Angelegenheiten Standards, die Sie für alle Teammitglieder gleich anwenden wollen.*

REFLEXION

Hinterfragen Sie Ihre eigenen Mythen zur guten Führung:
- Welche Überzeugungen zum Thema gute Führung trage ich in mir?
- Welche Erwartungen hatte ich als Mitarbeiter an meine Vorgesetzten? Erscheinen mir diese Erwartungen und Überzeugungen nach reiflicher Überlegung immer noch realitätsgerecht?

Grundfunktionen der Führung

Worum geht es wirklich beim Führen? Was sind meine wichtigsten Aufgaben? Und wo habe ich den grössten Wirkungshebel? Antworten auf diese Fragen helfen Ihnen, Ihre Aufgabe zu erfüllen.

Vor der Frage, was ein guter Chef sei, kommt noch eine andere: Wozu ist Führung überhaupt gut und welchen Zweck soll sie erfüllen?

Führung ist – unabhängig von der einzelnen Führungsperson – anzusehen als eine Steuerungsfunktion eines «sozialen Systems». Ein soziales System ist jede Gruppe, Abteilung oder Organisation von Menschen. Selbst wenn es in einem sozialen System keine explizit eingesetzte Führungsperson gibt, findet Steuerung statt. Das haben Sie sicher schon erlebt, wenn sich eine Gruppe von Menschen mit ähnlichen Interessen getroffen hat: Nach einiger Zeit übernimmt jemand das Ruder, beginnt den Kurs zu bestimmen oder die Diskussion zu führen, auch wenn es keinen formellen Chef gibt.

Es gibt zwei Grundfunktionen von wirkungsvoller Führung: Richtung geben und für Energie zu dieser Richtung sorgen.

Richtung geben: wissen, wohin es geht

Ein Team, eine Abteilung und auch ein ganzes Unternehmen brauchen eine gemeinsame Richtung. Ohne diese fehlt die Orientierung. Dann werden sowohl die Handlungen wie auch das Verhalten der einzelnen Mitarbeitenden beliebig, ohne dass man beurteilen kann, ob sie zielgerichtet sind. Der Sinn ergibt sich durch die definierte Richtung.

Die wichtigsten Richtungselemente, die Sie als Führungsperson beeinflussen können, sind: Kernaufgabe, Vision, Strategie, Ziele, Werte und Prinzipien. Alle diese Elemente schaffen Richtung und damit auch Orientierung. Oft denken gerade Führungspersonen unterer Hierarchieebenen, Vision und Strategie seien dem Topmanagement und der Geschäftsleitung vorbehalten. Das stimmt, wenn es um das ganze Unternehmen und die damit verbundenen Rahmenbedingungen geht.

Unterschätzt wird aber, dass dieselben Aspekte auf allen Stufen der Organisation wiederholt gezielt eingesetzt und genutzt werden können. Was von oben «vorgegeben» wird, muss in seiner Bedeutung stufengerecht nach unten übersetzt werden. Bei dieser Übersetzung gibt es mehr Gestaltungsspielraum, als die meisten denken.

Auch Sie können für Ihr Team eine auf das Ganze abgestimmte Vorstellung der Zukunft – eine Vision – entwickeln und definieren. Und auch auf Teamebene können und müssen strategische Überlegungen angestellt und aktuelle wie mittelfristige Prioritäten gesetzt werden.

DIE GESCHÄFTSLEITUNG HAT BESCHLOSSEN, die Zielgruppe der Jugendlichen systematisch mit Produkten zu bedienen und zu begleiten. Die Abteilung, in der Sie arbeiten, ist für das Marketing zuständig und setzt die Rahmenbedingungen für alle Marketingaktivitäten. Ihr Team hat die Verantwortung für das Sponsoring. Sie müssen nun entscheiden und vorschlagen, in welchen Kategorien – Sport, Musik, Freizeit – die Jugendlichen angesprochen werden sollen, damit ihre Aufmerksamkeit gewonnen und eine Verbindung zum Unternehmen aufgebaut werden kann. Zudem können Sie mit Ihrem Team eine Vision entwickeln, wie die Zukunft in zwei, drei Jahren aussehen soll, wenn Sie mit Ihrer Strategie und den damit verbundenen Aktivitäten erfolgreich waren und unzählige Jugendliche zu Fans Ihres Unternehmens geworden sind.

Energie generieren: bewegen und ausrichten

Richtung ohne Energie heisst in einem Zug von Zürich nach Genf (Ziel) sitzen, der sich nicht vorwärtsbewegt. Im Arbeitskontext ist die Energie das, was Menschen in eine Richtung bewegt. Die hier relevanten Formen von Energie und Bewegung sind Engagement, Fähigkeiten, Entscheidungen und Handlungen:

- **Engagement** bedeutet, dass Menschen Zeit und Aufmerksamkeit für etwas einsetzten, das sie als wichtig und erstrebenswert ansehen. Positive Emotionen, zum Beispiel Freude, treiben uns an. Mitarbeitende können ihr Engagement für die unterschiedlichsten Angelegenheiten einsetzen, ob beruflich oder privat. Für Sie als Führungsperson geht es darum, die Mitarbeitenden für die Ziele, die Strategie des Unternehmens und der Abteilung zu gewinnen.

- **Fähigkeiten:** Es reicht nicht, eine Strategie und Ziele zu haben. Es reicht auch nicht, Mitarbeitende zu haben, die sich gern dafür einsetzen. Sie brauchen die richtigen Fähigkeiten im Team oder in der Abteilung. Die Kompetenzen müssen zur Strategie passen. Wenn Sie diese im Team nicht zur Verfügung haben, müssen Sie sie mit Ihren Mitarbeitenden entwickeln oder durch Neuanstellungen dazugewinnen.

- **Entscheiden und handeln:** Schliesslich geht nichts ohne konkrete Entscheide und Handlungen, die die Umsetzung von Visionen, Strategien und Zielen ermöglichen. Entscheiden heisst: aus verschiedenen Möglichkeiten ein(ig)e wählen und damit andere nicht wählen. Dies gilt für kleine und grössere Entscheide. Handlungen sind die Massnahmen und Verhaltensweisen, mit denen ein Entscheid umgesetzt wird.

SIE MÖCHTEN, DASS IHR TEAM – mehr als in der Vergangenheit – proaktiv auf die Kunden zugeht. Zuerst braucht es den Dialog mit den Mitarbeitenden und Überzeugungsarbeit, damit diese von sich aus motiviert sind, Kunden direkter und offener anzugehen. Mitarbeitende, die bestehende Kunden bloss «verwalten», reichen für Ihre Zielsetzung nicht aus. Sie brauchen Leute, die die Fähigkeit haben, neue Kunden direkt auf verschiedene Weise anzusprechen. Haben Sie solche Mitarbeiter im Team, können einzelne dazulernen oder müssen Sie neue Mitarbeiter suchen? Dann müssen Sie Entscheidungen treffen. Sie müssen zum Beispiel Zeiträume schaffen, in denen Ihre Leute die Kungen so, wie Sie es wünschen, ansprechen können. Und Sie brauchen konkrete Anruflisten, die einzelnen Mitarbeitern zugeordnet werden, damit diese die Telefonate auch tatsächlich machen.

Energie und Richtung spielen zusammen

Mit den beiden Kernfunktionen von Richtung und Energie haben Sie Ihre wichtigste Führungsaufgabe im Auge. Das hilft Ihnen bei der Priorisierung Ihres Alltags. Wenn in Ihrem Team, bei Ihren Mitarbeitern Vision, Strategie, Ziele und Kernaufgabe klar und verstanden sind, wenn alle sich dafür einsetzen und wenn Sie dazu die richtigen Leute gefunden oder entwickelt haben und im Alltag die auf die Vision ausgerichteten Entscheide treffen, die Handlungen vornehmen – dann machen Sie schon sehr vieles gut und richtig.

Die unten stehende Grafik zeigt nochmals auf, wie Energie und Richtung zusammenspielen:

- Keine Richtung, keine Energie: Nichts bewegt sich, Stillstand.
- Viel Energie, aber schwache Richtung: Es herrscht Chaos, viel Aktivität, aber alles ist unkoordiniert.
- Klare, starke Richtung, aber wenig Energie: Trägheit ist die Folge, alles dauert lange.
- Starke Richtung, gepaart mit viel Energie: Das Team erzielt eine grosse Wirkung, ist produktiv.

Wie steht es in Ihrem Team?

Wenn Sie neu eine Führungsposition übernehmen, ist es nützlich, eine sorgfältige Einschätzung der Ausgangslage vorzunehmen. Stossen Sie bei Ihrem Antritt zum Beispiel auf Stillstand, wissen Sie, dass Bewegung gefragt ist. Sie müssen Richtung geben und erarbeiten (Orientierung) und dann die positive Überzeugung dafür entwickeln. Treffen Sie Chaos an, ist es Ihre Priorität, die vorhandene Energie für eine gemeinsame Strategie zu bündeln und ein strukturiertes Vorgehen zu installieren.

GERDA S. HAT DIE FÜHRUNG EINER DROGERIE übernommen. Sie kommt aus der Nachbargemeinde und kennt einzelne Mitarbeitende schon. Sie stellt fest, dass sich die Begeisterung der
Verkäuferinnen in Grenzen hält. Deshalb setzt sie sich früh mit allen
zusammen und diskutiert, was es denn heisst, den Menschen zu dienen,
die mit ihren Anliegen und Problemen in die Drogerie kommen. Sie
lässt sich die besten Geschichten erzählen, von Kunden, die offensichtlich verzweifelt waren und denen die Verkäuferinnen helfen konnten.
So wird allen klar, wie wichtig ihre Arbeit ist, und sie merken, dass sie
jeder Person, die den Laden betritt, unbedingt auf die bestmögliche
Weise helfen wollen. Das Motto ist: Jeder hat unsere beste Hilfe verdient, und die geben wir von Herzen. Dank dieser bewusst gemachten
Überzeugung sind die Mitarbeiterinnen wieder stolz auf ihre Arbeit
und motiviert. Das einfache Motto hilft allen, sich jeden Tag auf das
Wesentliche zu besinnen.

Führen heisst also für Richtung, für ein Ziel sorgen und für Energie, die
sich in diese Richtung bewegt. Das bedeutet, das Sie das Engagement, die
Fähigkeiten, Entscheidungen und Aktivitäten Ihres Teams auf das Ziel
ausrichten. Orientieren Sie sich daran bei Ihren täglichen Prioritäten.

TIPPS *Klären Sie für sich selber bei Amtsantritt, inwieweit
Kernaufgaben, Strategie, Ziele und Werte bereits gegeben und
allen klar sind. Was fehlt?*

*Entwerfen Sie Ihre eigene Interpretation dieser Orientierungselemente
(Vision, Strategie, Ziele), auch wenn sie schon vorhanden sind. Oder
planen Sie die gemeinsame Erarbeitung im Team, wenn diese Elemente
fehlen.*

*Denken Sie daran, dass Richtungselemente besser verstanden und ver-
arbeitet werden, wenn sie nicht in langen Texten versteckt, sondern
einfach und auch visuell dargestellt sind (siehe auch Visionsübung,
Seite 106).*

SUSANNE RUOFF

Konzernleiterin der Schweizerischen Post

Welches war Ihre erste Führungsrolle?

Meine ersten Führungserfahrungen habe ich bei der Pfadi als Leiterin einer Gruppe von «Bienli» gemacht. Dabei habe ich erstmals intensiv die Verantwortung gespürt – nicht nur gegenüber den Kindern und Jugendlichen, sondern auch gegenüber den Eltern, die mir ihre Kinder für Samstagnachmittage, Abenteuerwochenenden oder Lager anvertrauten. Planung, Organisation und Vorbereitungsarbeiten waren das eine; Energie und Begeisterung frei zu machen bei den Kindern, sie bei Mutproben zum Durchhalten und sich Überwinden zu motivieren, das andere.

Welches war Ihr grösster Fehler als Führungsperson?

Die Fehlbesetzung einer Position: Den Umgang mit Menschen im Sinn von «die richtige Person tatsächlich auch am richtigen Ort einsetzen» habe ich zu Beginn als eine der herausforderndsten Führungsaufgaben wahrgenommen. Ich musste selbst erfahren, dass niemandem geholfen ist, wenn man Personalentscheide aufschiebt und den Mitarbeiten-den im falschen Einsatzgebiet Höchstleistungen abverlangt. Dies dient weder der betroffenen Person noch der Führung.

Was haben Sie daraus gelernt?

In solchen Fällen schneller zu handeln – was nicht heisst, keine weitere Chance zu geben. Die Lebens- und Berufserfahrung in unterschiedlichsten Funktionen und Wirkungsfeldern haben meine Sensibilität für Charaktere und Eigenheiten von Mitarbeitenden geschärft. Ich achte bei Personalfragen sehr genau auf das Gleichgewicht zwischen Faktenlage und Bauchgefühl und entscheide nach Einholung von Zweitmeinungen heute viel rascher.

Am Anfang steht die Selbstführung

Wen führen Sie zuerst? Sich selber! Sie mit Ihrer Persönlichkeit sind das wichtigste Führungsinstrument. Wie bewusst setzen Sie es ein? Wer sich selbst nicht führt, kann anderen nicht helfen.

Gute Führung beginnt immer wieder bei Ihnen. Wie bewusst «führen» Sie sich selber? Sie müssen Sorge zu sich tragen in allen Dimensionen: physisch, mental, emotional und auch spirituell. Ihre Haltungen zu sich selber, zur Arbeit, zu anderen Menschen wie auch zum Leben spielen dabei eine zentrale Rolle.

Selbstverantwortung wahrnehmen

Vieles können Sie als Führungskraft nicht beeinflussen – das ist die Realität. Oft entsteht sogar ein Gefühl der Ohnmacht. Was, wenn sich die obersten Entscheidungsträger zum Beispiel zu einer radikalen Veränderung entschliessen, zu einer Reorganisation, einem Firmenkauf oder einer massiven Reduktion des Personals? An solchen Situationen können Sie oft kaum etwas ändern. Das führt, selbst wenn Sie die Entscheide verstehen oder nachvollziehen können, zu unangenehmen Empfindungen, zum Gefühl, nichts tun zu können. Alles erscheint fremdgesteuert.

In solchen Momenten ist es gut, sich bewusst zu machen, dass es immer mehrere Möglichkeiten gibt, auf eine Situation zu reagieren. Ja, Sie können immer selber wählen, wie Sie mit den Bedingungen und Vorgaben von ausserhalb Ihres Einflussbereichs umgehen wollen. Das ist Ihr Spielraum.

IHR VORGESETZTER INFORMIERT SIE, dass die Geschäftsleitung beschlossen hat, die Geschäftsfelder des Unternehmens zu reduzieren und sich auf das Kerngeschäft zu beschränken. Betroffen sind auch alle Unterstützungsfunktionen wie das Marketing, in dem Sie ein Team führen. Nach dem ersten Schock könnten Sie rasch zum

Schluss kommen, dass Sie nichts tun können, ausser zu warten, bis Sie mehr erfahren. Tatsächlich aber gibt es einige weitere Möglichkeiten, mit dem Entscheid umzugehen.

Sie können sofort nach einem anderen Job Ausschau halten in der Annahme, dass auch Ihr Team reduziert oder gar aufgelöst wird (Ego-trip). Oder Sie können Ihrem Ärger freien Lauf lassen, überall über die Entscheidung klagen und die Geschäftsleitung kritisieren.

Sie können sich aber auch bemühen, alle vorhandenen Informationen zum Entscheid zu erhalten, und sich überlegen, was er wirklich für Sie und Ihr Team bedeutet. Dann können Sie – vielleicht sogar zusammen mit dem Team – eine Strategie für das weitere Vorgehen wählen. Zum Beispiel Vorschläge sammeln, wie sich das Problem der überzähligen Einheiten oder Mitarbeiter anders lösen lässt als mit Entlassungen.

Erscheinen Ihnen einzelne dieser Möglichkeiten als unrealistisch? Fakt ist, dass alle zumindest theoretisch bestehen. Sie sollten auch in scheinbar fremdgesteuerten Momenten den Fokus stets auf den vorhandenen Spielraum richten. Sie können – vorausgesetzt, Sie sind sich dessen bewusst –, entscheiden, wie Sie über eine gegebene Situation denken, wie Sie mit aufkommenden Emotionen umgehen und vor allem was Sie tun wollen.

TIPP *Übernehmen Sie die volle Verantwortung für Ihr Denken, Fühlen und Handeln! Im Wort «Verantwortung» steckt nicht zufällig der Begriff «Antwort». Es geht darum, dass Sie für das, was Ihnen geschieht, eine eigene Antwort finden.*

Zu sich selber Sorge tragen: vom Umgang mit Stress und Druck

Stress ist die Folge subjektiver Einschätzungen und Bewertungen. Das heisst, dass Sie grösstenteils selber bestimmen, was Sie wie stark stresst.

Wenn Sie neu die Chefrolle übernehmen, können Sie viele Dinge stressen. Zum Beispiel die neue Mischung aus Erwartungen von Vorgesetzten, gleichgestellten Kollegen und vor allem Mitarbeitenden. Sie sehen Widersprüche, Interessenkonflikte, die Sie nicht lösen können. Auf wessen Seite sollen Sie sich stellen? Oder eine andere stressträchtige Situation: Sie

GUTER ODER SCHLECHTER STRESS

Es gibt bekanntlich auch den positiven Stress. **Eustress** entsteht, wenn jemand mit hoher Motivation sehr aktiv unterwegs ist. Man will das Projekt, die Idee vorantreiben, das Momentum nutzen, ist voller Energie. Man ist bereit, viele zusätzliche Stunden zu investieren, weil es um eine attraktive Angelegenheit geht, bei der man sich auch beweisen kann. Das ist grundsätzlich erfreulich und im Führungsalltag ebenso gefragt wie im Spitzensport. Wenn aber die Achtsamkeit dafür schwindet, wann es genug ist und wann der Körper Erholung braucht, kann auch Eustress zu Reaktionen des Körpers führen, die eine Pause erfordern. Man wird krank oder erhält andere Signale, dass zwischendurch Erholung angesagt ist.

Anders der **Distress,** der offensichtlich negativ empfunden wird. Die damit verbundenen Gefühle wie Ärger, Frustration, Ablehnung fressen die Energie auf und erhöhen mit der Zeit die Wahrscheinlichkeit, in irgendeiner Weise krank zu werden.

---

wollen möglichst rasch allen beweisen, dass Sie die richtige Wahl sind, und setzen sich selber unter Druck, alles richtig zu machen.

Sie selber bestimmen mehr, als Ihnen vielleicht lieb ist, welche Bedeutung Sie dem beimessen, was um Sie herum geschieht. Wenn Sie Ihre persönlichen Einschätzungen nicht bewusst steuern, wird es möglicherweise unangenehm. Sie reagieren unreflektiert auf eine bestimmte Art und Weise. Hinterfragen Sie das alte Programm und lernen Sie ein neues.

Die wichtigste Ressource, die Menschen haben, um Höchstleistungen zu erbringen, ist nicht – wie oft gesagt – die Zeit, sondern die Energie, die sie zur Verfügung haben. Es geht also um den optimalen Energiehaushalt und die damit verbundenen Bedürfnisse. Wenn Sie Sorge zu sich tragen wollen, um die beste Führungsleistung zu bringen, müssen Sie sich um Ihre physische, mentale, emotionale und spirituelle Seite kümmern.

Zum Körper Sorge tragen

Natürlich wissen die meisten, dass regelmässige Erholung und körperliche Betätigung für das Wohlbefinden und auch für die Leistungsfähigkeit zentral sind. Aber gerade bei neuen Herausforderungen geraten wichtige Aspekte zur Erhaltung der Leistungsfähigkeit in den Hintergrund. Man hört dann Erklärungen wie: «Jetzt gerade habe ich einfach zu viel tun», oder: «Darum kümmere ich mich dann später wieder.» Im Kopf kann man ja bekanntlich alles haben und lenken, wie man will. Die Realität ist, dass dies dem Körper nicht viel hilft. Alle Menschen brauchen Schlaf, Pausen, ausgewogene Nahrung, viel Flüssigkeit und genügend Bewegung, um leistungsfähig zu sein und zu bleiben.

WAS TUN IM PHYSISCHEN BEREICH?

Abschalten

- Machen Sie regelmässig und vor allem am Mittag eine richtige Pause. Richtig heisst: sich ganz herausnehmen, ohne per E-Mail oder Telefon geschäftlich erreichbar zu sein.
- Auch am Abend gilt: Schalten Sie ab! Unternehmen Sie etwas, was wirkliche Erholung erlaubt: Freunde treffen, sich hinlegen und Musik hören, im Garten arbeiten ...
- Schlafen Sie genug! Der Schlaf ist ein natürliches Erholungsinstrument. Es über längere Zeit zu missachten, kann fatale Folgen haben. Wenn Sie plötzlich nicht mehr gut einschlafen können oder ständig wieder aufwachen, ist das ein Alarmzeichen. Dann sollten Sie die Lage genau beobachten und analysieren.

Sich bewegen

- Sie brauchen regelmässige Bewegung, um Blutkreislauf und Zirkulation anzuregen. Wenn Sie mit öffentlichen Verkehrsmitteln unterwegs sind, haben Sie viele kleine Möglichkeiten, einzelne Strecken zu Fuss zurückzulegen. Nutzen Sie dies.
- Machen Sie einen kurzen Verdauungsspaziergang nach dem Mittagessen oder gehen Sie ein Stück unmittelbar nach der Arbeit.
- Hören Sie auf Ihren Körper. Wenn sich Müdigkeit einschleicht, sollten Sie entweder einen Ort suchen, um ein paar Minuten bewusst einzunicken (Powernap). Oder Sie machen auch dann ein paar Schritte – im Treppenhaus oder sonst irgendwo. Danach sind Sie wieder konzentriert.

Sich gesund ernähren

- Ernähren Sie sich ausgewogen und mit Mass.
- Vermeiden Sie den übermässigen Konsum von belastenden Substanzen wie Alkohol, Kaffee oder Zucker.
- Trinken Sie viel, etwa zwei bis drei Liter pro Tag und wenn möglich Wasser. Der Körper braucht Flüssigkeit.

Wer Chef wird, hat höheren Ansprüchen des Arbeitgebers zu genügen. Das ist legitim (mehr zu den rechtlichen Aspekten auf Seite 181). Wenn Sie sich aber nicht mehr um sich selber kümmern können, dann läuft etwas falsch. Ebenso, wenn Sie selber sich und anderen beweisen wollen, was Sie alles aushalten können. Sie allein tragen die Verantwortung, wie Sie mit der neuen Situation umgehen.

REFLEXION

- Wie gut achte ich auf körperliche Signale wie Müdigkeit, Bedürfnis nach Bewegung, Hunger?
- Wie oft und bewusst schalte ich von der Arbeit richtig ab und wie oft mache ich (auch kurze) Pausen?
- Wie viel Bewegung habe ich während der Woche? Wie oft unterbreche ich die Arbeit, um mich kurz zu bewegen?
- Wie bewusst achte ich auf ausgewogene Ernährung, auf Zeit, richtig zu essen und zu verdauen? Wie viel Flüssigkeit nehme ich täglich zu mir?

Sich mental stärken

Führen ist eine Leistung, vergleichbar mit derjenigen von Spitzensportlern. Die meisten Sportler arbeiten an ihrer mentalen Fitness; Führungskräfte sollten dies noch viel mehr tun. Bezogen auf die Führungsrolle ist vor allem Folgendes zu bedenken: Gemäss Wissenschaftlern haben wir jeden Tag rund 65 000 Gedanken. Lange nicht alle davon sind nützlich und bringen uns weiter. Wer sich aber seiner Gedanken bewusst ist, kann negative Denkspiralen stoppen, sich auf positive, hilfreiche Gedanken konzentrieren und seine mentale Kraft auf Chancen statt Probleme lenken. Sie können, öfter als Sie glauben, neu entscheiden, was Sie denken wollen.

Das regelmässige Fokussieren auf positive – reale – Aspekte des Alltags führt zum sogenannten realistischen Optimismus. Das heisst: Sie nehmen und akzeptieren die Realität so, wie sie sich präsentiert, und richten dann die Aufmerksamkeit auf die positiven Aspekte, zum Beispiel auf die Chancen eines Problems. Die Folge positiver Gedanken sind positive Emotionen – und diese haben nachweislich eine Wirkung auf die Gesundheit.

WAS TUN IM MENTALEN BEREICH?

Selbstgespräche

■ Führen Sie ein Selbstgespräch. Dieses kann durchaus einen kritischen Anfang haben, wenn sich etwas Negatives ereignet hat. Sie können sich im Selbstdialog Fragen stellen, die Ihre Aufmerksamkeit langsam, aber sicher auf positive Aspekte oder auf neue Möglichkeiten lenken. Eine dieser Fragen könnte sein: Was kann ich, was können wir aus dieser Situation lernen?

■ Schreiben Sie Ihre Gedanken auf. Notieren Sie verschiedene mögliche Sichtweisen zur Situation in Stichworten: die emotionale Seite, die kritische Seite, die Seite der Chancen, die Seite der positiven Aspekte ...

Mentale Vorbereitung

■ Bringen Sie sich, wenn eine schwierige Situation bevorsteht – zum Beispiel vor einem heiklen Mitarbeitergespräch –, wie vor einer Prüfung oder einem Wettkampf in einen entspannten Zustand. Spielen Sie die Situation mental mit verschiedenen Szenarien durch. Das nimmt Ihnen die Angst vor dem Gespräch, gibt Ihnen Zuversicht.

■ Stellen Sie sich den bestmöglichen Ausgang des Gesprächs vor, stellen Sie sich mit positiven Gefühlen darauf ein. Damit erhöhen Sie die Chance, dass dieses Ergebnis eintrifft.

■ Visualisieren Sie regelmässig Ihre Wünsche und Visionen bei der Arbeit, im beruflichen Umfeld. Die alltäglichen Schwierigkeiten und Unannehmlichkeiten erscheinen in diesem grösseren Zusammenhang als eher unbedeutend oder banal. Wenn Sie zum Beispiel die Zusammenarbeit in Ihrem Team auf ein nächsthöheres Niveau heben möchten, dann können Sie einen Konflikt, eine Auseinandersetzung als Chance ansehen, genau dieses Ziel zu erreichen.

REFLEXION

– Wie gut habe ich meine Gedanken in der Regel unter Kontrolle?
– Wie oft bin ich mir meiner Gedanken bewusst und verändere meinen Fokus, wenn ich Negativität entdecke?
– Wie bereite ich mich auf schwierige Gespräche oder Situationen vor? Wie oft wende ich dafür Visualisierungen (bildliche Vorstellungen) an?
– Wie regelmässig stelle ich mir das bestmögliche Ergebnis eines Tages, eines Projekts, meines Teams und meiner Zukunft vor?

Emotional Sorge zu sich tragen

Emotionen und Gedanken gehören eng zuammen, eine Trennung ist nur theoretisch möglich. In der Regel werden Emotionen durch nicht bewusste Gedanken (Bewertungen aus Erfahrungen) so rasch ausgelöst, dass man sie weder vermeiden noch stoppen kann. Emotionen sind gemäss Definition immer mit körperlichen Reaktionen gekoppelt, mit Pulsanstieg, Herzklopfen, Muskelkontraktionen, Erröten. Diesen Reaktionen ordnen wir Menschen eine bestimmte Qualität zu und bezeichnen sie als Ärger, Wut, Eifersucht, Angst oder Freude. Die Benennung entsteht aus unserer Interpretation der Situation, die als Auslöser dient.

Wenn Emotionen auftreten, lassen sie sich nicht vermeiden. Es gibt nur eins: sie akzeptieren, zulassen. Viel wichtiger ist es, zu verstehen, dass die körperliche Reaktion noch nichts darüber aussagt, wie wir mit einer Emotion und der Situation, die sie ausgelöst hat, umgehen.

Und da gibt es viele Möglichkeiten. Wenn ein Mitarbeiter – oder eine Vorgesetzte – Sie mit seinem Verhalten verärgert, können Sie wählen: Sie lassen Ihrem Ärger freien Lauf. Sie reissen sich zusammen und warten eine Gelegenheit ab, um in Ruhe darüber zu sprechen. Sie schlafen darüber und lassen es dann bleiben. Sie sprechen mit anderen über die Situation oder Sie beklagen sich darüber.

Interessant zu wissen: Es gibt neuere Hirnforschungen, die zeigen, dass der Mensch fünf grundlegende emotionale Bedürfnisse hat, die er erfüllen möchte. Die Intensität jedes Bedürfnisses kann individuell variieren. Diese allen Menschen gemeinsamen Bedürfnisse sind:

- **Selbstachtung:** Selbstachtung bezeichnet das individuell empfundene Selbstwertgefühl. Die Frage ist, was jemand braucht und tut, um dieses Bedürfnis zu erfüllen.
- **Kontrolle:** Das Gefühl von Kontrolle besagt, dass jemand sich nicht als hilflos und der Situation ausgeliefert betrachtet, sondern als in der Lage, darauf Einfluss zu nehmen.
- **Orientierung:** Orientierung bezeichnet das Bedürfnis, aktuelles Geschehen sinnvoll einzuordnen, ihm eine sinnvolle Bedeutung zu geben. Was tut jemand, um dieses Bedürfnis zu befriedigen?
- **Anschluss (Zugehörigkeit):** Menschen möchten das Gefühl haben, dass sie dazugehören, mit anderen in positiven Beziehungen stehen.
- **Freude, Spass:** Schliesslich hat der Mensch ein mehr oder weniger grosses Bedürfnis, bei dem, was er tut, Freude und Spass zu empfinden.

WAS TUN IM EMOTIONALEN BEREICH?

Emotionen ausdrücken

- Wenn Sie Ärger, Angst, Unsicherheit oder ähnliche negative Emotionen spüren, unterdrücken Sie sie nicht. Das heisst nicht, dass Sie Ihre Emotionen anderen zeigen sollen. Suchen Sie einen Ort, wo Sie ihnen einen Moment lang ungestört Auslauf und Raum geben können.
- Halten Sie mit Ihrem Atem ein paarmal inne und registrieren Sie, wie die Emotion jetzt in Ihrem Körper spürbar ist.

Automatismus unterbrechen

- Fokussieren Sie auf Ihre Atmung, um impulsive Reaktionen und Handlungen zu vermeiden. Handlungen aus Emotionen heraus sind selten nützlich. Sie können die Aufmerksamkeit eine Minute lang einfach nur auf Ihre Atmung lenken.
- Gehen Sie an die frische Luft, bewegen Sie sich, um die emotionale Situation zu entspannen.

Positive Erlebnisse suchen

- Überlegen Sie, welche kleinen Dinge Ihnen Freude bereiten. Dann bauen Sie die planbaren davon in Ihren Tag ein: den Spaziergang in der Natur, das gemeinsame Essen mit jemandem, der Ihnen etwas bedeutet.
- Seien Sie offen für alle anderen positiven Überraschungen.

Wenn ein Mensch eines oder mehrere dieser Bedürfnisse als nicht erfüllt empfindet, wird er seine ganze Aufmerksamkeit darauf richten. Solange die Bedürfnisse nicht erfüllt werden, werden immer wieder negative Emotionen auftauchen.

Stellen Sie sich zum Beispiel eine grössere organisatorische Veränderung vor. Wenn es den Führungskräften nicht gelingt, den betroffenen Mitarbeitern rasch Orientierung zu geben – was bedeutet die Entscheidung, was läuft genau ab, wie ist alles einzuordnen? –, werden diese alles unternehmen, um sich selber zu orientieren. Sie sind empfänglich für Gerüchte, suchen nach vertrauensvollen Informationsquellen und verbringen ihre ganze Zeit damit, etwas in Erfahrung zu bringen. Die Leistung bleibt auf der Strecke. Gefragt sind also zeitnahe Informationen und geführte Diskussionen, damit alle die Veränderung interpretieren und ihre Bedeutung sinnvoll einordnen können.

REFLEXION

- Wie rasch nehme ich meine eigenen Emotionen wahr?
- Wie gehe ich damit um, vor allem, wenn sie negativer Natur sind?
- Welche Strategien wende ich an, um Emotionen kanalisiert zum Ausdruck zu bringen, und wie gut hat das bisher funktioniert?
- Wie bewusst schaffe ich mir täglich positive Momente und Erlebnisse (mindestens im Verhältnis 3:1 zu den negativen)?

Die spirituelle Ebene

Spirituell – der Begriff löst bei Menschen von heute Unterschiedliches aus. Für die einen stellt sich Befremden ein, sie wissen nicht recht, was sie damit anfangen sollen. Für die anderen (eher die Minderheit) gehört dieser Aspekt ganz einfach zum menschlichen Leben wie alle anderen auch.

Es gibt eine praktische Art, den Begriff zu verstehen, die hier im Fokus stehen soll: Spirituell meint das Streben des Menschen nach persönlichem Wachsen, nach dem Nutzen seines ganzen Potenzials, sein Bedürfnis nach Sinn im Leben und bei der Arbeit sowie seinen Wunsch, einen bedeutungsvollen Beitrag in der Welt zu leisten. Es geht um grundlegende Fragen wie: Wozu bin ich hier? Welchen Sinn macht meine aktuelle Tätigkeit für das Leben, mein Leben? Welche «Mission» habe ich hier möglicherweise zu erfüllen, welchen tieferen Zweck? Wo steckt mein wirkliches, vielleicht noch nicht ausgeschöpftes Potenzial als Mensch, und wie kann ich es entdecken?

Weshalb aber ist die Auseinandersetzung mit solchen Fragen im Rahmen der Selbstführung wichtig und relevant? Zum Beispiel, weil Ihnen Ihre Antworten darauf im Arbeits- und Führungsalltag viel Orientierung geben. Vor allem dann, wenn es schwierig, komplex oder stressig wird. Dann wird aus dem Druck von aussen tatsächlich Kraft von innen. Und Probleme erscheinen viel eher als willkommene Herausforderungen auf dem Weg zur Aufgabenerfüllung, als Möglichkeit, zusammen mit anderen an der Herausforderung zu wachsen und so vielleicht für höhere Aufgaben vorbereitet zu werden. Die spirituelle Orientierung hilft, die Hektik des Alltags einzuordnen und in einem grösseren Zusammenhang zu sehen.

HANNA M. SOLL DAS GESCHÄFT mit ihrem Team voranbringen. Aber sie ist frustriert, weil sie sich in verschiedener Hinsicht an dieser Hauptaufgabe gehindert fühlt. Die Rahmenbedingungen und die Machtkämpfe im Umfeld machen ihr zu schaffen. Sie versucht, sich zu wehren und einzelne der «Spieler» zu beeinflussen. Mit wenig Erfolg.

Über regelmässige Reflexion und mit der Unterstützung eines vertrauten Gesprächspartners kommt Frau M. schliesslich zur Erkenntnis, dass sie ihre Energie am falschen Ort einsetzt. Sie besinnt sich auf ihr Ziel, das Geschäft auf ein neues Niveau zu heben. Sie stellt sich darauf ein, dass die aktuellen Hindernisse auch Chancen sind, das eigene Commitment zu klären und zu stärken.

In der Folge fokussiert Hanna M. darauf, ihr Team noch mehr zu motivieren und das gemeinsame Ziel zu bekräftigen. So gelingt es ihr, den Zusammenhalt zu stärken und Wege aufzuzeigen, wie das Team mit der Situation umgehen kann: akzeptieren, was sich nicht ändern lässt, und im eigenen Einflussbereich handeln. Sie gibt sich zudem selbst den Auftrag, ihre Mitarbeitenden zu befähigen, mit Hindernissen umzugehen. Und es wird ihr klar, dass sie und ihr Team dadurch in der schwierigen Situation Fähigkeiten entwickeln können, die für zukünftige Aufgaben äusserst nützlich sind.

WAS TUN IM SPIRITUELLEN BEREICH?

- **Achtsamkeitstraining:** Es gibt heute viele Techniken zur Schulung von Achtsamkeit und Gelassenheit. Bekannt ist die MBSR (mindfulness based stress reduction), eine Methode, mit der Sie gezielt die Aufmerksamkeit auf Atmung, Körperempfindungen, äussere Wahrnehmungen und Gedanken lenken und so Ihre Präsenz erhöhen.
- **Meditation:** Immer mehr Menschen praktizieren Meditation. Formen gibt es viele; die wirkungsvollsten beinhalten eine Art anstrengungsloser Selbstbeobachtung oder Lenkung der Aufmerksamkeit frei von jeder Wertung, um den umtriebigen Geist zu beruhigen. Dazu gehört auch die Kontemplation (etwa bewusstes Wahrnehmen der Natur).
- **Kombinierte, ganzheitliche Praktiken:** Dazu gehören etwa Yoga oder Qigong. Sie kombinieren Atmung, Bewegung und Vorstellung auf wirkungsvolle Weise.

Überlegen Sie, was Ihnen zusagen könnte, und wählen Sie eine Form, die Sie mit Freude und Disziplin beibehalten können. Angebote finden Sie im Internet zuhauf. Oft sind Schnupperstunden möglich, in denen Sie herausfinden, ob ein bestimmter Kurs zu Ihnen passt.

Führung als Beziehung

**Keine Mitarbeiter ohne Führungskraft, aber auch keine Führungs-
kraft ohne Mitarbeiter. Ihre Führungsrolle besteht nur durch die
Anwesenheit der von Ihnen Geführten.**

Führung ist eine Beziehung, das klingt banal. Doch die positive Gestaltung von Beziehungen ist zentral, wenn Sie als Führungskraft Wirkung
erzielen wollen. Folgende Punkte werden immer wieder unterschätzt:

■ **Allein geht nichts:** Die Ergebnisse Ihres Teams können nie Ihnen
  (allein) zugeschrieben werden. Selbst dann nicht, wenn Sie selber immer noch einen grösseren Beitrag dazu leisten. Deshalb ist seitens eines
  Chefs jederzeit eine gewisse Bescheidenheit und Demut angebracht,
  gerade dann, wenn sich grosse Erfolge einstellen.

■ **Führungsbeziehung:** Sie stehen – ob Sie wollen oder nicht – stets in
  Beziehung zu den von Ihnen geführten Mitarbeitenden. Die sich entwi-
  ckelnde Führungskultur und die Art Ihrer Führung ist ein Ergebnis der
  Wechselwirkung zwischen Ihnen und den Geführten. Jede Ihrer Hand-

lungen ruft eine Reaktion hervor, auch wenn diese nicht immer sogleich sichtbar ist. Das werden Sie spätestens dann erkennen, wenn Ihr Führungsstil vom Team abgelehnt wird.

■ **Beziehungsqualität:** Die Beziehungen, die Sie zu den einzelnen Mitarbeitenden haben und pflegen, sind so etwas wie der Sauerstoff in der Führungslandschaft. Die Qualität der Summe dieser Beziehungen bestimmt mehr, als Sie denken, welche Wirkung Sie in Ihrem direkten Umfeld erzielen können.

WAS TUN SIE, wenn Sie nach einiger Zeit merken, dass Ihnen nicht offen die Wahrheit gesagt wird? Dann ist zu vermuten, dass in Ihrer Beziehung zum Team nicht alles rundläuft. Eine solche Situation müssen Sie rasch und vorsichtig, aber möglichst direkt ansprechen. Geben Sie nicht einfach den Mitarbeitenden die Schuld, sondern gehen Sie davon aus, dass Sie selber Signale geben oder gegeben haben, die zu dieser Kommunikationsbarriere geführt haben. Vielleicht haben Sie einmal offensichtlich verärgert auf die Aussage einer Mitarbeiterin reagiert, die der Wahrheit entsprach. Das ganze Team hat das als Botschaft verstanden, dass man sich besser nicht kritisch äussern sollte. Sprechen Sie das Thema an und geben Sie Zeichen und Beispiele, die die Annahme der Mitarbeitenden korrigieren können.

Beziehungen aufbauen und pflegen

Wenn Sie Ihre Führungsfunktion antreten, können Sie innerhalb von kurzer Zeit den Grundstein für konstruktive, von Vertrauen geprägte Beziehungen legen – oder Sie können genau das für die Zukunft verhindern. Überlegen Sie, wie sich die Beziehungen zu Ihren Mitarbeitenden positiv beeinflussen lassen.

Es ist durchaus möglich, die wichtigsten Qualitäten, die in Beziehungen unter Kollegen gelten, in der Führungsbeziehung zu erhalten – zum Beispiel offener Austausch, gegenseitiges Interesse füreinander, Wertschätzung, Vertrauen und Respekt, Spass und Freude, Aufmerksamkeit.

Auf welche Punkte ist besonders zu achten in der Anfangszeit, wenn Sie eine Führungsposition übernehmen?

- Geben Sie allen einen Vertrauensvorschuss und gehen Sie davon aus, dass man Ihnen dieses Vertrauen zurückzahlen wird. Sollte Ihr Vertrauen enttäuscht werden, müssen Sie dies rasch ansprechen und klären. Ihrerseits sollten Sie Signale geben, dass man Ihnen trauen kann. Das Wichtigste dabei: Sie halten, was Sie versprechen.
- Lernen Sie möglichst rasch Ihre Mitarbeitenden samt ihren Eigenheiten, Stärken, Schwächen, Bedürfnissen und Motiven kennen und verstehen. Wo immer Sie die Möglichkeit haben, auf individuelle Eigenheiten einzugehen, ohne unnötig viel Zeit zu investieren, tun Sie es. Das unterstützt Ihre Beziehung.
- Nehmen Sie die Meinungen anderer grundsätzlich ernst, auch wenn Sie nicht derselben Ansicht sind. Und auch, wenn Sie wissen, dass am Ende Sie entscheiden wollen und können. Dieses Ernstnehmen wird von den Mitarbeitenden als Wertschätzung wahrgenommen.

Ein ständiger Prozess

Beziehungen sind dynamisch. Sie verändern sich und sind ständig in Bewegung. Wenn Sie also heute ein gutes Gefühl haben und dies Ihnen von Ihrem Team bestätigt wird, bedeutet das nicht, dass nun einfach alles so positiv bleibt. Sie müssen sich regelmässig überlegen, wie Sie mit Ihren Mitarbeiterinnen und Mitarbeitern in Kontakt sind, ob die eine oder andere Beziehung besondere Aufmerksamkeit erfordert. Oft geschehen kleine Dinge, Irritationen, über die aus Zeitgründen oder aus fehlendem Mut nicht gesprochen wird. Dann bleibt Ungeklärtes liegen, verzerrte Wahrnehmungen und Interpretationen bleiben zurück. Achten Sie deshalb nicht nur auf das, was gesagt wird, sondern immer auch auf nonverbale Zeichen, auf das, was nicht gesagt wird.

Gute Beziehungen lassen Konfrontation und Auseinandersetzung genauso zu wie Meinungsverschiedenheiten. Machen Sie nicht den Fehler, gute Beziehungen mit ständiger Harmonie und Nettigkeit zu verwechseln. Gute Beziehungen wachsen und entwickeln sich vor allem an schwierigen Situationen. Lassen Sie deshalb unterschiedliche Meinungen, Kritik – wenn konstruktiv – und auch schwierige Gespräche zu. Diese sind ein guter Prüfstein für die zukünftige Zusammenarbeit. Voraussetzung dazu ist Ihre innere Gelassenheit und Klarheit.

Wiederherstellen von Beziehungen

Es gibt niemanden, der in Führungsbeziehungen alles richtig macht, dem nie ein Fehler unterläuft. Stress und hohe Anforderungen, eigene Unsicherheiten oder unerwartete Ereignisse können jederzeit auch auf grundsätzlich gute Beziehungen negativ einwirken. Es sind Emotionen im Spiel.

SIE KOMMEN AUFGEBRACHT aus einem Abteilungsleitermeeting und haben nun wirklich keine Zeit für Frau A. und ihre Empfindlichkeit. Sie reagieren kurz, verwenden aber durchaus akzeptable Worte – wie Sie selber finden. Bloss merken Sie, dass irgendetwas die Mitarbeiterin irritiert oder verletzt hat. Wenn Ihnen das passiert, haben Sie wie meist eine Wahl: Sie können das Ganze herunterspielen oder negieren, was viele tun. Der Preis dafür ist, dass sich die Beziehung zu dieser Mitarbeiterin verschlechtert und Sie an Wirkung verlieren. Oder Sie können Ihr Ego zur Seite schieben und sich für Ihren Teil, für die als verletzend empfundene Äusserung, entschuldigen.

Sich zu entschuldigen, fällt vielen Vorgesetzten schwer. Weshalb? Weil sie denken, dabei etwas von ihrer Autorität einzubüssen und sich zu schwächen. Das Gegenteil ist der Fall. Ein Chef, der keine Fehler oder Schwächen bei sich zulässt, wird mit der Zeit als schwach oder unnahbar empfunden. Und eine ehrlich gemeinte Entschuldigung ist in der beschriebenen Situation die einzige Möglichkeit, die geschädigte Beziehung wiederherzustellen. Wichtig ist, dass Sie sich nur für Ihre Äusserung, für die Formulierung, entschuldigen, für den Teil, den Sie zu verantworten haben. Die Reaktion der Mitarbeiterin bleibt in deren eigener Verantwortung.

TIPPS *Beziehungen sind in der Führung der Schlüssel zu positiver Einflussnahme. Sie sorgfältig aufzubauen, zu pflegen und wenn nötig wiederherzustellen, muss deshalb höchste Priorität erhalten. Da Beziehungen dynamisch verlaufen, müssen Sie regelmässig mit Ihren Mitarbeitern «in Kontakt» sein.*

Überlegen Sie sich immer wieder, wie Sie zu den einzelnen Mitarbeitenden (und auch zu Kollegen gleicher Stufe) stehen und welche Begegnungen Sie mit ihnen in letzter Zeit hatten.

Fragen Sie bei guten Gelegenheiten oder auch bei formellen Mitarbeitergesprächen nach, wie die Zusammenarbeit mit Ihnen erlebt und eingeschätzt wird.

———

Achten Sie auf nonverbale Anzeichen von möglichen Störungen, zum Beispiel auf die Art, wie Sie gegrüsst werden.

Situative Führung: ein vielversprechender Ansatz

Dieser Führungsansatz (in Anlehnung an Hersey und Blanchard, siehe Literaturverzeichnis) geht davon aus, dass es nicht EINE bestimmte Art der Führung gibt, die Erfolg verspricht, sondern dass es darum geht, je nach Situation diejenige Art der Führung anzuwenden, die die beste Wirkung verspricht. Zu überlegen sind dabei zwei Punkte:

- Führungsstile
- Reifegrad der Mitarbeiter

Es gibt unterschiedliche Führungsstile: den autoritären (befehlend), den kooperativen (partnerschaftlich), den partizipativen (beteiligend) sowie den delegativen (nicht eingreifend, manchmal auch Laissez-faire genannt). Diese Stile bewegen sich auf der Dimension von direktiv zu nicht direktiv: Sie als Führungskraft greifen mehr oder weniger stark ein – sowohl bei der Aufgabenerfüllung wie auch bei der Unterstützung und Motivation Ihrer Mitarbeitenden.

Welchen Führungsstil Sie wählen, hängt unter anderem ab vom Reifegrad jedes einzelnen Mitarbeiters. Ein Beispiel:

- **Autoritär:** Ein neuer, junger Mitarbeiter ist begeistert und mit viel Motivation unterwegs. Er braucht viele genaue Instruktionen, klare Aufträge und Begleitung. Sie müssen im positiven Sinn direktiv sein.

- **Kooperativ:** Wenn der Neue eigearbeitet ist, realisiert er, wie komplex seine Aufgaben sind. Er hat schon vieles gelernt, ist nun aber frustriert, weil er sich teilweise überfordert fühlt. Er braucht Ihre Unterstützung, Sie müssen ihm gut zureden, zeigen, dass Sie an ihn glauben, und ihn weiter ziemlich eng begleiten.

- **Partizipativ:** Nach einiger Zeit hat der Mitarbeiter seine Aufgaben im Griff, hat Erfolge vorzuweisen, gilt als erfahren. Sie wollen ihm die

Leitung eines neuen Projekts übertragen. Er freut sich, ist aber gleichzeitig verunsichert. Er befürchtet, dass es viel Zusatzarbeit geben, dass die Belastung zu gross werden könnte. Sie führen mehrere Gespräche und helfen ihm, zuversichtlich zu sein.

■ **Delegativ:** Nach ein paar Jahren hat sich der Mitarbeiter vollends etabliert, hat oft bewiesen, dass er Verantwortung übernehmen, gute Arbeit und qualitativ hochstehende Ergebnisse liefern kann. Sie «lassen ihn laufen», anerkennen zwischendurch seine besonderen Leistungen, zeigen ihm, wie wichtig er für Sie und das Team ist. Sie stehen für Fragen zur Verfügung, mischen sich aber nicht ein.

Wie flexibel und situationsgerecht können Sie die unterschiedlichen Führungsstile einsetzen? Je mehr Flexibilität Sie zur Verfügung haben, desto gezielter können Sie handeln. Zentral dabei ist die richtige Beurteilung der Situation.

REFLEXION

- Welche Führungsstile kenne ich? Welche wende ich am liebsten an?
- Welche Stile würde ich nicht anwenden (wollen) und weshalb? In welchen Situationen könnten diese für mich dennoch relevant werden?
- Wo sehe ich Entwicklungspotenzial bei der Anwendung von Führungsstilen?

Führen über Position oder über Persönlichkeit?

Was, wenn Ihre Mitarbeitenden wählen könnten, ob Sie Ihnen als Chef, als Chefin folgen oder nicht? Würden Sie auch dann mit Ihnen arbeiten wollen? Oder tun sie es, weil sie keine Wahl haben?

Als Chef, als Teamleiterin sind Sie von Ihrem Unternehmen an eine formelle Stelle, eine Position mit Personalaufgaben gesetzt worden. Den Mitarbeitern vorgesetzt. In dieser Funktion haben Sie Pflichten und Rechte sowie Kompetenzen (mehr zu den rechtlichen Aspekten lesen Sie im zweiten Teil des Ratgebers ab Seite 158).

Einfluss dank der Position – der Teammanager

In Ihrer Position haben Sie mit dem Team eine Kernaufgabe zu erfüllen und die übergeordneten strategischen Leitlinien umzusetzen. Zielvorgaben konkretisieren die Erwartungen. Diese Ziele im Zeitraum eines Jahres zusammen mit Ihrem Team zu erfüllen, das ist Ihre Pflicht als Vorgesetzter, als Teamchefin.

Sie nutzen die betrieblichen Führungs-, Personal- und Arbeitsprozesse, um die Umsetzung voranzutreiben. Sie setzen zum Beispiel Ihre Entscheidungs-, Beurteilungs-, Belohnungs- und auch Sanktionskompetenzen gezielt ein. Sie planen und organisieren die Teamaktivitäten so, dass sie der konsequenten Umsetzung aller Vorgaben dienen, und stellen die Ergebnisse sicher, auch durch Kontrollen. Sie sehen zusätzliche Massnahmen für den Fall der Nichterfüllung vor und zeigen Ihren Mitarbeitenden die Konsequenzen auf. Das ist die Perspektive des Teammanagers. Der Fokus liegt auf dem von oben, vom Unternehmen und von den Vorgesetzten vermittelten formellen Auftrag, der durchgesetzt werden soll.

Alle diese Vorgehensweisen und Mittel könnte man unter dem Begriff «manipulative Einflussnahme» einordnen. Das Wort Manipulation hat in unserer Zeit einen zweifelhaften Ruf, weil darunter auch ein gewisser

Zwang entgegen dem Willen anderer verstanden wird. Ursprünglich bedeutet manipulieren unter anderem «etwas geschickt handhaben». Auf die Führung übertragen also, die Handlung anderer und damit auch die Ergebnisse direkt, von eigener Hand zu beeinflussen. Es gibt durchaus Situationen, in denen das sinnvoll ist.

VERA H., LEITERIN DER FINANZBUCHHALTUNG, erhält einen kurzfristigen Auftrag von ihrem Vorgesetzten: Alle einzelnen Teile eines umfassenden Berichts müssen sofort nochmals überprüft werden, da im Gesamtreport ein Fehler aufgetreten ist. Dieser muss unbedingt gefunden werden, weil der Bericht sonst unvollständig ist. Frau H. ruft ihr Team zusammen und erklärt, weshalb jeder seinen Teil nochmals im Detail durchgehen und kontrollieren muss. Alles muss in den nächsten drei Stunden gemacht werden. Sobald die Arbeit erledigt ist, will sie von jedem die Vollzugsmeldung.

Zwei Mitarbeiter zeigen ihren Ärger, es sei schliesslich nicht das erste Mal. Einer stellt schon Vermutungen an, woher der Fehler kommen könnte. Frau H. nimmt die Reaktionen zur Kenntnis und wiederholt den Auftrag. Sie sagt auch, dass das nicht saubere Bearbeiten Folgen bei der Jahresbeurteilung haben kann. Sie appelliert an die Vernunft und erklärt, dass alle im selben Boot sitzen und deshalb gemeinsam den Fehler suchen müssen. Etwas widerwillig macht sich das Team an die Arbeit, der Fehler wird entdeckt und korrigiert. In der nächsten Teamsitzung wird analysiert, wie der Fehler entstanden ist, um ähnliche Stresssituationen in Zukunft zu vermeiden.

Wirkungsvoll – mit einem Haken

Manipulative Führungswerkzeuge sind kurzfristig durchaus wirkungsvoll, weil sie von einer gewissen Abhängigkeit der Betroffenen ausgehen. Die Mitarbeiter wollen von Ihnen, vom Betrieb unterstützt, befördert, entlöhnt werden und auch mal einen Bonus erhalten. Sie wissen, dass dies nur mit Ihrem Einverständnis respektive dank Ihrer positiven Beurteilung und Entscheidung möglich ist. Sie folgen also Ihren Befehlen und Anordnungen.

Der Haken an der Sache ist, dass Sie so kaum das Engagement, die innere Motivation Ihrer Leute gewinnen. Diese handeln eher aus persönlichem Nutzen oder aus Angst. In stark hierarchisch organisierten Unternehmen ist dies heute nach wie vor an der Tagesordnung.

Gemäss den meisten Studien und Experten geht der Trend jedoch weg von Hierarchien hin zu mehr Projektorganisationen und Netzwerken. Es braucht also andere Ansätze. Denn Führen mit der Macht der formellen disziplinarischen Mittel (Belohnung und Sanktionierung) ist in einer Projektgruppe nur bedingt möglich. Für viele Beteiligte ist die Mitarbeit im Projekt eine Zusatzaufgabe. Der Projektleiter kann nicht über deren Zeit und Input verfügen ohne Absprache mit den Linienchefs. Es braucht also einiges an Überzeugungskraft. Der Einfluss auf die Mitarbeitenden – wie auch auf die Projektsponsoren – muss über die Persönlichkeit und das Aufzeigen von Nutzen erfolgen.

Kommt dazu, dass sich viele Mitarbeitende – auch in klaren Hierarchien eingebundene – deutlich mehr Eigenverantwortung wünschen sowie mehr Freiheit und Vertrauen von ihren Chefs. Loslassen ist angesagt.

Einfluss über die Persönlichkeit – Leadership

Wer bestimmt darüber, dass Sie als natürliche Führungspersönlichkeit wahrgenommen werden? Wohl kaum Sie selber. Den Respekt als «Leader», als natürliche Autorität, müssen Sie sich verdienen. Aber wie?

Die Alternative zur «manipulativen» Führung ist diejenige, die auf Überzeugung und Inspiration setzt. Sie wagen es, sich selber auf authentische Art einzubringen, so, wie Sie sind. Zudem steht für Sie im Vordergrund, dem Team sowie dem Unternehmen zu dienen mit allem, was Sie tun.

Wenn Sie so führen, bewegen Sie andere auf natürliche Weise, getrieben von Ihren eigenen Überzeugungen und Ihrem eigenen Enthusiasmus, sich für die Aufgabe des Teams einzusetzen, für eine positive Zukunft, von der alle profitieren können. Sie bringen zum Ausdruck, dass Sie ans Team, an die Teammitglieder und an die Erreichung des Ziels glauben und dass Sie jeden einzelnen Mitarbeiter auf dem gemeinsamen Weg erfolgreich machen wollen.

Die wirklich nachhaltig erfolgreichen Führungskräfte verstehen ihren Führungsauftrag als Dienstleistung am Unternehmen und an den Menschen, die sie führen (siehe auch Seite 18). Das ist eine Frage der Grundhaltung. Diese Haltung schliesst keineswegs aus, dass man als Chef auch hie und da klar durchgreift oder harte Entscheidungen trifft – dies aber immer im Interesse des Ganzen.

Wer den Führungsauftrag so versteht, dem geht es nicht bloss um die Erfüllung einer aufgetragenen Pflicht, sondern um die feste Absicht, das Beste aus dem Team und den Teammitgliedern herauszuholen und so die Entwicklung einer erfolgreichen Zukunft anzustossen und zu begleiten.

> **INFO** *Das Führen über die natürliche Persönlichkeit wird heute immer wichtiger, da Führungskräfte immer häufiger die Situation antreffen, dass sie gar nicht disziplinarisch eingreifen können.*

LINIEN- VERSUS PROJEKTFÜHRUNG

In vielen Unternehmen wird heute mehr über Projekte geführt als über die im Organigramm festgeschriebene Linienorganisation. Oft laufen die beiden Rollen parallel: Eine Teamleiterin führt zwar ein Team, ist aber auch in der Rolle der Projektleiterin mit Personen aus anderen Abteilungen und Teams. Anderseits sind auch einzelne ihrer Mitarbeiter in Projekte involviert, die sie nicht selber zu verantworten hat.

Projektmanagement ist eine effiziente, weil flexible Organisationsform für die Bewältigung komplexer, neuartiger und zeitkritischer Aufgaben. Und das zeichnet Projekte aus:

- Zeitliche Begrenzung
- Teilzeitarbeit für «geliehene» Projektmitarbeiter (Projekt oft als zusätzliche Aufgabe), Ressourcenknappheit
- Organisationsübergreifende Zusammensetzung (Mitarbeiter kommen aus verschiedenen Einheiten)

Projektleitung stellt einige spezifische Anforderungen an die Führungskraft:

- Fähigkeit, Sinn und Zweck des Projekts zu vermitteln
- Motivation und Beeinflussung durch Überzeugung, da keine disziplinarischen Führungsinstrumente vorhanden
- Rollenklarheit (Auftraggeber, Projektleitung und Spezialisten)
- Unterstützung und positive Beeinflussung aller wichtigen Interessenvertreter im Projektumfeld
- Fokus auf dem Projektprozess, der Projektteamdynamik und nicht auf dem Fachwissen
- Fähigkeit, die Balance zu halten zwischen notwendiger Kontrolle und grossem Vertrauen in die Projektmitarbeiter (Spezialisten)
- Führen über die Persönlichkeit und die natürliche Autorität (Spezialisten wissen meist besser Bescheid)

Drei Kernfragen zur Leadership

Die Führungspersönlichkeit, der Leader, stellt sich immer wieder die folgenden drei Kernfragen:

- Wozu bin ich hier und was ist mein bester Beitrag als Führungskraft?
- Was will ich mit meinem Team bewegen und erreichen?
- Was ist mir für mich persönlich und für die Zusammenarbeit im Team besonders wichtig (Werte)?

Wozu bin ich hier?

Wozu übernehmen Sie die Führung des Teams (oder eines Projekts)? Welchen Beitrag wollen Sie leisten? Es geht bei dieser Frage nicht um den von oben definierten Auftrag, Ihre damit verbundene Verantwortung für den Betrieb und die von oben erwarteten Ergebnisse. Im Vordergrund stehen Ihr eigener Antrieb, die von Ihnen selber bestimmten Aspekte, bei denen Sie den Mitarbeitenden helfen wollen, Fortschritte zu erzielen.

Sie könnten sich zum Beispiel vornehmen, das gegenseitige Vertrauen zu vertiefen, da Sie sich für die Zukunft ein Team vorstellen, in dem sich jeder und jede voll und ganz auf die anderen verlassen kann. Das wirkliche Potenzial von gegenseitiger Unterstützung, das Ihr Team über sich hinauswachsen lässt, nutzen Sie nur, wenn Sie substanziell in die Beziehungen Ihrer Mitarbeiter untereinander und zu Ihnen investieren. Und zwar deutlich mehr, als es im Arbeitsalltag sonst üblich ist.

Oder Sie könnten sich vornehmen, jeden Ihrer Mitarbeiter im positiven Sinn aus seiner Komfortzone zu holen, weil Sie an die Fähigkeiten aller Teammitglieder glauben und sie deshalb herausfordern wollen. Wo Sie den Schwerpunkt auch setzen, zur Entwicklung Ihrer Mitarbeitenden beizutragen, ist immer eine gute Wahl.

> **TIPP** *Ihr bester Beitrag aus eigener Motivation ergänzt die Erfüllung Ihrer Pflichten und der an Sie gerichteten Erwartungen. Dieser Beitrag sollte auf Ihren besonderen Stärken oder einzigartigen Begabungen beruhen.*

BOJAN S. ÜBERNIMMT EINE EQUIPE in einer Gebäudereinigungsfirma. Nach kurzer Zeit merkt er, dass die meisten Mitarbeiterinnen ihren Job relativ frustriert erledigen und nicht wirklich moti-

JERUN VILS

Geschäftsführer des Schweizer Alpen-Club SAC

Welches war Ihre erste Führungsrolle?

Meine erste Führungserfahrung habe ich im Gebirge gesammelt. Mehrere Winter arbeitete ich als Skilehrer. Die Aufgabe ist anspruchsvoller, als es auf den ersten Blick den Anschein macht. Skilehrer sind nicht nur sonnengebräunt und immer für etwas Unterhaltung zu haben. Sie tragen beim Skifahren mit kleinen und grossen Gästen viel Verantwortung, insbesondere im Bereich der Sicherheit. Man denke nur an Nebeltage, Neuschnee oder Kälteeinbrüche. Auch lernte ich zu motivieren, zum Beispiel im Dauerregen auf der Piste. Wer hat dann schon Lust, auf den Skiern zu stehen?

Welches war Ihr grösster Fehler als Führungsperson?

Als grösste Herausforderung bezeichne ich die angemessene Kommunikation. Es ist eine Kunst, im richtigen Moment und in angemessenem Umfang die entscheidenden Informationen und Botschaften im treffenden Ton an das zu definierende Zielpublikum zu richten. Gelingt dies, ist noch lange nicht sicher, dass die Nachricht beim Empfänger so angekommen ist, wie man sie abgesendet hat. Bei diesem Thema werde ich wohl ein Leben lang dazulernen.

Was haben Sie daraus gelernt?

Wichtig scheint mir, dass man seine Stärken wie auch seine Schwächen kennt und auch die Grösse hat, zu diesen zu stehen. Nur so kann es gelingen, sich weiterzuentwickeln, glaubwürdig zu sein und ein vertrauensvolles Verhältnis zu den Mitarbeitenden aufzu-bauen.

VISIONSÜBUNG IM TEAM

Ziel

- Positive Vorstellungen von der Zukunft des eigenen Bereichs entwickeln
- Entwicklungen und Idealvorstellungen ermöglichen, die Kraft zur gemeinsamen Bewegung schaffen

Vorgehen

- Nehmen Sie ein Blatt A4 quer und zeichnen Sie darauf als Vorlage zwei Boxen, rechts lassen Sie Platz für eine dritte Box.
- Ihre Teammitglieder zeichnen dasselbe auf ein Blatt, dann geben Sie folgende Instruktion: «Zeichnen Sie in die erste Box ein Bild, das die aktuelle Situation im Team beschreibt, unsere Ist-Situation. Gefragt sind Symbole und Bildelemente, nicht Zeichenkunst. Über das Bild schreiben Sie ‹von›. Zeichnen Sie in der zweiten Box, wie sich dieser Zustand in den nächsten zehn bis zwölf Monaten im besten Fall entwickelt. Darüber schreiben Sie ‹zu›.»
- Geben Sie allen ein paar Minuten Zeit fürs Zeichnen. Gut möglich, dass Einzelne zuerst Mühe haben, ein Bild zu finden. Ermuntern Sie sie, die erste Bildidee zu nehmen, es gibt kein Richtig oder Falsch. Das Ganze soll spielerisch sein, Lachen ist erlaubt.
- Dann zeichnen Sie auf der Vorlage – praktisch ist ein Flipchart – rechts im leeren Raum eine dritte Box. Die mittlere Box wird zum «von», die dritte Box zum «zu», und zwar mit dem Zeithorizont von 15 bis 18 Monaten. Die Instruktion dazu: «Zeichnen Sie rechts eine dritte Box und zeichnen Sie nun das Bild, wie die Situation des Teams im allerbesten Fall in 15 bis 18 Monaten aussieht.»
- Möglicherweise sind nun ein paar Teammitglieder irritiert. Wiederholen Sie die Instruktion und ermutigen Sie, einfach draufloszuzeichnen. Geben Sie wieder ein paar Minuten.

viert sind. Seine Pflicht ist es, dafür zu sorgen, dass die Putzarbeit sauber und zuverlässig gemacht wird. Er erkennt aber, dass sein bester Beitrag mehr sein kann. Er weiss, dass er ein begeisterungsfähiger Mensch ist und in jeder Situation das Positive sieht. So nimmt er sich vor, seine Mitarbeiterinnen neu mit positiver Energie zu versorgen und ihnen ein Gefühl der Wertschätzung zu vermitteln. Niemand ausser er selber gibt ihm diesen Auftrag.

Herr S. spricht mit den Teammitgliedern, zeigt ihnen, weshalb ihre Arbeit wichtig ist und dass er auf sie setzt. Er lässt sich auch von der anfänglichen Skepsis nicht aus dem Konzept bringen. Bald ist zu erken-

- Es empfiehlt sich sehr, dass Sie selber auch mitmachen und Ihre eigenen Bilder zeichnen.
- Nun soll jedes Teammitglied den anderen seine Zeichnung zeigen und kurz erklären. Es darf geschmunzelt und gelacht werden. Zum Schluss zeigen auch Sie Ihre Zeichnung.
- Schliesslich suchen Sie in den verschiedenen Bildern nach Gemeinsamkeiten. In der Regel sehen Sie auf allen Blättern eine positive Entwicklung, ein Wachsen oder Zusammenwachsen oder Ähnliches. Halten Sie die Gemeinsamkeiten fest und diskutieren Sie im Anschluss, was Sie und das ganze Team unternehmen können, um sich in Richtung der gewünschten Zukunft zu bewegen.
- Lassen Sie Ihre Mitarbeiter diese Bilder behalten und sprechen Sie sie immer wieder an. Die Erinnerung wird lebendig bleiben, da jeder seinen eigenen Zugang gewählt hat.

Diese Übung ist spielerisch und doch wirkungsvoll, weil sie beide Gehirnhälften aktiviert. Ziel ist nicht ein gemeinsames Bild, sondern das Gemeinsame aus den unterschiedlichen Bildern.

von	zu
Bild für aktuelle Situation	Bild (evtl. gleiche Metapher) für Zukunft (10–12 Monate)

	~~zu~~ von	zu
Bild für aktuelle Situation	Bild für Zukunft 1	Bild für Zukunft in 15–18 Monaten

nen, dass die vorher frustrierten Mitarbeiterinnen mit höherem Selbstwertgefühl zur Arbeit gehen, wieder miteinander lachen und dass etwas Freude zurückkehrt. Gleichzeitig steigt die Qualität der Arbeit deutlich an, weil für die Frauen ihre Tätigkeit wieder mehr Sinn macht.

Was will ich mit meinem Team erreichen?

Diese Frage schliesst direkt an die vorherige an. Welche besonderen Ziele wollen Sie – wiederum in Ergänzung zur bekannten Pflicht – mit Ihrem Team erreichen? Inwiefern haben Sie eine Vorstellung, eine Vision, wie Ihre Zukunft und die Ihrer Mitarbeitenden gestaltet werden könnte? Bei dieser Frage müssen Sie in Möglichkeiten denken, in wünschenswerten Szenarien, die neue Zustände erlauben. Sie könnten zum Beispiel die Vision haben, zu dem Team zu werden, das – nicht auf Kosten anderer Teams – bei den Kunden mit Abstand die grösste Begeisterung auslöst. Oder zum Team, das am kreativsten mit Kundenreklamationen umgeht, oder zu dem, das regelmässig die besten neuen Service-Ideen entwickelt.

Ja, Sie müssen sich in der ersten Phase als neuer Chef, als neue Teamleiterin zuerst einmal orientieren und sich Zeit nehmen, um in die neue Rolle hineinzuwachsen. Danach aber sollten Sie sich zur Zukunft Gedanken machen. So haben Sie die Chance, aus einer eher reaktiven zu einer proaktiven Haltung zu kommen und Ihr Team mitzuziehen. Es geht nicht darum, irgendwelchen Illusionen nachzuleben (und dabei gar die aufgetragenen Aufgaben zu vernachlässigen). Es geht darum, über gemeinsame Gestaltungsmöglichkeiten die Energie im Team zu wecken.

BOJAN S. AUS DEM BEISPIEL AUF SEITE 104 ruft sein Team zusammen, um über mögliche Veränderungen für die Zukunft zu sprechen. Es geht nicht nur um den Zweck der Arbeit (saubere Räume), sondern darum, was das Besondere der Arbeit darstellt – die Räume in einem Zustand zu hinterlassen, dass die Kunden die Frische sofort spüren können. Herr S. diskutiert mit seinen Mitarbeiterinnen, wie die Räume denn aussehen könnten, um die Büronutzer positiv zu überraschen. Es kommen verschiedene Ideen, zum Beispiel: regelmässig einen kleinen positiven Spruch auf den Bürotischen liegen lassen, in den Toiletten immer wieder anders duftende Trockenblüten hinlegen. Herr S. überzeugt seinen Vorgesetzten, die kleinen Experimente umzusetzen. Das Resultat ist überwältigend. Die Mitarbeiterinnen freuen sich auf die Arbeit und auf die Umsetzung der jeweils nächsten kleinen Idee. Und sie erhalten von den Nutzern immer wieder Dankesbotschaften.

Was ist mir auf dem Weg zum Ziel besonders wichtig?

Nach dem Warum und dem Was in der Zukunft kommt die dritte Frage: Sie fokussiert auf das Wie. Welche Qualitäten und Werte liegen Ihnen besonders am Herzen? Setzen Sie auf Zuverlässigkeit, sodass jeder sich auf jeden stets verlassen kann? Steht für Sie die Dienstleistungshaltung im Vordergrund? Oder wollen Sie, dass alle sich mit grösstem Respekt begegnen? Welche Aspekte Sie auch auswählen, es ist Ihre Entscheidung.

MEINE WICHTIGSTEN WERTE – ÜBUNG

■ Machen Sie eine Liste von 10 bis 15 Ihnen wichtigen Aspekten bei der Arbeit und Zusammenarbeit mit anderen – etwa Respekt, Vertrauen, Loyalität, Kreativität, Disziplin ... Folgende Fragen helfen Ihnen dabei:
  - Worüber freue ich mich am meisten bei der Arbeit, was löst positive Gefühle aus?
  - Worüber ärgere ich mich am stärksten? Weshalb?
  - Für welche Qualitäten und Verhaltensweisen würde ich kämpfen, welche nie tolerieren? Weshalb?

■ Reduzieren Sie die Liste auf fünf Werte und notieren Sie die wichtigsten Begründungen für Ihre Wahl. Weshalb sind diese Werte noch wichtiger als die anderen?

■ Reduzieren Sie wenn möglich nochmals auf drei Topwerte.

■ Überlegen Sie sich, in welchen Situationen diese drei Werte zum Tragen kommen, wie Sie diese in kritischen Situationen anwenden würden (oder schon angewendet haben).

Die Wirkung als Führungspersönlichkeit entfalten Sie, wenn Sie die ausgewählten Werte konsequent vorleben, transparent vermitteln und von den anderen einfordern. Dann stärken Sie Ihr Profil und Ihre Glaubwürdigkeit. Es ist zu empfehlen, dass Sie zusätzlich zu den für Sie persönlich zentralen Werten zusammen mit dem Team die gemeinsamen Werte erarbeiten und definieren. Ihre persönlichen haben die Mitarbeiterinnen und Mitarbeiter zu akzeptieren, wenn sie für Sie arbeiten. Die gemeinsamen Werte sollten von allen geteilt und mitgetragen werden.

NOCHMALS ZU BOJAN S. Er erklärt seinem Team, dass er von nun an folgende Aspekte bei der Arbeit sehen will: Liebe zum Detail, Initiative bei neuen Überraschungen für die Kunden, gegenseitige Wertschätzung und Akzeptanz. Er diskutiert die drei Werte mit dem Team und erarbeitet mit ihm Beispiele zur Umsetzung, die alle verstehen. Die Qualität des Services und die Zusammenarbeit im Team können nochmals in die gewünschte Richtung gesteigert werden.

Auf in die Zukunft

Die Beantwortung der drei Leaderfragen öffnet den Raum, um Initiative zu ergreifen und etwas in Ihrem Umfeld aus eigener Motivation zu bewegen. Gewiss müssen Sie auf Ihr Gespür vertrauen und den besten Zeitpunkt für Ihre Aktivitäten wählen. Die Mitarbeitenden sollten intensiv beteiligt sein und sich nicht überfordert fühlen. Wichtig ist, dass Sie mit ihnen in einer für sie verständlichen Sprache kommunizieren. Es empfiehlt sich, mit Bildern und Symbolen zu arbeiten.

Qualitäten anerkannter Leader

Untersuchungen von Führungsexperten (Kouzes und Posner, siehe Literaturverzeichnis) identifizieren immer wieder vier Qualitäten, die Geführte bewegen, einer Führungskraft, einem Leader gern zu folgen.

- **Ehrlichkeit:** Wir Menschen wollen jemanden als Chef, der ehrlich ist, dem wir deshalb trauen und vertrauen können. Wir wollen keine versteckten Motive, Interessen und Agenden, keine geheimen Pläne oder Ähnliches. Ehrlichkeit ist das Fundament einer positiven Beziehung.
- **Kompetenz:** Damit ist nicht gemeint, dass die Führungskraft alle Details kennt und alles weiss (siehe auch Seite 74). Es bedeutet, dass die Mitarbeitenden der Chefin attestieren, dass sie mit ihren Kenntnissen, ihren Ideen für die ihr anvertraute Aufgabe am richtigen Ort ist. Dass sie fähig ist, etwas Positives zu bewegen und die Mitarbeitenden auf die Reise zum gemeinsamen Erfolg mitzunehmen.
- **Dynamik:** Geführte wollen sehen, dass ihr Chef aktiv vorwärtsgeht, etwas unternimmt und nicht passiv abwartet. Sie wollen jemanden, der davon ausgeht, dass er etwas beeinflussen kann im Interesse aller.
- **Zukunftsorientierung:** In Zeiten der Ungewissheit und der ständigen Veränderung ist es für Mitarbeitende besonders wichtig, jemandem folgen zu können, der in die Zukunft blickt und Perspektiven aufzeigt. Das gibt ein Gefühl der Sicherheit und der Beständigkeit trotz aller offenen Fragen.

Dieselben Autoren bezeichnen die ersten drei Qualitäten als das Fundament jeder Glaubwürdigkeit. So ergibt sich eine einfache Formel für Leadership: Glaubwürdigkeit + Vision = Leadership.

TIPP *Wenn Sie in der Hektik des Arbeitsalltags gefangen sind und nach Orientierung suchen, dann erinnern Sie sich an diese zentralen Qualitäten, die auf Ihre Mitmenschen eine positive Wirkung*

haben – unabhängig von Ihrer Position und Ihrer Branche. Sie
vermeiden damit viele unnötige Konflikte. Der gemeinsame grössere
Rahmen setzt die kleinen alltäglichen Unstimmigkeiten in den
richtigen Kontext.

Haltungen, die beim Führen helfen

Sie können auch die besten Führungsinstrumente, die genialsten Werk-
zeuge nur dann erfolgreich anwenden, wenn Sie dies mit der richtigen
Grundhaltung tun. Solche Haltungen sind tief verankerte Überzeugungen,
die unser Handeln ständig beeinflussen. Was wir sagen und wie wir tatsächlich handeln, können zwei verschiedene Dinge sein. Meist bestimmt
die Grundhaltung deutlich stärker, wie wir agieren, auch wenn wir uns
etwas anderes vornehmen. Folgende Grundhaltungen ermöglichen Ihnen
als Führungskraft eine positive Wirkung auf andere.

Wertschätzung

Wertschätzung beginnt mit Ihrer Selbstwertschätzung. Wie ernst nehmen
Sie sich selber? Mögen Sie sich grundsätzlich so, wie Sie sind? Nur wenn
Sie sich selber akzeptieren mit all Ihren Stärken und Schwächen, mit allen
Besonderheiten und Begrenzungen, können Sie anderen gegenüber Wertschätzung zeigen. Diese Wertschätzung drückt sich für Ihre Mitarbeitenden – und auch für alle anderen Menschen in Ihrem Umfeld – meist darin
aus, dass sie sich von Ihnen ernst genommen und beachtet fühlen.

Zeigen Sie Ihren Mitarbeitenden auf verschiedenste Weise, dass sie wertvoll sind. Das geht allerdings nur, wenn Sie auch Ihre Mitarbeitenden so
akzeptieren, wie sie als Menschen «gestrickt» sind, mit ihren Stärken und
Schwächen. Das heisst nicht, dass keine Änderungen des Verhaltens möglich oder nötig sein können.

Vertrauen

Auch diese Haltung beginnt bei Ihnen selbst. Haben Sie Vertrauen in sich
selber? Selbstvertrauen drückt sich unter anderem darin aus, dass Sie sich
– beruflich oder privat – etwas konkret vornehmen können und es dann
auch umsetzen. Wenn Sie Ihre eigenen Vorhaben (etwa wöchentlich Sport
zu treiben) nicht realisieren und Ihre eigenen Versprechen nicht einhalten,

WAS WIR GLAUBEN, WIRD ZUR REALITÄT

Es gibt verschiedene, auch ältere Studien, die das Phänomen der sich selbst erfüllenden Prophezeiung bestätigen. Für eine Studie etwa, die vor vielen Jahren an einer Schule durchgeführt wurde, teilte man die Schüler eines Jahrgangs in zwei Gruppen ein. Den beiden Lehrpersonen gab man unterschiedliche Informationen zu den Schülern. Der einen wurde mitgeteilt, dass in ihrer Klasse die Besten sitzen würden und dass sie in bisherigen Tests überdurchschnittlich gut abgeschnitten hätten. Der anderen Lehrperson wurde genau das Gegenteil mitgeteilt: Ihre Schüler seien die schwächsten und hätten bisher unterdurchschnittlich abgeschnitten.

Tatsächlich gab es diese Unterschiede gar nicht. Die Lehrpersonen verhielten sich jedoch entsprechend den vermittelten Informationen unterschiedlich. Den «guten» Schülern wurde mehr Lob und Anerkennung erteilt, den anderen eher kritisch begegnet.

In der Folge wurde die Leistung der Schüler genau beobachtet, und es zeigten sich Unterschiede: Die Schüler, die als gut bezeichnet worden waren und deshalb vom Lehrer positive Rückmeldungen erhalten hatten, zeigten deutlich bessere Leistungen als die anderen – unabhängig vom individuellen Leistungsniveau.

Das heisst: Allein die Annahme (der Glaube) der Lehrpersonen, gute oder schlechte Schüler zu haben, und die damit verbundene Behandlung beeinflussten die Schüler in ihrer Leistungserbringung.

---

deutet das auf fehlendes Selbstvertrauen hin. Wer in dieser Hinsicht Schwierigkeiten hat, glaubt wahrscheinlich zu wenig an sich selber.

Vertrauen heisst auch Zutrauen. Trauen Sie Ihren Mitarbeitenden etwas zu, zeigen Sie ihnen, dass Sie an sie und ihre Fähigkeiten glauben. Ihre Leute werden Sie dafür belohnen.

Stärken stärken

Wir sind es gewohnt – auch das beginnt in der Schule –, den Finger auf den schwachen Punkt zu legen. Wir stürzen uns auf unsere Schwächen, um uns dort zu verbessern. Es gibt Studien, die eindrücklich aufzeigen, wie viel wirkungsvoller es ist, auf Stärken zu setzen. Richten Sie Ihren Scheinwerfer – bei sich und anderen – auf das, was schon da ist, was zur Verfügung steht, und nicht in erster Linie auf das, was fehlt. Und bauen Sie dann die vorhandenen Stärken aus. Die Motivation und die Energie ist eine ganz andere, als wenn Sie sich auf Defizite konzentrieren.

Sich selber sein

Bei allen notwendigen Anpassungen an die Gegebenheiten und das Umfeld, bleiben Sie sich selber treu, bleiben Sie Sie selbst. Das klingt einfacher, als es in der Praxis ist. Machen Sie sich Ihre Überzeugungen und Ihre zentralen Werte bewusst und geben Sie diese nicht auf. Auch dann nicht, wenn es etwas ungemütlicher wird und Sie Gegenwind erhalten. Stehen Sie zu sich so, wie Sie als Mensch sind. Sie sollten zum Beispiel am Morgen nach einer wichtigen Entscheidung – gerade auch nach einer Personalentscheidung – vor dem Spiegel stehen und sich immer noch in die Augen schauen können, ohne schlechtes Gewissen. Im höheren Alter geben viele Menschen an, dass sie bereuen, sich in ihrem Leben nicht häufiger treu gewesen zu sein. Am Ende könnte das wichtiger sein, als durch Anpassung jede Schwierigkeit, jeden Konflikt vermieden zu haben.

Neugier

Seien Sie neugierig – bezogen auf sich selber und auf Ihr Umfeld, auf andere Menschen. Wer neugierig ist, ist offen und will von allem, was ihm geschieht, und von den Mitmenschen lernen. Das gilt gerade auch dann, wenn Dinge schieflaufen oder Fehler passieren. Dann ist Neugierde ein guter Antrieb, um zu entdecken, was Sie aus der Situation lernen können.

Bescheidenheit

Oft scheint Bescheidenheit dem schon genannten Selbstvertrauen zu widersprechen. Nicht wirklich: Sie können ein hohes Selbstvertrauen haben und dennoch mit Bescheidenheit auftreten. Sie wissen und akzeptieren, dass Sie auf andere, auf Ihre Teammitglieder angewiesen sind. Bescheidenheit ist zudem das beste Mittel, um Arroganz, die Übertreibung von hohem Selbstbewusstsein, zu vermeiden. Die Formel könnte lauten: Selbstbewusst im Denken und Handeln, bescheiden im Auftreten.

Wahrhaftigkeit

Gehen Sie als Führungskraft der «Wahrheit» auf den Grund. Fordern Sie dies auch von Mitarbeitenden. Eines der grössten Probleme von Führungskräften ist, dass ihre Mitarbeiter ihnen nicht (mehr) die Wahrheit sagen – vor allem dann, wenn diese als unangenehm betrachtet wird. Dann ist es schnell passiert, dass Sie nicht mehr mitkriegen, was in Ihrem «Laden» wirklich läuft, und dass Ihnen Einzelne etwas vormachen, um zu gefallen.

TIPP *Den Anfang machen wie immer Sie selber. Sprechen Sie auch unangenehme Wahrheiten konstruktiv an. Das stärkt Ihre Wirkung durch Persönlichkeit.*

Motivation

Ihre Selbstmotivation ist die beste Voraussetzung für die Motivation anderer. Anstatt ständig zu glauben, Sie müssten Ihre Mitarbeitenden mit Tricks und Aktionen motivieren, fokussieren Sie besser darauf, Ihre eigene Begeisterung und Motivation zu erneuern. Dazu gehört auch eine grundsätzlich positive Haltung zum Leben. Das steckt die anderen an und zeigt, dass es selbst in schwierigen Momenten immer etwas Positives zu entdecken gibt.

 TIPP *Motivation kommt ja von «bewegen» (lateinisch: movere). Fragen Sie sich, was Sie bewegt, wofür Sie bereit sind, Zeit und Aufmerksamkeit einzusetzen.*

Perspektiven

In unserem Arbeitsalltag erschaffen wir die Realität weitestgehend durch die Art, wie wir die Welt um uns sehen. Es gibt nur wenige Dinge, die wir als wirklich objektiv betrachten können. Auch Sie sind jeden Tag mit unterschiedlichen Sichtweisen und Perspektiven konfrontiert; Ihre eigene gehört mit dazu. Es ist nützlich, mit dem Bewusstsein unterwegs zu sein,

---

DIE 10 SCHLIMMSTEN FEHLER ALS CHEF

- Sich vor Entscheidungen drücken
- Unverbindlich sein
- Nicht zuhören
- Mikromanagen (sich ständig einmischen)
- Sich für etwas Besseres halten
- Sich unfair und ungerecht verhalten
- Nicht zu seinem Wort stehen
- Nur Zahlen, Daten, Fakten vertrauen
- Null Fehler fordern und selbst keine Fehler zugeben
- Mitarbeitern nicht bei ihrer Weiterentwicklung helfen

---

dass alle anderen die Welt anders als Sie sehen oder wahrnehmen. Akzeptieren Sie andere Sichtweisen, ohne diese zu werten. Dann können Sie Ihre Zeit und Aufmerksamkeit investieren, um Ihre Sicht den anderen verständlich zu machen.

Lieben Sie Ihren neuen Führungsjob?

Zum Abschluss noch dies: Ganz zu Beginn des Ratgebers, auf Seite 17, wurde als Voraussetzung wirkungsvoller Führung folgendes Motto genannt: MMMM = Man muss Menschen mögen. Als Führungskraft können Sie wahrscheinlich kaum über längere Zeit erfolgreich und zufrieden sein, wenn Sie diesem Merksatz nicht zustimmen. Der Merksatz hat aber eine wichtige Ergänzung: MMGF = Man muss gern führen.

Sie agieren anders, wenn Sie wirklich führen wollen. Dies gilt auch für spätere, höhere Führungsverantwortungen. Wenn die Führungsrolle nicht Ihrem inneren Antrieb entspricht, wird es für Sie und alle Betroffenen mühsam. Die gute Nachricht ist, dass die meisten Menschen diese Freude am Führen entdecken und pflegen können.

REFLEXION

Mit folgenden Fragen kommen Sie Ihrer Haltung bezüglich Führung auf
die Spur:

- Welche der beschriebenen Haltungen sind für mich selbstverständlich? Wie kommt dies in meinem Alltag zum Ausdruck?
- Welche dieser Aspekte kann ich verstärken, um meine Wirkung gegenüber anderen zu erhöhen?
- Wie kann ich, wenn sich mir im Arbeitsalltag Hindernisse entgegenstellen, die mir wichtigen Haltungen beibehalten?
- Welche weiteren Haltungen haben sich in meiner eigenen Arbeit als Führungsperson als hilfreich erwiesen?

4

Was muss ein guter Chef können?

Führen wollen ist das eine, führen können das andere. Wenn Sie gern führen, heisst das noch nicht, dass Sie die dazu nötigen Fähigkeiten schon ausreichend besitzen. In diesem Kapitel erfahren Sie, welche Fähigkeiten zum Erfolg führen und welche Aufgaben zur Führungsrolle gehören.

Grundlegende Führungsfähigkeiten

Zwei der häufigsten Aussagen von Mitarbeitenden lauten: «Meine Chefin kann nicht kommunizieren.» Und: «Mein Chef entscheidet nicht.» Arbeiten Sie daran, dass Ihre Untergebenen dies von Ihnen nie sagen.

Im Folgenden werden zuerst zwei grundlegende Eigenschaften beleuchtet, die für gute und wirkungsvolle Führung unerlässlich sind: Kommunikationsfähigkeit und Entscheidungsfähigkeit.

Führungskommunikation

«Alles ist Kommunikation», und: «Man kann nicht nicht kommunizieren», sagte der Kommunikationswissenschaftler Paul Watzlawick (siehe Literaturverzeichnis). Tatsache ist, das wir Menschen auch dann Botschaften an die Aussenwelt senden, wenn wir es nicht bewusst tun – mit unseren Gesten, unserer Mimik sowie der Stimm- und Tonlage. Diese nonverbalen Teile der Kommunikation werden deutlich stärker wahrgenommen als der sprachliche Teil und der Inhalt: Diese machen nur rund sieben bis neun Prozent des Wahrgenommenen aus.

Wenn Sie also wirkungsvoll kommunizieren wollen, müssen Sie ein hohes Bewusstsein entwickeln dafür, welche Botschaften Sie an Ihre Mitarbeitenden, Ihre Vorgesetzten, Ihre gleichgestellten Kollegen und Kolleginnen senden und vor allem WIE Sie das tun. Inhalt und nonverbale Kommunikation müssen übereinstimmen, müssen als kongruent wahrgenommen werden. Besteht eine Diskrepanz, reagieren die Empfänger stärker darauf als auf den Inhalt.

KOMMUNIKATION IN DER FÜHRUNG – ÜBUNG

■ Überlegen Sie sich, was Sie an einem normalen Arbeitstag von morgens bis abends tun, listen Sie alle Tätigkeiten und Aktivitäten auf.

■ Gehen Sie die aufgelisteten Aktivitäten durch und setzen Sie überall ein K hin, wo irgendeine Art von Kommunikation Ihrerseits beteiligt ist.

■ Schauen Sie auf das Ergebnis und schätzen Sie, wie viele Prozent Ihres Führungsalltags mit Kommunikation verbunden sind.

Bei dieser Übung liegen die Schätzungen von Führungskräften meist bei etwa 85 bis 90 Prozent, kaum je tiefer als bei 80 Prozent.

Die weitaus stärkste Art von Botschaft stellen jedoch konkrete Taten dar, das wird oft vergessen. Ihre Taten zeigen, was Sie wirklich meinen. Zum Beispiel wenn Sie einem Mitarbeiter in einem schwierigen Moment tatkräftig helfen – damit signalisieren Sie, wie wichtig Ihnen gegenseitige Unterstützung ist.

Meetings, Telefongespräche, Mails, Gespräche mit einzelnen Mitarbeitern … der Anteil Ihrer Tätigkeiten, die mit mündlicher oder schriftlicher Kommunikation zu tun haben, ist hoch (siehe Kasten). Es ist also entscheidend, dass Sie gut kommunizieren können. Beachten Sie die folgenden Grundprinzipien wirkungsvoller Kommunikation.

Kommunikation ist zweiseitig

Bei jeder Kommunikation gibt es zwei Seiten, diejenige des Senders und diejenige des Empfängers. Selbst wenn Sie scheinbar einseitig Informationen vermitteln, reagieren die Zuhörenden, die Empfänger darauf. Sie entscheiden zum Beispiel, ob sie das Gesagte verstehen, wie sie es interpretieren.

Als Führungskraft müssen Sie Informationen so vermitteln können, dass sie gut verstanden werden. Dazu braucht es als Erstes die Aufmerksamkeit der Zuhörer, Ihres Teams. Den Inhalt einer strategischen Botschaft oder eines Entscheids etwa müssen Sie adressatengerecht vermitteln, also so, dass Ihr Team etwas damit anfangen kann. Sie müssen das Publikum schon bei der Vorbereitung miteinbeziehen. Wo stehen sie, was denken sie, und was ist ihre Welt, in der man sie abholen muss?

Sie selber wollen authentisch auftreten, wichtige Themen mit Argumenten und mit Herz vertreten. Über die Wirkung Ihrer Kommunikation bestimmen jedoch nicht Sie, sondern die Zuhörer.

RENATO T. WAR IN EINER FÜHRUNGSSITZUNG und hat dort von der Chefin erfahren, dass in seinem Bereich verschiedene Ineffizienzen festgestellt wurden und deshalb organisatorische Veränderungen nötig werden. Herr T. bereitet sich auf das Meeting mit seinem Team vor und überlegt sich inhaltlich genau, was er sagen will und kann. Zudem denkt er nochmals sein eigenes Verständnis der Veränderung durch, um sich klar zu werden, weshalb er das Vorhaben mit Überzeugung unterstützen kann. Er überlegt sich, welches die ersten Reaktionen seiner Leute sein könnten, und bereitet sich auch auf kritische Fragen vor. Dann geht er zum Meeting und vermittelt die wichtigsten Informationen mit Ruhe und Klarheit.

TIPPS *Nehmen Sie eine persönliche Einschätzung Ihrer allgemeinen Kommunikationsfähigkeit vor und überlegen Sie, welche Aspekte Sie für die neue Aufgabe stärken sollten.*

Bereiten Sie sich in der Anfangszeit besonders bewusst auf Gespräche mit einzelnen Mitarbeitern wie auch mit dem Team vor.

Halten Sie sich Folgendes vor Augen: Gesagt heisst nicht gehört, gehört heisst nicht verstanden, verstanden heisst nicht akzeptiert, akzeptiert heisst nicht überzeugt, überzeugt heisst nicht umgesetzt.

Sorgfältig zuhören

Das Sprechen steht bei der Kommunikation oft im Vordergrund. Die Qualität des Zuhörens ist für Sie als Chef jedoch mindestens so wichtig. Stellen Sie sich vor: Eine Mitarbeiterin spricht mit Ihnen, erzählt von einer Situation, die ihr Sorgen bereitet, weil ihrer Ansicht nach gewisse Risiken im Arbeitsprozess zu wenig beachtet werden. Sie hören nur halbherzig zu und sagen etwas wie: «Ja, das müssen wir mal anschauen …» Einige Zeit später bewahrheitet sich die Befürchtung der Mitarbeiterin, ein Unfall passiert und die Öffentlichkeit erfährt davon. Zudem hat die Mitarbeiterin inzwischen gekündigt, weil sie sich nicht ernst genommen fühlte. All das hat mit mangelndem Zuhören angefangen. Es braucht nicht immer ähnlich dramatisch zu enden – die Fähigkeit, gut zuzuhören, erspart Ihnen auch im Kleinen viele Missverständnisse und erhöht die Effizienz. Führungskräfte, die gut zuhören, führen erfolgreicher. Das kann man durchaus behaupten.

 TIPP *Hören Sie morgen einmal einem Ihrer Mitarbeiter ein paar Minuten lang einfach nur zu, um ihn ganz zu verstehen, ohne dabei Ihre Meinung einzubringen. Beobachten Sie, wie leicht oder schwer Ihnen das fällt.*

Es gibt unterschiedliche Arten des Zuhörens – und nicht alle sind gleich effektiv:

■ **Mitdenkendes Zuhören:** Das kennen Sie bestimmt. Jemand spricht und in Ihrem Kopf hagelt es tausend Gedanken. Eigene Erfahrungen kommen Ihnen in den Sinn – «das hatte ich auch einmal …» –, Sie vergleichen mit anderen Situationen. Oder Sie haben sofort eine Idee, was Sie mit dieser Information tun können oder sollten: «Stimmt, morgen sollte ich …» Wenn Sie all diese Gedankengeräusche nicht ausblenden können, hören Sie nicht mehr, was Ihr Gegenüber sagt.

■ **Bewertendes Zuhören:** Ebenso kann es sein, dass Ihr Verstand automatisch das Gehörte beurteilt. Eine Stimme in Ihnen sagt: «Das ist falsch», oder: «Mein Gegenüber ist auf dem Holzweg und muss das ganz anders ansehen (so wie ich).» Je nachdem, welche eigenen Erfahrungen angestossen werden, kommen auch Emotionen ins Spiel. Ein längst vergangen geglaubter Ärger kann wieder hochkommen, ein Gefühl der Ablehnung oder sogar eine Angst. Auch in diesem Fall haben Sie kaum eine Chance, wirklich zu hören und damit auch zu verstehen, was Ihnen mitgeteilt wird.

■ **Offenes und aktives Zuhören:** Am wirkungsvollsten ist es, wenn es Ihnen gelingt, frei von Gedanken und Emotionen offen zuzuhören. Ob Sie dies schaffen, können Sie jederzeit prüfen, indem Sie möglichst wortgetreu wiederholen, was Ihnen gesagt wurde. Damit prüfen Sie Ihr Verständnis und geben Ihrem Gesprächspartner zudem das Gefühl, dass Sie sich für ihn interessieren. Unterschätzen Sie diesen Effekt nicht. Auch erhalten Sie durch dieses aktive Zuhören Informationen, zu denen Sie sonst nicht gekommen wären.

- **Ganzheitliches Zuhören:** Die höchste Kunst des Zuhörens besteht darin, auch zwischen den Worten zu hören und die nonverbalen Signale Ihres Gegenübers wahrzunehmen. Ein Beispiel: Ihr Mitarbeiter antwortet auf Ihre Frage, wie es ihm gehe: «Alles bestens!» Sie aber stellen anhand seiner Körpersprache fest, dass etwas nicht stimmt. Ob Sie Ihre Beobachtung ansprechen wollen oder nicht, werden Sie auf der Basis der aktuellen Situation entscheiden.

TIPPS *Wenn Sie zum ersten Mal eine Führungsrolle übernehmen, ist gutes Zuhören äusserst wertvoll. Viele Fragen sind offen, Unsicherheiten schleichen sich ein. Wer gut zuhören kann, erhält oft Hinweise auf die Antworten, die er sucht. Das offene Zuhören in der Anfangsphase ist ein starkes Signal der Wertschätzung, das Ihre Position im Team nur positiv beeinflussen kann.*

Machen Sie beim Zuhören Notizen; das hilft, im Modus «Verstehenwollen» zu sein.

Fragen Sie im Gespräch regelmässig nach und wiederholen Sie in Ihren Worten, was Sie gehört haben.

Feedback geben

Auch nach vielen Jahren Führungserfahrung tun sich Vorgesetzte noch schwer, ihren Mitarbeitenden regelmässig konkrete Rückmeldungen zur Arbeit oder zum Verhalten zu geben. Vor allem dann, wenn etwas Kritisches gesagt werden sollte. Weshalb ist das so? Die meisten befürchten, mit negativen Reaktionen konfrontiert zu werden oder an Beliebtheit zu verlieren. Aber: Von Mitarbeitenden hört man viel zu oft den Vorwurf, dass ihnen nie jemand offen und ehrlich Feedback gegeben hat. Genauso häufig wird beklagt, dass Lob und Anerkennung zu kurz kommen.

Besonders schwierig finden viele die Feedbacks zum Verhalten, weil sie sich kaum mit Konkretem wie Umsatzzahlen oder Anzahl getätigter Anrufe verknüpfen lassen. Positive oder kritische Feedbacks zum Verhalten sind mitgeteilte Beobachtungen und Wahrnehmungen, die dem Empfänger erlauben, über sich und seine Wirkung auf andere nachzudenken.

Wenn es nicht um objektive Daten und Fakten geht, bleiben Feedbacks immer subjektiv. Das müssen Sie akzeptieren. Geben Sie auch kritische

PEINLICHE MITARBEITERGESPRÄCHE FÜHREN

Es gibt viele Situationen, in denen Sie ein Mitarbeitergespräch führen müssen, bei dem Sie im Voraus wissen, dass es für Ihr Gegenüber peinlich wird:

■ Ein Mitarbeiter redet ständig über seine privaten Probleme und stört damit andere.

■ Ein Mitarbeiter riecht oft schlecht, was allen im Team unangenehm ist.

■ Eine Mitarbeiterin meldet sich ständig krank, und die Kolleginnen müssen ihre Arbeit machen.

■ Ein Teammitglied riecht am Morgen regelmässig nach Alkohol; Sie vermuten ein Suchtproblem.

■ Eine Mitarbeiterin kommt immer wieder zu spät zur Arbeit und geht oft früher nach Hause.

Wie geben Sie in solchen Situationen Feedback?

1. Wählen Sie einen geeigneten Zeitpunkt (nicht mitten im Stress) und einen passenden Ort (unter vier Augen und ruhig).
2. Bereiten Sie das Gespräch gut vor, bemühen Sie sich um eine positive, wohlwollende Grundhaltung.
3. Eröffnen Sie das Gespräch mit Ihrer Wertschätzung und deklarieren Sie das Thema: «Ich möchte gern über ... reden.»
4. Formulieren Sie klar: «Ich habe beobachtet, dass ... Dieses Verhalten löst bei mir und anderen ... aus. Das hat zur Folge, dass ... Was ich mir von Ihnen wünsche, ist ...»
5. Geben Sie dem Betroffenen die Möglichkeit zur Reaktion, zur eigenen Meinung. Hören Sie gut zu.
6. Zeigen Sie Verständnis, erklären Sie aber auch Ihre eigene Sichtweise und die Verantwortung, die Sie wahrnehmen müssen.
7. Wiederholen Sie Ihre Erwartung, lassen Sie sich bestätigen, dass die Botschaft angekommen ist, und treffen Sie eine Vereinbarung mit dem Mitarbeiter.
8. Teilen Sie dem Mitarbeiter das weitere Vorgehen mit. Zeigen Sie auf, welche Konsequenzen das Nichteinhalten der Vereinbarung hat.

Rückmeldungen stets mit der Absicht, Ihr Gegenüber weiterzubringen. Viele Menschen sind sich nicht bewusst, was sie auslösen.

EINE MITARBEITERIN STÖSST ZU IHREM TEAM. Sie kennen die Frau von früher und schätzen ihre zuvorkommende Art. Sie haben allerdings öfters von anderen gehört, dass sie als kompliziert wahrgenommen wird und als eine, die bei Kunden selten den richtigen

Ton findet. Leider hat ihr das bisher noch niemand gesagt; ihre Leistungsbeurteilungen waren stets gut.

Was tun Sie? In einem Gespräch geben Sie der Mitarbeiterin konstruktiv-kritisches Feedback. Sie sagen ihr, dass sie gemäss Aussagen von Kunden und Geschäftspartnern manchmal offenbar zu heftige Worte verwende. Die Mitarbeiterin ist überrascht und irritiert, muss sich zuerst von Ihren Worten erholen. Sie ist auch enttäuscht, dass frühere Vorgesetzte ihr nie etwas in dieser Richtung gesagt haben. Die Mitarbeiterin glaubt und vertraut Ihnen. Je länger das Gespräch dauert, desto mehr spüren Sie, wie dankbar die Frau ist, dass Sie ehrlich zu ihr waren. Sie möchte die angesprochenen Verhaltensweisen ändern und bittet um Ihre Unterstützung. Sie willigen gern ein.

Denken Sie auch daran: Sie haben im Interesse des Teams jederzeit das Recht, bei Bedarf anderes Verhalten zu fordern. Zum Beispiel, wenn sich ein Mitarbeiter oft über andere Kollegen beklagt.

Nach Feedback fragen

Untersuchungen zeigen: Genauso schwer, wie Feedback zu geben, ist es für Führungskräfte, nach Feedback zu fragen. Wieder sind Befürchtungen im Spiel: Was, wenn die Mitarbeiter mir etwas Kritisches sagen? Was, wenn sie mir zu verstehen geben, dass ihnen etwas nicht passt oder nicht gefällt? Was, wenn ich überrascht werde und dumm dastehe?

Was ist Ihnen lieber? Zu glauben, alles sei bestens, und dann eines Tages von der Unzufriedenheit Einzelner oder des ganzen Teams überrascht zu werden? Oder die Sichtweise der Mitarbeiter zu kennen und dann auf geeignete Weise darauf zu reagieren? Es ist Ihre Wahl. Die Empfehlung ist, dass Sie in gewisser Regelmässigkeit von einzelnen Mitarbeitern wie auch vom ganzen Team Rückmeldungen einholen zur aktuellen Lage, zur Befindlichkeit und zu Ihrer Führung. Das zahlt sich aus.

 TIPPS *Geben Sie allen Mitarbeitenden regelmässiges Feedback, sowohl positives (Lob und Anerkennung) wie auch kritisches. Je unmittelbarer, desto besser. Warten Sie nicht bis zum Jahresende.*

Fragen Sie bei günstigen Gelegenheiten – im Einzelgespräch oder in Teamsitzungen – nach Feedback von Ihren Mitarbeitenden.

124

Entscheidungsfähigkeit

Untersuchungen zeigen, dass Führungskräfte im Schnitt in rund 50 Prozent der Fälle gut und richtig entscheiden. Was, nicht mehr?, werden Sie fragen. Nein, nicht mehr – und diese Quote ist schon ziemlich gut. Denn oft müssen Entscheidungen ja auf der Basis von mangelhaften Informationen gefällt werden. Meist trifft man für die Entscheidungsfindung Annahmen, die sich nur teilweise überprüfen lassen und oft nicht die ganze Realität abbilden. Kommt dazu, dass die Subjektivität des Entscheiders miteinfliesst, gerade bei Personalentscheidungen. Das lässt sich nicht wirklich ändern.

> **TIPP** *Sie müssen also lernen zu entscheiden – mit dem Risiko, dass Sie falschliegen und allenfalls mit unerwarteten Folgen und Nebenwirkungen konfrontiert werden. Akzeptieren Sie das, sonst wird es schwierig, effektiv zu führen.*

Es braucht Mut, zu entscheiden, statt alles zum x-ten Mal durchzudenken und abzuwarten. Mitarbeitende geben als Grund für ihre Unzufriedenheit häufig an, dass der Chef, die Chefin entweder gar nicht entscheidet oder viel zu lange braucht. Das hindert das Team bei der Arbeit. Am Spruch «Lieber ein falscher Entscheid als gar keiner», ist durchaus was dran. Dann kann man sich wieder orientieren.

Wenig nützlich ist es allerdings, Schnellschüsse zu produzieren. Es gibt Führungskräfte, die sich rühmen, jederzeit rasch zu entscheiden – und die dabei eher Ihrer Ungeduld folgen, statt die beste Entscheidung zu suchen.

Der Weg zum guten Entscheid

Weittragende, vor allem personelle, Entscheide sollten Sie sorgfältig vorbereiten und gut überlegen. Da sollte der Anteil «guter» Entscheide auch deutlich höher als 50 Prozent betragen. Besonnenheit ist angesagt. Es lohnt sich, verschiedene Perspektiven einzuholen, im Vorfeld Diskussionen mit Vorgesetzten und Personalvertretern zu führen und sich ein umfassendes Bild der Situation zu machen.

Irgendwann müssen Sie dann nach bestem Wissen und Gewissen entscheiden. Es ist ratsam, nach allen Abwägungen auch dem Bauchgefühl seinen Raum und Stellenwert zu geben. Kommen seltsame Empfindungen auf – Körpersignale oder kritische innere Stimmen –, sollten Sie diese ernst nehmen. Oft weisen sie darauf hin, dass wichtige Aspekte oder unangenehme Folgen einer Entscheidung nicht beachtet wurden.

TIPPS *Die Gestaltung von Entscheidungsprozessen gehört zur Kunst der wirkungsvollen Führung. Die unten stehende Checkliste hilft Ihnen dabei.*

Wenn Sie einmal eine Entscheidung getroffen haben, sollten Sie alles daransetzen, diese umzusetzen, um das erstrebte Ergebnis zu erreichen. Es ist Ihre Aufgabe, bei allen Betroffenen für Akzeptanz des Entscheids zu sorgen.

ENTSCHEIDUNGEN FÄLLEN – CHECKLISTE
- Welche Entscheidung steht an, was genau muss entschieden werden?
- Wie ist der Entscheidungsprozess geplant, wer spielt dabei welche Rolle?
- Welches sind die Kriterien für eine gute Entscheidung? Wann wäre eine Entscheidung gut oder richtig?
- Wer ist von der Entscheidung betroffen?
- Bis wann muss entschieden sein?
- Welche Entscheidungsmöglichkeiten (Alternativen) gibt es?
- Welche Informationen zu den Alternativen liegen vor?
- Welche Ansichten gibt es zu diesen Alternativen?
- Welches sind Vor- und Nachteile jeder Alternative?

Die Teamaufgaben erfüllen

Den Kernauftrag erfüllen, die Ziele für Ihr Team erreichen und Vorgaben umsetzen: Dafür stehen Sie als Chef oder Chefin gerade. Führen heisst steuern, bis dies getan ist.

Auf den folgenden Seiten werden die mit den Inhalten und Zielen Ihrer Einheit, Ihres Teams verbundenen Aufgaben beschrieben. In dieser Kategorie sind folgende Tätigkeiten Ihre Sache:

- Ziele und Rahmenbedingungen setzen und vereinbaren (siehe unten)
- Informations- und Kommunikationsfluss sicherstellen (siehe Seite 132)
- Aufgaben koordinieren, Rollen verteilen (siehe Seite 134)
- Umsetzung sicherstellen (siehe Seite 137)
- Für Entscheidungen sorgen (siehe Seite 140)

Ziele und Rahmenbedingungen setzen

Sie kennen vielleicht Senecas Spruch: «Wer nicht weiss, wohin er segeln will, für den ist kein Wind der richtige.» Wo Menschen effektiv arbeiten sollen, brauchen sie Ziele. Ziele sind konkrete Zustände in der näheren Zukunft, die erreicht werden sollen. Sie müssen klar und präzise formuliert sein.

Gute Ziele sind SMART

SMART steht für: spezifisch, messbar, akzeptiert, realistisch und terminiert – ein Beispiel:

> **IHRE VORGESETZTE HAT IHNEN DAS ZIEL GESETZT,** in Ihrem Team die Effizienz zu steigern. Sie haben mit ihr vereinbart, als Kriterium die Anzahl der bearbeiteten Kundenanfragen in der gleichen Zeitspanne zu steigern. Sie sprechen mit einem Ihrer Mitarbeiter und brechen dieses Ziel auf seine Aufgabe herunter: Sie vereinbaren, dass er pro Monat mindestens 20 Prozent mehr Kundenanfragen als im Vorjahr bearbeitet und dabei die bisherige Qualität beibehält.

- **S**pezifisch: Das Ziel im Beispiel ist spezifisch, denn es macht eine konkrete Angabe zur Steigerung (20 Prozent). Spezifisch heisst auch, dass der angestrebte Zustand für den Mitarbeiter klar und verständlich ist.
- **M**essbar: Das Ziel ist insofern messbar, als sich die Angabe von 20 Prozent anhand der Vorjahresmenge genau errechnen lässt. Am Jahresende können Sie zusammen mit dem Mitarbeiter prüfen, ob das Ziel erreicht ist. Die Kriterien dazu müssen klar sein.
- **A**kzeptiert: Sie können Ihrem Mitarbeiter das Ziel kraft Ihrer Position einfach setzen. Dann wird er entweder aus Pflichtgefühl oder weil er eine Belohnung erhofft, dem Ziel nacheifern. Viel effektiver ist es aber, wenn der Mitarbeiter das Ziel aus eigener Einsicht akzeptiert und deshalb motiviert ist, es zu erreichen. Stellen Sie eine Vereinbarung mit Berücksichtigung der Mitarbeiterperspektive auf.
- **R**ealistisch: Ein Ziel sollte ambitiös genug sein, dass es sich nicht einfach so, ohne Anstrengung, erreichen lässt. Aber es muss als realistisch wahrgenommen werden. Der Mitarbeiter muss eine echte Chance haben, das Ziel mit seinen Mitteln zu erreichen. Sonst entstehen Frustrationen. Der Mitarbeiter soll sich herausgefordert fühlen und gleichzeitig das Gefühl einer realen Chance haben.
- **T**erminiert: Im Beispiel ist klar, dass die erwartete Effizienzsteigerung bis Ende Jahr eingetreten sein muss. Es gibt auch Ziele, die einen Termin unter dem Jahr beinhalten. Dann soll das von Anfang an klar sein. Vermeiden Sie Missverständnisse.

Soll eine Mitarbeiterin im Bereich des Verhaltens etwas erreichen, ist die konkrete und genaue Zielsetzung anspruchsvoller. Wählen Sie zusammen mit der Betroffenen eine Formulierung, die vorstellbar macht, wie das erwartete Verhalten aussehen soll. Beim Ziel «verstärkte Zusammenarbeit mit Teamkollegen» zum Beispiel könnten Sie folgende Formulierung erarbeiten: «Frau S. geht proaktiv(er) auf ihre Kollegen zu und teilt ihre Erfahrungen regelmässig so mit, dass die anderen davon profitieren.» Das ist so spezifisch wie möglich für ein Verhaltensziel.

Ziele fassbar machen
Sind die Ziele, die Sie von oben erhalten, bereits SMART, müssen Sie diese klar und verständlich kommunizieren. Das heisst, Sie müssen die Teamziele auf die einzelnen Teammitglieder herunterbrechen.

Beteiligen Sie die Betroffenen so gut wie möglich an diesem Prozess; dann fühlen sie sich für die Umsetzung der Ziele verantwortlich. Natürlich werden Sie die Entwicklungsstufe der Einzelnen berücksichtigen: Bei einem jungen oder neuen Mitarbeiter müssen Sie Vorschläge machen, diese mit ihm besprechen und seine Anregungen entgegennehmen. Eine erfahrene Mitarbeiterin mit hoher Kompetenz können Sie zuerst selber Vorschläge machen lassen. Dann besprechen Sie diese und bringen Ihrerseits Ergänzungen ein (situative Führung, siehe auch Seite 98).

 TIPPS Sind die von oben gesetzten Teamziele schwammig und nicht wirklich klar, sollten Sie mit dem Vorgesetzten so viel wie möglich klären. Sie dürfen ruhig etwas hartnäckig sein.

Je klarer die Ziele für die Mitarbeiter sind, desto einfacher ist es für Sie als Chef, als Vorgesetzte die Zielerreichung zu beurteilen. Transparenz ist hier für alle Beteiligten ratsam.

Ziele vereinbaren

Für beide Seiten ist es befriedigender und effektiver, wenn Sie das Ziel so vereinbaren können, dass der Mitarbeiter es innerlich ganz akzeptiert und zu seinem Ziel macht.

Im Beispiel auf Seite 127 ginge es also darum, dem Mitarbeiter nicht nur zu vermitteln, dass er effizienter werden muss, sondern ihm zu zeigen,

---

ZIEL ODER MASSNAHME?

Oft werden in Zielvereinbarungen Massnahmen anstatt Ziele vereinbart. Massnahmen sind aber nicht Ziele, sondern konkrete Handlungen oder Aktionen zur Zielerreichung.

Wenn das Ziel SMART ist, sollte der Mitarbeiter einen Spielraum haben, wie er es erreicht. Es gibt meist verschiedene Wege. Am besten überlassen Sie den Weg dem Mitarbeiter. Auch dabei müssen Sie den Entwicklungsgrad der Teammitglieder berücksichtigen. Je erfahrener, desto offener lassen Sie den Weg; je mehr «junior», desto präziser geben Sie ihn vor.

Beim oben erwähnten Verhaltensziel der vermehrten Zusammenarbeit brauchen Sie zum Beispiel nicht zu definieren, bei welchen Gelegenheiten die Mitarbeiterin ihre Erfahrung mit anderen teilt. Diese kann sich selber überlegen und wählen, bei welchen formellen Sitzungen, bei welchen informellen Begegnungen und wie genau sie dies tun will. ■

dass Sie daran glauben, dass er mehr kann. Überlegen Sie, wie Sie ihn über offene Fragen anregen können, im Ziel auch einen Nutzen für sich zu sehen und sich die positiven Folgen vorzustellen, wenn er es erreicht. Die Kunst ist es, das Ziel in der Wahrnehmung Ihrer Mitarbeitenden von «ich muss» zu «ich will» zu bringen. Gelingt Ihnen das, haben Sie einen wirklich guten Job gemacht.

Moving Targets – Ziele können sich ändern

In der heutigen Realität in Unternehmen ist alles im Fluss, vieles verändert sich unerwartet und in kurzen Abständen. Es kann gut sein, dass die Ziele unter dem Jahr angepasst werden. Das ist unangenehm, weil man sich auf sie eingeschossen hat und Stabilität möchte.

Wenn es gute Gründe gibt, die Ziele anzupassen – zum Beispiel, weil ein Teammitglied das Team verlassen hat oder weil die Vorgesetzten höhere Ambitionen setzen –, dann sollte Sie das transparent tun. Sprechen Sie mit dem ganzen Team explizit über die Anpassungen und halten Sie die neuen Ziele schriftlich fest. Niemand mag es, wenn sich während der Partie die Spielregeln ändern, ohne dass dies am Ende des Spiels berücksichtigt wird.

Rahmenbedingungen

Ziele gehören zu den Rahmenbedingungen der Arbeitserledigung. Neben den Zielen gibt es aber auch noch andere Aspekte der Rahmenbedingungen, die zu klären sind. Dazu gehören Ressourcen und Regeln.

Nehmen wir wieder das Beispiel vom Mitarbeiter und dessen Ziel der Effizienzsteigerung (siehe Seite 127). Soll er die Verbesserung mit denselben technischen Hilfsmitteln erreichen oder stehen ihm neue Tools zur Verfügung? Wenn ja, könnte dies seine Motivation deutlich steigern. Wenn nicht, empfindet er das Ziel allenfalls gar als unrealistisch. Darf der Mitarbeiter beispielsweise auf die Unterstützung einer Auszubildenden zugreifen? Welche Spielregeln muss er einhalten? Darf er die Kollegen höflich abweisen, wenn diese ihn bei der Arbeit stören? Auch solche Punkte können einen grossen Unterschied machen.

TIPP *Investieren Sie in die Klärung der Rahmenbedingungen. Je klarer diese sind, desto eher arbeiten Ihre Leute motiviert und erfolgreich ihren Zielen entgegen.*

ANDREA SCHENKER-WICKI

Rektorin der Universität Basel

Welches war Ihre erste Führungsrolle?

Meine erste Führungsrolle übernahm ich im Quartier, in dem ich aufwuchs. Wir waren immer eine Reihe grösserer und kleinerer Kinder, die zusammen spielten. Damals gab ich sehr oft die Spiele vor und amtete als Schiedsrichterin oder Coach für die Kleinen.

Welches war Ihr grösster Fehler als Führungsperson?

Mein grösster Fehler, der mir sehr viel Bauchweh und schlaflose Nächte bereitet hat, war eine Personalentscheidung. Ich war zum damaligen Zeitpunkt noch relativ jung und habe einen Mitarbeiter ziemlich unbekümmert und spontan eingestellt, ohne Referenzen einzuholen. Mit der Zeit hat sich dann gezeigt, dass ich mich bezüglich seiner sozialen Kompetenzen und seiner Teamfähigkeit gewaltig geirrt hatte.

Was haben Sie daraus gelernt?

Personalentscheidungen sind die wichtigsten Entscheidungen in einem Unternehmen oder in einer Organisation. Aus diesem Grund müssen dafür genügend Zeit und Sorgfalt aufgewendet werden. Denn es gibt kaum eine Entscheidung, die – wenn sie falsch getroffen wurde – so negative Konsequenzen auf ein Betriebsklima haben und die Produktivität ganzer Teams zunichtemachen kann.

Informations- und Kommunikationsfluss sicherstellen

Von der grundlegenden Fähigkeit zu kommunizieren war bereits die Rede (siehe Seite 118). Hier erfahren Sie, welche Aufgaben im Bereich Kommunikation und Information ganz spezifisch zu Ihrer Führungsrolle gehören. Eines vorweg: Im Informationszeitalter haben die Mitarbeiterinnen und Mitarbeiter fast dieselben Informationen wie Sie. Sie können ihnen deshalb ohne Bedenken die meisten Informationen, die Sie erhalten, zugänglich machen.

Welche Informationen wie vermitteln?

Heute gehört es immer mehr zu Ihren Aufgaben, die Teammitglieder vor der einprasselnden Informationsflut zu schützen. Mitarbeitende erhalten oft von allen Seiten Informationen. Zwar ist jede einzelne gut gemeint, doch die Gesamtmenge ist enorm. Sie müssen also als Filter agieren und so Ihren Leuten helfen, die Informationen einzuordnen, zu priorisieren und daraus konkrete Massnahmen abzuleiten.

Wichtige Informationen, die Ihre Mitarbeiter nicht haben oder nicht haben können, müssen Sie ihnen vermitteln – vor allem «nicht offizielle» Informationen, also in Sitzungen mitgeteilte und nicht schriftlich festgehaltene Interna. Dass Sie vertrauliche Informationen nicht weitergeben, versteht sich von selbst.

 NIAM T. AUS EINER ANDEREN ABTEILUNG wird das Unternehmen per sofort verlassen. Rasch wissen es alle im Betrieb. Es werden Annahmen geäussert, Gerüchte verbreiten sich und bald sind mehrere Versionen der Geschichte im Umlauf. Es ist Ihre Aufgabe, in Ihrem Team Klarheit und ein gemeinsames Verständnis zu schaffen. Sie vergewissern sich, dass die richtige Version bei allen angekommen ist. Sie stellen sich den Fragen, um zusätzliche Präzisierungen anzubringen und allfällige Ängste zu beruhigen.

Viele Führungskräfte scheuen sich, offen und transparent zu sprechen, weil sie befürchten, etwas Falsches oder zu viel zu sagen. Überwinden Sie diese Bedenken. Sie sind die Ansprechperson für Ihr Team. Sie können auch jederzeit erklären, dass Sie etwas nicht wissen oder nicht sagen dürfen. Das verstehen die Mitarbeitenden. Entscheidend ist, dass alle Ihre Leute diejenigen Informationen erhalten, die sie brauchen, um ihre Arbeit weiterhin erfolgreich zu gestalten.

Informationen fliessen in beide Richtungen

Alle relevanten Informationen, auch die von Ihren Vorgesetzten, geben Sie verständlich an Ihr Team weiter. Vermitteln Sie dazu auch Ihre eigenen Interpretationen und Einschätzungen; sonst fungieren Sie nur als «Durchlauferhitzer». Das ist die eine Seite Ihrer Aufgabe.

Anderseits fordern Sie das ganze Team auf, Ihnen alle relevanten Informationen zu geben. Sie wollen die Teaminteressen vertreten. Dazu müssen Sie wissen, was im Arbeitsalltag läuft – gerade, wenn Sie nicht immer anwesend sind. Sie brauchen nicht alle Details, aber Sie sollten die Informationen aus den konkreten Erfahrungen Ihrer Leute erhalten und sie zu einem Gesamtbild verarbeiten. Dieses Bild ermöglicht Ihnen, wenn nötig korrigierend einzugreifen, die Situation regelmässig einzuschätzen und zu entscheiden, wo und wann welche Dinge diskutiert und bearbeitet werden müssen.

Kommunikation per E-Mail

Bevor Sie eine E-Mail senden, fragen Sie sich, welchen Nutzen sie hat. Was ist Ihre Absicht damit? Lässt sich das Ziel allenfalls besser in einem kurzen Gespräch erreichen? Lange nicht jede E-Mail schafft einen Mehrwert, manche kommt bei Ihren Leuten lediglich als Störfaktor an.

E-Mails stören oft auch Ihre Aufmerksamkeit. Entwickeln Sie ein persönliches Bearbeitungssystem, um die Flut mit Disziplin zu bewältigen. Richten Sie E-Mail-freie Zeiten ein, in denen Sie sich von eingehenden Mails nicht ablenken lassen.

 TIPPS Lasen Sie alles, was mit Emotionen – Ihren eigenen oder denen von anderen – zu tun hat, aussen vor! Schreiben Sie keine Mails aus Emotionen heraus. Reagieren Sie auf emotionale Mails von anderen nicht mit einer eigenen Mail.

Es ist ratsam, auf E-Mails nicht unmittelbar zu reagieren, ausser es handelt sich um einen Notfall. Sonst signalisieren Sie grenzenlose Erreichbarkeit.

Sitzungen (physisch, per Video oder Telefon)

Sitzungen ohne Ziel und Agenda sind keine guten Sitzungen! Überlegen Sie sich, welche Art der Kommunikation im Vordergrund steht.

- **Information:** Sie sprechen, die Mitarbeiter stellen Fragen.
- **Diskussion:** Sie moderieren, gemeinsam erarbeitet das ganze Team Ideen, findet Lösungen.
- **Entscheidungsfindung:** Sie führen, die Mitarbeiter bringen ihre Meinungen ein, dann wird entschieden. Bei fehlendem Konsens entscheiden Sie.
- **Präsentation von Vorschlägen:** Die Mitarbeiter sprechen, Sie hören zu, stellen Fragen, geben Einschätzungen ab. Sie bestimmen das weitere Vorgehen.

Längere Teamsitzungen oder Klausuren bieten sich an, wenn Sie grössere Themen zu bearbeiten haben, wenn Sie über Strategie und Vision sprechen wollen. Ebenso, wenn es grundsätzlich um die Zusammenarbeit im Team geht.

Einzelgespräche

Ziele von Einzelgesprächen sind: In Kontakt sein und bleiben, Wertschätzung und Anerkennung ausdrücken, auf individuelle Bedürfnisse eingehen, die Zielerreichung überprüfen, Commitment (innere Verpflichtung) erhöhen, Beziehungen stärken.

Tragen Sie Einzelgespräche regelmässig in Ihre Agenda ein, sodass Sie diese auch wahrnehmen können. Nicht jedes Thema lässt sich zwischen Tür und Angel ansprechen. Nehmen Sie sich genügend Zeit, seien Sie aufmerksam. Ist dies einmal nicht möglich, sagen Sie ein Gespräch besser ab.

Aufgaben koordinieren, Rollen verteilen

Die formellen Rollen im Team müssen definiert und bestätigt werden. Wenn Sie ein intaktes Team übernehmen, bestehen diese zwar schon, Sie aber sind neu dabei. Also müssen Sie bestätigen, dass Sie die bei der Vorgängerin angesiedelten Aufgaben ebenfalls übernehmen. Oder Sie müssen definieren, was Sie als Ihre Rolle verstehen, und Aufgaben neu zuteilen. Manchmal bietet die Übernahme einer Führungsrolle die Chance, im Rollengefüge des Teams etwas zu ändern, auch wenn dies einigen Mitgliedern zunächst nicht passt.

IN EINEM SPEDITIONSTEAM sind die Rollen klar verteilt. Jemand ist für die Entgegennahme der Aufträge zuständig, ein anderer Mitarbeiter für die Vorbereitung der Ware, der dritte für die Auslieferung. Und der vierte kontrolliert die ausgelieferte Ware anhand der Aufträge. Der neue Teamleiter beschliesst eine Änderung: Jedes Mitglied soll mindestens eine zweite Rolle übernehmen und die Stellvertretung für ein anderes sicherstellen können. So entstehen bei Ausfällen keine grösseren Probleme und Zeitverzögerungen mehr.

Die Rollen sollten allen klar sein und sich nur überschneiden, wenn das aus irgendeinem Grund gewollt und sinnvoll ist. Sonst entstehen Reibungsverluste und Konflikte, die nichts mit den Beziehungen zwischen den Beteiligten zu tun haben, sondern lediglich mit der Rollenstruktur.

TIPP Besprechen Sie Rollen und Aufgaben mit dem Team offen und direkt. So schaffen Sie Transparenz und können mögliche Herausforderungen direkt ansprechen.

Aufträge erteilen

Beim Delegieren von Aufgaben oder Aufträgen ist zentral, dass die Erwartungen an das Ergebnis sowie die Rahmenbedingungen klar sind. Ein Beispiel: Sie müssen ein Konzept entwickeln und geben diese Aufgabe an ein erfahrenes Teammitglied weiter. Nichts Ärgerlicheres, als wenn der Mitarbeiter mit einem sorgfältigen 20-seitigen Konzept zu Ihnen kommt und Sie erst dann merken, dass ihm nicht klar war, dass er 10 Seiten nicht überschreiten sollte. Er hat Zeit und Herzblut investiert und erhält nun vor allem Kritik zur Form. Kein Wunder, ist er frustriert.

Lassen Sie bei der Auftragserteilung das Gegenüber stets den Auftrag in seinen eigenen Worten wiederholen. Dann wissen Sie sogleich, ob alles richtig verstanden wurde. Achtung: Wenn Aufträge per E-Mail vergeben werden, steigt das Risiko von Missverständnissen.

TIPP Erinnern Sie sich an die Aufträge, die Sie in Ihrer Zeit als Mitarbeiter erhalten haben. Welche waren besonders klar? Woran lag das? Was hat Ihre Vorgesetzte dazu beigetragen, was Sie selber? Dieselben Überlegungen stellen Sie an für Aufträge, die für Sie unklar waren. Daraus können Sie wichtige Schlüsse ziehen.

AKV: AUFGABE, KOMPETENZ, VERANTWORTUNG

Folgende drei Aspekte müssen bei einer Aufgabe definiert sein. Zudem sollten sie miteinander übereinstimmen, sonst entstehen Probleme und Missverständnisse.

- **Aufgabe:** Die Aufgabe muss klar sein, was Inhalt, Ziel und Umfang betrifft.
- **Kompetenz:** Die Rahmenbedingungen müssen geklärt sein: Welche Mittel und Ressourcen (Geld, Zeit, andere Mitarbeitende) stehen zur Verfügung? Welche Entscheidungsbefugnisse hat der Beauftragte?
- **Verantwortung:** Wichtig ist Klarheit darüber, für welches Ergebnis der Mitarbeitende verantwortlich ist. Wo beginnt und endet seine Verantwortung? Berücksichtigt werden sollten dabei Bedingungen, die sich nicht beeinflussen lassen, wie Budgets, Zeitvorgaben oder beschränkte Ressourcen.

Keine Angst vor Delegation

Die Reife der Mitarbeitenden spielt eine Rolle, das wurde schon mehrmals erwähnt. Bei guten, erfahrenen Mitarbeitern ist die Delegation einer Aufgabe die richtige Entscheidung. Solche Mitarbeiter bevorzugen einen grösseren Spielraum und möchten vor allem wissen, welches Ergebnis von ihnen erwartet wird. Klären Sie bei der Auftragserteilung die Kompetenzen, auch Entscheidungskompetenzen, und die Verantwortung. Dann können Sie loslassen, vertrauen und sich auf das Ergebnis freuen.

Machen Sie nicht den Fehler vieler Führungskräfte: bei der Entgegennahme des Ergebnisses dann doch die eigene Idee durchsetzen zu wollen. Wenn Sie eine Aufgabe delegieren, müssen Sie zulassen, dass das Ergebnis in Form und Inhalt von Ihren Vorstellungen abweicht. Wollen Sie das nicht, müssen Sie ehrlich sein und von Anfang an genauere Vorgaben machen.

Viele Führungskräfte tun sich schwer mit Delegieren. Diese Angst ist oft unbegründet. Lassen Sie sich positiv überraschen.

Qualität sichern

Der einzelne Mitarbeiter ist bei seinen Aufgaben für die Einhaltung von Qualitätsstandards verantwortlich. Die Qualität im ganzen Team hingegen ist Ihre Sache. Sie sollten im Unterschied zu den Teammitgliedern das Gesamtbild und den Überblick haben, um Schwankungen oder Probleme bei der Qualität zu identifizieren. Wenn Ihnen zum Beispiel auffällt, dass immer wieder dieselben Fehler passieren, müssen Sie diese ansprechen, um den Ursachen auf den Grund zu gehen.

Ursachen von Qualitätsverlusten können technischer oder systemischer Natur sein oder auch im Verhalten der Beteiligten liegen. Je nachdem sehen die Massnahmen zur Verbesserung unterschiedlich aus, ebenso ist es mit dem Aufwand. Zwei Beispiele:

■ Sie entdecken technische Mängel bei der Computersoftware und wollen diese beheben. Wahrscheinlich müssen Sie zuerst Bewilligungen einholen, die IT-Abteilung und Ihre Vorgesetzten nehmen Einfluss auf die Entscheidung – das Ganze kann kompliziert werden.

■ Sie stellen fest, dass mangelnde Disziplin zu Qualitätsschwankungen führt. Dann braucht es das Teamgespräch und Sie müssen herausfinden, was hinter dem ungenügenden Verhalten steckt. Vielleicht braucht es zusätzlich Zeit, um eine Verhaltensänderung herbeizuführen. Sie müssen Lösungen finden, die diesen Zeitaufwand in einem vernünftigen Mass halten.

Umsetzung sicherstellen

In Ihrer Führungsrolle müssen Sie für die Umsetzung der Teamziele geradestehen. Das heisst aber nicht, dass Sie sich immer und überall einmischen sollen. Es ist nicht leicht, sich zurückzunehmen und damit das Risiko zu fahren, dass andere es nicht so und nicht so gut wie man selbst tun. Damit müssen Sie als Teamleader leben lernen. Sonst haben Sie bald keine Zeit mehr für andere wichtige Führungsaufgaben. Als Teamchef, als Abteilungsleiterin müssen Sie aber jederzeit wissen, wie die Umsetzung läuft und wo es hapert. Sonst können Sie Ihren Untergebenen nicht helfen.

Die Mitarbeitenden ihrerseits müssen wissen, dass sie zu Ihnen kommen können (und sollen), wenn es Probleme gibt. Dann können Sie nachfragen und entscheiden, ob es sich um einen Einzelfall handelt oder ob im Gesamtprozess etwas nicht stimmt. Unter Umständen brauchen Sie auch zusätzliche Unterstützung vom Vorgesetzten. Dann ist es Ihre Aufgabe, diese einzuholen.

Es geht um die Balance. Wer zu viel kontrolliert, wird als Mikromanager wahrgenommen, als jemand, der den Leuten nicht vertraut. Wer zu wenig kontrolliert, läuft Gefahr, nicht zu erfahren, was (schief-)läuft. Zudem verpasst man die Möglichkeit, die Teammitglieder regelmässig für ihren Einsatz zu loben und ihnen so Wertschätzung entgegenzubringen.

FERNAND S., GARAGENCHEF, hat von seinem Vorgesetzten wiederholt gehört, dass die Anwendung der neuen Prozessregeln bei der Prüfung von Occasionswagen mit der entsprechenden Vorlage (Detailablauf) endlich funktionieren sollte. Herr S. nimmt die Ansage zur Kenntnis und verspricht, sein Bestes zu geben. Er ruft sein Team zusammen, erklärt nochmals, weshalb diese Änderung notwendig geworden ist, dass die Fehlerquote so reduziert und die Prüfung schneller absolviert werden kann, was allen zugutekommt. Er gibt Zeit, Fragen zu stellen. Auf die dabei vorgebrachten Einwände antwortet er ruhig und macht zum Schluss klar, dass er von jedem Teammitglied ab sofort die korrekte Umsetzung erwartet. Die meisten scheinen den Auftrag ernst zu nehmen.

In den nächsten zwei Wochen spricht der Garagenchef nochmals mit jedem Mitarbeiter und fragt nach der Umsetzung. Wo Schwierigkeiten oder Widerstände auftreten, diskutiert er sie aus und zeigt erneut auf, welchen Nutzen die neue Regelung bringt. Einem Mitarbeiter muss er deutlich sagen, dass es Auswirkungen auf die Leistungsbewertung haben wird, wenn dieser bei der Anwendung des neuen Prozesses nicht mitmacht. Herr S. tut dies, ohne dem Mitarbeiter Vorwürfe zu machen. In den folgenden Teammeetings anerkennt er die Fortschritte immer wieder und nennt die positiven Beispiele. Langsam, aber sicher spielt sich das neue Vorgehen ein. Auch der widerspenstige Mitarbeiter beginnt sich daran zu halten.

Die Umsetzung wird dadurch verstärkt, dass Sie helfen, auftretende Hindernisse aus dem Weg zu räumen. Zum Beispiel, indem Sie für wiederholt auftretende Probleme mit Ihren Teamleiterkollegen gleicher Stufe eine Lösung suchen. Oder indem Sie Anfragen von aussen und von anderen Abteilungen selber koordinieren. Oder auch, indem Sie zusätzliche Mittel und Ressourcen beantragen.

Ressourcen managen
Heute müssen Führungskräfte mit immer weniger Ressourcen mehr leisten, man muss ein ausgezeichneter Ressourcenmanager sein. Als primäre

Ressourcen haben Sie zur Verfügung: Zeit, Geld und Personal. Sie müssen in der Lage sein, diese drei Ressourcen optimal für die Zielerreichung und die Erfüllung Ihrer Aufgaben einzusetzen. Klare Prioritäten sind dazu eine wichtige Voraussetzung. Zudem müssen Sie entscheiden, wer in Ihrem Team mit wie viel Zeit an welchen Aufgaben arbeitet und welche Mittel dafür zum Einsatz kommen dürfen.

GESUNDHEITSFÖRDERNDE ARBEITSGESTALTUNG – FLEXIBLE ARBEITSMODELLE

Flexible Arbeitsmodelle bringen den Mitarbeitenden mehr Freiräume und erhöhen die Vereinbarkeit von Beruf, Familie und Freizeit. Sie erfordern aber auch mehr Eigenverantwortung und eine bewusstere Gestaltung der Zusammenarbeit im Team. Die Mitarbeiter müssen flexibler sein und bereit, ihre Arbeitsleistung an die sich ändernden Markt- und Kundenanforderungen anzupassen. Die höheren Erwartungen an Flexibilität und Arbeitstempo sowie das Arbeiten unter Zeitdruck führen zu Stress. Eine gezielte Stressbewältigung ist zentral für nachhaltige Leistungen.

Sie als Chef oder Vorgesetzte tragen eine Verantwortung für Ihre Untergebenen und müssen für eine gesundheitsfördernde Arbeitsgestaltung sorgen (zur Fürsorgepflicht des Arbeitgebers siehe Seite 220). Und dies sind Ihre Instrumente:

- **Zielvereinbarung und regelmässige Arbeits(zeit)planung:** Helfen Sie zu klären, welche Ergebnisse innerhalb des vertraglichen Arbeitszeitbudgets erreicht werden können. Entsteht eine Diskrepanz zwischen Arbeitsumfang und Zeitbudget, müssen Sie rasch für Anpassungen sorgen.
- **Gute arbeitsorganisatorische Bedingungen:** Optimieren Sie die Arbeitsprozesse. Beseitigen Sie Ineffizienzen und Widersprüche. Schaffen Sie Handlungsspielräume, sodass Ihre Mitarbeiter selber Verbesserungen anbringen können.
- **Feedbackkultur und Offenheit:** Fragen Sie die Mitarbeitenden regelmässig nach ihrem Befinden und nach möglichen Stressfaktoren. So stellen Sie sicher, dass die oft hohen Zielsetzungen realistisch bleiben. Leben Sie den sinnvollen Umgang mit Belastung und Gesundheit vor.
- **Gleichgewicht von Leistung und Anerkennung:** Zeigen Sie immer wieder Ihre Wertschätzung auf verschiedene Weise (ein Lob, Zeit für ein Gespräch, Vertrauen in die Fähigkeiten bei einer Aufgabe ...). Achten Sie auf die Verteilung interessanter, motivierender Arbeitsinhalte, die den Stärken der einzelnen Teammitglieder entsprechen. Nutzen Sie finanzielle Entschädigungen und andere Mittel der Anerkennung, um die Balance zwischen Geben und Nehmen aus Sicht der Mitarbeitenden zu gewährleisten.

Für Entscheidungen sorgen

Nicht alle Entscheidungen müssen von Ihnen allein gefällt. Wenn Sie Ihr Team als Ressource betrachten und den Teammitgliedern etwas zutrauen, können Sie die Mitarbeiter gezielt nutzen, um gemeinsam zu Entscheidungen zu kommen.

Klären Sie, wie gross der Spielraum für die gemeinsame Entscheidungsfindung ist. Bestehen von oben klare Vorgaben oder haben Sie selber genaue Vorstellungen, müssen Sie diese transparent kommunizieren. Gibt es verschiedene Wege zum Ziel, können Sie das Team miteinbeziehen. Oft kommen so bessere und intelligentere Lösungen zustande, als wenn Sie im Stillen alles allein erarbeiten.

Wenn Sie Ihr Team in Entscheidungsprozesse involvieren, stärken Sie das gegenseitige Vertrauen. Ihre Rolle ist es, den Entscheidungsprozess zu führen und zu moderieren. Sie dirigieren die Phasen von der Analyse der Entscheidungsgrundlagen über das Finden von Entscheidungsmöglichkeiten bis hin zur Identifikation der besten Variante. Zum Schluss sollen Sie und Ihre Mitarbeiter hinter dem Resultat stehen und den Prozess nachvollziehen können.

EINE ERFAHRENE MITARBEITERIN fällt krankheitshalber für mehrere Wochen aus. Sie rufen das Team zusammen. Anstatt die Aufgaben direkt zu verteilen, besprechen Sie die Sache gemeinsam. Zuerst klären Sie die Spielregeln für die Entscheidungsfindung, einschliesslich Ihres Vetorechts, von dem Sie aber nur im Notfall Gebrauch machen wollen. Dann lassen Sie die Mitarbeitenden Vorschläge machen und erarbeiten (als Moderator) mit ihnen die Kriterien, die eine Lösung erfüllen muss. Ihre wichtigsten Anforderungen lassen Sie dabei einfliessen. Anschliessend lassen Sie das Team die Lösungsvorschläge bewerten und geben auch Ihre Bewertung ab.

Ihre Mitarbeiter bringen sehr gute Vorschläge, wenn auch nicht alle gleich realistisch erscheinen. Sie lassen das Bewertungsergebnis stehen und geben allen einen Tag Zeit, sich Gedanken zu machen und vielleicht eine noch bessere Lösung zu finden. Im nächsten Teammeeting gehen Sie alles nochmals kurz durch. Es kommen ein paar Verbesserungsideen. Schliesslich lassen Sie abstimmen, und es zeigt sich klar die für alle beste Lösung. Doch ein Mitarbeiter ist damit nicht zufrieden. Sie hören ihm zu und fragen, was er bräuchte, um sich zur Lösung zu verpflichten. Die Teammitglieder helfen, sein wichtigstes Anliegen zu berücksichtigen. Der Entscheid ist gefasst, vom Team und nicht von Ihnen. Die Umsetzung läuft reibungslos.

REFLEXION
– Welche der genannten Führungsaufgaben habe ich bisher nicht auf dem Radar gehabt und weshalb? Wo sehe ich darin Potenzial, positiv zum Ergebnis des Teams beizutragen?
– Welche der Aufgaben fallen mir erfahrungsgemäss eher leicht, welche nicht? Von wem kann ich dazu etwas lernen, wo kann ich Unterstützung holen?
– Welche Aspekte der Aufgaben kann ich teilweise im Team delegieren, ohne die Verantwortung dafür abzugeben?

Das Team und jeden Einzelnen stärken

Die weichen Faktoren werden rasch hart, wenn sie nicht gepflegt werden. Mitarbeiterentwicklung und ein gutes Klima schaffen den Boden für herausragende Teamleistungen.

Auf den folgenden Seiten erfahren Sie das Wichtigste zu den an den Mitarbeitenden orientierten Führungsaufgaben. Dazu gehören:
- ■ Teamentwicklung, Leistung fördern (siehe nächste Seite)
- ■ Teaminteressen vertreten (siehe Seite 146)
- ■ Konflikte und schwierige Situationen meistern (siehe Seite 148)
- ■ Mitarbeiterleistung fördern und anerkennen (siehe Seite 151)
- ■ Mitarbeiter weiterbringen (siehe Seite 153)
- ■ Sich von Mitarbeitern trennen (siehe Seite 156)

Teamentwicklung – die Leistung fördern

Es gibt viele Möglichkeiten, gezielt ein Team zu entwickeln und im Team die Leistung zu steigern. Achten Sie darauf, Fortschritte so zu erzielen, dass sie Bestand haben. Dann bleibt das Team auf dem neu erreichten Niveau.

Teamentwicklung ist nie Selbstzweck, sondern dient dazu, das Team in seiner Effektivität und Zusammenarbeit weiterzubringen. Als neuer Chef, als Teamvorgesetzte müssen Sie die Phasen der Teamentwicklung verstehen und wissen, wie Sie diese positiv beeinflussen können (siehe Kasten).

Auf dem Weg zum Hochleistungsteam

Teamentwicklung ist ein gemeinsamer Lernprozess. Sie agieren dabei als Moderator. Je besser Sie diese Aufgabe erfüllen, desto eher gelingen die einzelnen Entwicklungsphasen, desto schneller erreichen Sie die Höchstleistungsphase. An welchem Punkt Sie ansetzen, hängt davon ab, wie eingespielt das Team bei Ihrer Rollenübernahme ist.

Hochleistungsteams stehen in der «Performing-Phase». Sie zeichnen sich durch folgende Qualitäten aus:

- Klarheit und gemeinsames Verständnis der Ziele und Ambitionen (Vision) sowie gemeinsame Werte
- Hohe Selbstmotivation und Energie bei der Arbeit
- Rollenklarheit und gegenseitige Unterstützung
- Hohes gegenseitiges Vertrauen (man kann sich auf jeden verlassen)
- Rasches Lernen aus Fehlern und Misserfolgen
- Anerkennen von Erfolgen, von unterschiedlichen Stärken, gegenseitige Wertschätzung
- Nutzung der unterschiedlichen Fähigkeiten

Was aber sind konkrete Instrumente, die Sie als Moderator einsetzen können? Hier eine Auswahl:

Gemeinsame Auszeiten

Sie nehmen sich mit dem Team Zeit, ausserhalb der Alltagshektik über Aufgaben, Strukturen, Rollen, auftretende Schwierigkeiten – später auch über Visionen, Ziele, Strategie und Werte – im Austausch zu sein. Ein solches Zusammenkommen muss übrigens nicht viel kosten. Kreativität

PHASEN DER TEAMENTWICKLUNG

Forming, Storming, Norming, Performing – diese Phasen der Teamentwicklung nach Bruce Truckmann (siehe Literaturverzeichnis) werden auch heute noch mit Erfolg verwendet.

Forming

In der Anfangsphase muss sich die Gruppe als Team finden. Jeder und jede sucht seine Rolle und Position. Auch bei einem Rollenwechsel kann diese Phase wieder auftreten. Das Gefüge ändert sich, eine gewisse Unsicherheit und formelle Höflichkeit stellt sich ein. Die Teammitglieder wollen es mit dem neuem Leiter nicht verderben.

→ *Achten Sie darauf, dass ein guter Meinungsaustausch stattfindet und jedes Teammitglied seinen Platz findet. Struktur und Richtung sind wichtig.*

Storming

In dieser zweiten Phase offenbaren sich erste Probleme, sowohl bei der Bewältigung der Aufgaben als auch bei der Zusammenarbeit. Es gibt Positionskämpfe, unterschiedliche Vorstellungen zeigen sich. Jeder Mitarbeiter versucht, sich positiv zu positionieren. Einige prüfen, wo die Grenzen sind. Andere nehmen die Situation als Chance, ihre Position zu verbessern, ihren Einfluss zu erhöhen. Das ist normal und notwendig, um die neue Ordnung zu etablieren.

→ *Sprechen Sie Differenzen und Probleme transparent, offen und so direkt wie möglich an, um sie zu bearbeiten.*

Norming

In dieser Phase geht es darum, sich im Team auf Spielregeln zu verständigen. Die Rollen werden geklärt, die Gestaltung der Zusammenarbeit wird vereinbart. Unterschiedliche Standpunkte werden offen ausgesprochen. Man bemüht sich um gegenseitiges Verständnis, das zu besseren Lösungen führt. Im Vordergrund stehen das Teaminteresse und der Zusammenhalt.

→ *Sie müssen die unterschiedlichen Interessen, Bedürfnisse und Stärken einbeziehen und aufeinander abstimmen. Achten Sie auf die Einhaltung der Spielregeln, nehmen Sie die Rolle des Moderators ein.*

Performing

Das ist die intensive Arbeitsphase. Das Team agiert zunehmend selbständig und ausgerichtet auf gemeinsame Ziele. Das Vertrauen untereinander und zwischen Ihnen und dem Team steigt. Die Arbeitsprozesse laufen wie selbstverständlich, alle unterstützen einander. Es herrscht eine Atmosphäre der gegenseitigen Akzeptanz bei hoher Leistungsfähigkeit.

→ *Sie können sich zurücknehmen. Bleiben Sie aber nahe beim Team. Jetzt können Sie sich um die Entwicklung der einzelnen Teammitglieder kümmern und diese vorantreiben.*

ist gefragt. Wichtig ist, dass Sie eine gute Mischung finden und sowohl Inhalte besprechen (fachliche oder Teamthemen) als auch gemeinsam Zeit verbringen und positive Erlebnisse haben.

Involvieren Sie die Teammitglieder schon im Vorfeld (Vorbereitungsaufgaben oder -fragen, Beteiligung bei der Organisation). Am Anlass selbst stellen Sie sicher, dass alle in den Diskussionen zu Wort kommen, dass heikle Themen angesprochen werden und dass man sich mit gegenseitigem Respekt begegnet. Auch der Rahmen ist entscheidend. Sie können die Arbeit mit einem gemeinsamen Abendessen oder einer gemeinsamen Aktivität verbinden, die allen Spass macht.

> **TIPP** *Selber oder mit Moderator? Wenn Sie ein Team neu leiten, empfiehlt es sich, die erste Teamveranstaltung selber durchzuführen und damit zu zeigen, dass Sie die Verantwortung übernehmen. Sie können sich im Vorfeld von einer kompetenten Person (Coach) beraten lassen. Später, bei grösseren Herausforderungen, ist es dann durchaus nützlich, einen aussenstehenden Moderator beizuziehen.*

Feedback-Sessions

Nutzen Sie die Teammeetings nach einer solchen Auszeit, um die bearbeiteten Themen wieder anzusprechen und gemeinsam den Fortschritt zu beurteilen.

> **DIE MITGLIEDER IM TEAM VON SONJA K.** haben in ihrer ersten Teamauszeit vereinbart, sich in Zukunft besser zuzuhören. Zu Beginn der folgenden Teamsitzung erwähnt Frau K. nochmals diese von allen akzeptierte Verhaltensregel. Sie fordert alle auf, während der Sitzung auf diesen Punkt zu achten und sofort zu reagieren, wenn er vergessen geht. Dies geschieht denn auch zweimal. Am Ende der Sitzung gibt es eine rund zehnminütige Feedbackrunde. Jeder kann sich dazu äussern, wie er die Qualität des Zuhörens empfunden hat. Frau K. fasst zusammen, bestätigt zwei gute Hinweise fürs nächste Mal und bedankt sich für das Feedback. Dieses Vorgehen wiederholt sie in den nächsten Sitzungen. Die Qualität des Zuhörens verbessert sich für alle spürbar. Die Missverständnisse werden seltener, die Klärungsfragen nach den Sitzungen nehmen ab. Frau K. spart Zeit für andere Dinge.

Mitarbeiterbefragung

Sie können Teamsitzungen nutzen, um Ihren Leuten Fragen zu stellen, die Sie interessieren – zum Beispiel zur Arbeitsbelastung, Zusammenarbeit, Befindlichkeit. Aus solchen Fragerunden können sich gute Diskussionen ergeben, die aufzeigen, wo Veränderungspotenzial steckt.

Positives Arbeitsklima schaffen

Sie brauchen nicht ständig den Motivator zu spielen, um die Moral im Team hochzuhalten. Aber es ist Ihre Aufgabe, für ein gutes Arbeitsklima zu sorgen und negative Entwicklungen frühzeitig wahrzunehmen. Studien belegen, dass ein positives Arbeitsklima die Leistungen fördert. Schaffen Sie ein Umfeld, in dem die Mitarbeitenden gern und selbstmotiviert arbeiten. Das fängt bei der Klarheit der Ziele an, geht über das (Vor-)Leben von menschlichen Werten, den gezielten Einsatz von Stärken bis hin zum Anstoss für ausserordentliche gemeinsame Erfahrungen und Erlebnisse.

Vielfältigkeit gewährleisten

Studien belegen immer wieder, dass Unterschiedlichkeit in Teams ein entscheidender Erfolgsfaktor ist. Wenn Sie ein Team übernehmen, sollten Sie sich rasch ein Bild davon machen, wie ähnlich oder unterschiedlich die Fähigkeiten und Stärken der Teammitglieder sind.

SO SCHAFFEN SIE EIN GUTES ARBEITSKLIMA

- Gespräche pflegen, auch informell (etwa beim Mittagessen)
- Gegenseitigen Respekt und gegenseitiges Verständnis (Toleranz) aufbauen
- Eine Arbeitsumgebung schaffen, in der sich alle wohlfühlen
- Offen, ehrlich und transparent informieren und dasselbe von den Mitarbeitenden einfordern
- Lob und Anerkennung geben
- Konflikte nicht unter den Teppich kehren, sondern ruhig und direkt ansprechen
- Gemeinsam Zeit verbringen, auch Freizeit
- Das Prinzip der Selbstverantwortung hochhalten
- Die Mitarbeiter nach ihren Stärken einsetzen
- Klare Ziele setzen
- Konstruktiv mit Fehlern umgehen

Es ist Ihre Aufgabe, die ganz spezifischen Fähigkeiten Ihrer Mitarbeitenden so zum Einsatz zu bringen, dass Synergien entstehen. Einerseits brauchen Sie Kernkompetzen für die Hauptaufgaben des Teams. Anderseits lassen sich individuelle Stärken der Teammitglieder im Arbeitsprozess gut nutzen. Sie können eine kreative Mitarbeiterin, die ständig gute Ideen einbringt, genauso brauchen wie den Mitarbeiter, der in der konkreten, detaillierten Umsetzung stark ist. Sie müssen dafür sorgen, dass solche Unterschiede nicht zu Kommunikationsproblemen und Konflikten führen, sondern im Gegenteil bereichernd wirken.

Die Teaminteressen vertreten

Ihr Team erwartet, dass Sie als Chefin, als Abteilungsleiter die Interessen Ihrer Leute gegenüber Ihren Vorgesetzten wie auch Ihren Kolleginnen und Kollegen gleicher Stufe vertreten. Das fordert heraus, weil die Interessen der Mitarbeiter von Ihren eigenen wie auch von denjenigen des Gesamtunternehmens abweichen können. Verhandlungsgeschick ist gefragt. Sie müssen die wichtigsten Interessen im Team kennen, vor allem zu folgenden Themen:

- Zusammenarbeit mit anderen Teams
- Arbeitsbelastung
- Anerkennung der Leistung im Vergleich zu anderen

Teaminteressen vertreten heisst die Leistung des Teams gegenüber anderen – gegenüber Vorgesetzten und anderen Abteilungen – sichtbar machen. Sie müssen in der Lage sein, in Beurteilungsprozessen für Ihr Team und die einzelnen Teammitglieder einzustehen. Bereiten Sie sich gut auf solche Diskussionen vor, um Ihre Leute zu vertreten und sich gleichzeitig im Sinn des Ganzen kooperativ zu zeigen.

Gegenüber Ihrem Team sollten Sie unterscheiden zwischen Ihren festen Absichten und den Voraussetzungen im Umfeld. Das Team soll spüren, dass Sie die Mitarbeiteranliegen ernst nehmen und vertreten. Es gibt aber keine Garantie, dass Sie die Anliegen tatsächlich durchsetzen können. Das müssen Ihre Mitarbeitenden verstehen.

Wenn Sie selber eine andere Position vertreten als Ihr Team, sollten Sie diese transparent machen und Ihren Leuten die Gründe erklären.

BERNHARD HEUSLER

Präsident des FC Basel

Welches war Ihre erste Führungsrolle?

Das war wohl als Captain der Fussballauswahlmannschaft der Primarschule. Die Captain-binde hat meine Mutter aus Verbandsmaterial hergestellt. Im (falschen) Verständnis meiner Führungsaufgabe ordnete ich an, dass in den Tagen vor dem entscheidenden Schulhausduell alle, die der Mannschaft angehören wollten, in Fussballschuhen zum Unterricht erscheinen mussten, damit die Pausen ganz fürs Training genutzt werden konnten. Diese Anordnung stiess bei der Lehrerschaft nicht auf Gegenliebe, und statt den freien Mittwochnachmittag fürs Training nutzen zu können, musste unser Team das Schulhaus reinigen. Heute könnte ich das als Teambildungsevent verkaufen, damals musste ich die Verantwortung dafür tragen, dass wir gänzlich unvorbereitet antraten und das Spiel deutlich verloren.

Welches war Ihr grösster Fehler als Führungsperson?

Eine der wichtigsten Aufgaben einer Führungsperson sind die Personalentscheide. Ich habe mich nicht nur einmal zu sehr von Oberflächlichkeiten, von eindrücklichen Ausweisen und überzeugender Rhetorik leiten lassen.

Was haben Sie daraus gelernt?

Die erste Einsicht, die man in der Führung gewinnen muss, ist, dass niemand fehlerlos führen kann. Nur so kann man seine Fehler erkennen und dann auch ohne falsche Rücksicht auf das eigene Ansehen korrigieren. In diesem Sinn habe ich gelernt, dass Fehler erstens immer wieder vorkommen und dass es zweitens Teil der Führungs-verantwortung ist, ihre Folgen zu beseitigen und sie zu korrigieren.

FÜHREN VIRTUELLER TEAMS

Virtuelle Teams arbeiten über regionale, nationale, kulturelle und zeitliche Grenzen hinweg zusammen. Sie haben wie andere Teams gemeinsame Ziele, kommunizieren aber hauptsächlich über Medien (E-Mail, Telefon, Video). Und dies sind die Erfolgsfaktoren:

- Klarheit bezüglich formeller Struktur und Führungsverantwortung: Haben Sie die formelle Personalverantwortung (Gehalt, Bonus, Beförderungen, Sanktionen)? Wenn nicht, bei wem liegt sie?
- Selektion der Teammitglieder: Wählen Sie nach Möglichkeit eigenverantwortliche Mitarbeiter mit innerer Motivation für ihre Arbeit und Aufgabe.
- Klare Aufgaben- oder Projektstruktur mit regelmässigen Fortschrittssitzungen (per Telefon oder Video) sowie klare Prioritäten
- Physische Treffen mindestens zweimal im Jahr für mehrere Tage mit folgenden Themen:
  - Definition oder Bestätigung der Ziele
  - Förderung der Zusammenarbeit und des gegenseitigen Vertrauens
  - Arbeit an der Teamkultur und an Gemeinsamkeiten, Unterschieden
- Erreichbarkeit regeln: Jeder sollte wissen, wer wo wie erreichbar ist (Zeitzonen berücksichtigen).
- Teamkommunikation definieren
  - Regelmässigkeit
  - Gute Vorbereitung (mit schriftlichen Dokumenten) und Nachbereitung
  - Gesprächsregeln für Audio und Video (einschliesslich der Aufmerksamkeit)

Konflikte und schwierige Situationen meistern

Von Konflikten spricht man, wenn Interessen, Zielsetzungen, Wertvorstellungen von Personen oder Gruppen miteinander unvereinbar sind oder als unvereinbar wahrgenommen werden. Das Thema Konfliktmanagement würde den Rahmen dieses Ratgebers sprengen, deshalb hier nur ein paar wichtige Eckpunkte dazu. Im Literaturverzeichnis im Anhang finden Sie einige hilfreiche Bücher dazu.

- **Vorbeugen:** Die beste Konfliktbewältigung ist immer noch die Vorbeugung. Diese gelingt, wenn Sie die in diesem Buch aufgeführten Themen bewusst und gezielt bearbeiten und Unstimmigkeiten im Team früh aufgreifen.

- **Unterschiedliche Meinungen:** Meinungsverschiedenheiten gehören dazu. Da Menschen unterschiedliche Persönlichkeiten und Erfahrungen mitbringen, nehmen sie die Welt nicht gleich wahr. Wichtig ist, früh zu erkennen, wo Meinungsunterschiede zu Problemen und Konflikten führen können. Je früher Sie dann die Betroffenen zum Gespräch bringen, desto geringer ist das Risiko, dass eine solche Situation ausartet, bis sie sich nur noch mit Hilfe von aussen (Mediation) oder gar nicht mehr lösen lässt.

- **Negative Emotionen:** Bei Konflikten sind negative Emotionen wie Wut, Ärger, Ablehnung, Angst, Frustration im Spiel. Sie entstehen aus der Interpretation von Situationen (siehe auch Seite 90). Deshalb müssen zuerst diese Interpretationen auf den Tisch gelegt und gegenseitig verstanden werden. Ein Beispiel: Eine Mitarbeiterin ärgert sich immer, wenn der Kollege seinen Arbeitsplatz nicht aufräumt. Ordentlichkeit hat für sie nun mal einen hohen Stellenwert, sie verträgt Unordnung nur schlecht. Den Kollegen stören ein paar «Beigen» auf dem Pult nicht. Wenn die beiden Teammitglieder nicht über ihre unterschiedlichen Auffassungen sprechen, kommt es zur Auseinandersetzung.

Führungsrolle: vermitteln

Als Chef oder Vorgesetzte in der oben beschriebenen Situation müssen Sie die Emotionen beider Seiten erst einmal zulassen. Dann versuchen Sie nachzuvollziehen, weshalb diese aufgetreten sind und welche Einschätzung die Betroffenen vorgenommen haben. Sie können eine neutrale Vermittlungsrolle einnehmen und bei der Klärung helfen. Unterscheiden Sie zwischen der Sache und der Beziehung der Beteiligten. Neutral können Sie allerdings nur sein, wenn Sie vom Thema nicht selber betroffen sind. Wenn Sie Partei ergreifen, können Sie nicht mehr vermitteln.

 TIPP Klären Sie, welches die gemeinsame Basis der Konfliktparteien ist. Es gibt fast immer Aspekte, über die man sich einigen kann – und sei es nur die Feststellung, dass ein Konflikt vorliegt.

Die Situation analysieren und einschätzen

Die Beurteilung und Einordnung eines Konflikts ist entscheidend; Konflikte können unterschiedlich weit fortgeschritten sein. Finden Sie heraus, ob die Parteien überhaupt noch vernünftig miteinander sprechen können.

Eine Aussprache zur Klärung der Angelegenheit macht nur Sinn, wenn auf beiden Seiten Gesprächsbereitschaft vorliegt. Wenn nicht, müssen Sie zuerst einzeln mit den Konfliktparteien sprechen. Das gilt noch mehr, wenn mehrere Personen zu den Parteien gehören.

Finden Sie in jedem Fall heraus, welches die wirklichen Anliegen und Interessen hinter dem Konflikt sind. Geht es «nur» um unterschiedliche Vorgehensweisen bei einem Arbeitsprozess, geht es um Eifersucht, um mangelnden Respekt, um unterschiedliche Werte? Je nachdem braucht es mehr, um die Situation zu bereinigen.

Die Bereinigung eines Konflikts sollten Sie – wenn er nicht das ganze Team betrifft – mit den Betroffenen allein durchführen. Sie können jedoch im Team ansprechen, dass es Konflikte gibt und dass Sie daran sind, diese zu lösen.

TEAMLEITERIN W. FÄLLT AUF, dass zwei ihrer Mitarbeiter, ein jüngerer, aufstrebender 22-Jähriger und seine erfahrene, 35-jährige Kollegin, vermehrt lautstarke Auseinandersetzungen führen. Alle kriegen es mit, niemand wagt, etwas zu sagen. Frau W. spricht die beiden getrennt voneinander an und erfährt, dass sie sehr unterschiedliche Vorstellungen von «Arbeitsmoral» haben. Der junge Mitarbeiter macht viel häufiger Pausen als seine Kollegin, was diese nervt. Zudem geht er am Abend regelmässig früh weg, während sie länger bleibt. Der junge Mann bestätigt dies und erklärt, dass er abends rechtzeitig im Training sein müsse. Zudem brauche er auch untertags immer wieder etwas Bewegung, um sich konzentrieren zu können.

Die Chefin versteht beide Seiten und lädt zu einem Dreiergespräch ein. Im Gespräch sagt Frau W., was sie von beiden erfahren hat und wie sie die Situation aus ihrer neutralen Sicht einschätzt. Beide können nochmals ihre Sichtweise darlegen, Frau W. notiert das Gesagte in Stichworten auf einem Flipchart. Sie fragt so lange nach, bis klar ist, welches die echten Anliegen sind. Dem Bewegungshunger des jüngeren Mitarbeiters steht die Angst der erfahrenen Kollegin gegenüber, am Ende auch noch seine Arbeit machen zu müssen. Sie hat ein hohes Pflichtgefühl und findet es nicht gerecht, dass sich der jüngere Kollege Privilegien verschafft. Es gelingt der Chefin, beiden verständlich zu machen, dass die andere Seite keine schlechten Absichten hat und niemandem etwas zuleide tun will. Gemeinsam erarbeiten die drei Kompromisse. Die Situation entspannt sich, beide Teammitglieder arbeiten wieder motiviert. Der junge Mitarbeiter bemüht sich, dass die Kollegin seinetwegen keine zusätzliche Arbeit hat.

Schwierige Situationen kann es im Arbeitsalltag viele geben: Die Arbeitsverteilung wird als ungleich empfunden, Abwesenheiten führen zu Mehrbelastungen einzelner Teammitglieder, nach Beförderungen fühlt sich jemand (weil nicht befördert) ungerecht behandelt. Überlegen Sie stets, welchen Beitrag Sie zur Klärung oder Bereinigung einer Situation leisten können. Manchmal ist es gut, vorerst nichts zu tun, und die Situation löst sich von selbst. Ein andermal ist rasches Handeln angesagt, weil sonst etwas anbrennt. Und manchmal sollten Sie sich Zeit nehmen, um die Situation genau zu analysieren, und erst dann zur Handlung schreiten.

TIPP *Trauen Sie sich zu, schwierige Situationen einzuschätzen und nach bestem Wissen und Gewissen zu handeln. Wenn Sie an Grenzen stossen, holen Sie Unterstützung in der Personalabteilung.*

Mitarbeiterleistung fördern und anerkennen

Ihre Aufgabe ist es, bei allen Mitarbeitenden stets nach Verbesserungspotenzial zu suchen, nach Möglichkeiten, die Leistung zu steigern. Das beginnt mit der Einschätzung der Leistungsfähigkeit.

Zwei Dimensionen beeinflussen die Leistungserbringung: das Können (Fähigkeiten und Fertigkeiten) und das Wollen (Motivation). Es gibt vier Grundsituationen (siehe Grafik auf der nächsten Seite), hier eine kurze Beschreibung ihrer Reinform:

■ **Nicht motiviert und nicht fähig**: Sie haben ein grösseres Problem. Sie müssen rasch mit dem betreffenden Mitarbeiter sprechen, Ihre Erwartungen für eine sofortige Änderung kommunizieren, einen Begleitprozess einrichten und dann Schritt für Schritt vorgehen. Der Mitarbeiter muss wissen, woran er ist und was die Konsequenzen sind, wenn sich nicht rasch eine Verbesserung einstellt. Wenn sich trotz Coaching und Begleitmassnahmen nichts ändert, müssen Sie die Trennung von diesem Mitarbeiter oder seine Versetzung einleiten (zu den rechtlichen Aspekten siehe Seite 231).

- **Nicht motiviert, aber fähig**: Da sind Sie als Coach gefragt. In Gesprächen müssen Sie herausfinden, wo die Gründe für die fehlende Motivation liegen. Hören Sie gut zu, auch um das Vertrauen der betreffenden Person zu gewinnen. Mit Fragen können Sie der Mitarbeiterin helfen, selber auf Lösungsansätze zu kommen, und so die Verantwortung bei ihr belassen.
- **Motiviert, aber nicht fähig**: Hier geht es vor allem darum, die fehlenden Fähigkeiten zu identifizieren und dann Ausbildungs- oder Entwicklungsmassnahmen einzuleiten. Die Motivation ist ja vorhanden. Vielleicht braucht es auch Ihre direkte Unterstützung, oder Arbeitskollegen können ihre Erfahrungen weitervermitteln.
- **Motiviert und fähig**: Oft werden diese «Wunschmitarbeiter» einfach allein gelassen. Sie sind ja gut. Das ist etwas kurz gedacht, weil die besten Leute meist den grössten Hebel für eine Leistungssteigerung des Teams darstellen. Besprechen Sie mit besonders leistungsfähigen Personen, wo ihr Potenzial zur Steigerung liegt.

DIMENSIONEN DER LEISTUNG

hoch		
WOLLEN	motiviert, aber nicht fähig	motiviert und fähig
	nicht motiviert und nicht fähig	nicht motiviert, aber fähig
tief	KÖNNEN	hoch

TIPPS *Nutzen Sie den jährlichen Zielsetzungs- und Beurteilungsprozess, um regelmässig allen Mitarbeitenden Feedback zu geben, damit sie sich orientieren können.*

Fragen Sie Ihre Mitarbeiter, wo sie sich selber in den Dimensionen von Wollen und Können einstufen. Dann wissen Sie, ob Sie die aktuelle Situation ähnlich oder unterschiedlich sehen.

LEISTUNGEN ANERKENNEN – WAS WIRKLICH ZÄHLT

■ Die Anerkennung von Leistung und Geleistetem muss auf persönliche Weise erfolgen. Ein «Danke schön» oder «Gut gemacht», direkt nach einer konkreten Leistung, hat zusätzliches Gewicht.

■ Geben Sie positive Rückmeldungen von externen Kunden, internen Ansprechpartnern oder anderen wichtigen Bezugspersonen weiter. Das hat Wirkung.

■ Bewerten Sie die Leistungen fair und nachvollziehbar in Beurteilungsprozessen. Sammeln Sie die nötigen Informationen, um personelle Entscheide wie Gehaltserhöhungen und Beförderungen jederzeit gut begründen zu können. Das sind zusätzliche Mittel, um Anerkennung auszudrücken.

Besonders wichtig: das Qualifikationsgespräch

Viele Chefs fürchten die Leistungsbesprechung am Ende eines Jahres, vor allem dann, wenn ungenügende Leistungen zu kommentieren sind. Worauf kommt es an?

■ Ehrlichkeit ist Wertschätzung (und wichtig, falls es später zu Auseinandersetzungen kommen sollte).

■ Sprechen Sie klar und direkt auch über Negatives; «herumeiern» und verschleiern bringt niemandem etwas.

■ Begründen Sie Ihre Beurteilung mit Fakten und konkreten Beobachtungen.

■ Akzeptieren Sie die Enttäuschung des Mitarbeiters, der Mitarbeiterin.

■ Geben Sie Ihrem Gegenüber Zeit zum Verdauen und Verarbeiten und zur Stellungnahme.

■ Bleiben Sie im Gespräch, setzen Sie den Dialog fort.

■ Klären Sie die Erwartungen – Ihre eigenen und die des Mitarbeiters – und zeigen Sie die Bewertungskriterien auf.

■ Sagen Sie Ihre Unterstützung bei der Verbesserung der Leistung zu.

Viele Firmen verwenden standardisierte Formulare für Qualifikationsgespräche, die Ihnen helfen, die Gespräche zu führen und zu strukturieren. Informieren Sie sich bei der Personalabteilung. Mehr zur Gesprächsführung und zum Feedbackgeben lesen Sie auf Seite 118 und 122.

Mitarbeiter weiterbringen

Als Chef oder Vorgesetzte haben Sie die Aufgabe, Ihre Mitarbeitenden weiterzubringen und auf dem beruflichen Weg (ein Stück weit) zu begleiten. Jeder und jede Ihrer Leute sollte ein- bis zweimal im Jahr mit Ihnen im Gespräch sein zum Thema Weiterentwicklung. Bei Umfragen unter Angestellten stellt sich immer wieder heraus, dass das Gespräch zur persönlichen Entwicklung und zur beruflichen Zukunft für Mitarbeitende von grosser Bedeutung ist.

> **TIPP** *Nutzen Sie den Perspektivenwechsel: Was haben Sie in Ihrer Zeit als Mitarbeiter von Ihrem Chef erwartet, was erwarten Sie nun von Ihrem neuen Vorgesetzten? Was leiten Sie daraus ab für Ihre Rolle gegenüber Ihren Mitarbeitenden?*

Nehmen Sie sich die Zeit für solche Entwicklungsgespräche. Unterstützung erhalten Sie dabei je nach Firma von der Personalabteilung in Form von Gesprächsvorlagen, Prozessschritten und Entwicklungsmassnahmen. Die Verantwortung, für Entwicklung zu sorgen, bleibt aber bei Ihnen als Führungskraft. Oft tun sich Chefs schwer damit, weil sie befürchten, die besten Leute wieder abgeben zu müssen. Das kann durchaus passieren. Denken Sie im Interesse des Unternehmens. Es hilft weder Ihnen noch einem entwicklungshungrigen Mitarbeiter, wenn Sie versuchen, solche Veränderungen zu verhindern. Es steigt bloss die Chance, dass dieser Mitarbeiter das Unternehmen verlässt und seine nächsten Schritte anderswo tut.

Sprechen Sie in Entwicklungsgesprächen über Szenarien, über Entwicklungswünsche genauso wie über mögliche konkrete Schritte. Sie dürfen auch Eigeninitiative erwarten: Diese beweist, wie ernst es Ihrem Gegenüber wirklich ist.

Anderseits müssen Sie auch die Grenzen aufzeigen, die vom Unternehmen her gegeben sind. Oft geht es zum Beispiel um die Übernahme von Weiterbildungskosten. Da vertreten Sie die Prinzipien und die Philosophie des Unternehmens. Passen Sie vor allem auf, dass Sie nicht Versprechungen machen und Erwartungen wecken, die nicht erfüllt werden können. Das erzeugt Frustration.

> **JEANINE G., MITARBEITERIN IM TEAM** von Lukas B., hat durchblicken lassen, dass sie gern weiterkommen möchte und sich leicht unterfordert fühlt bei der Arbeit. Herr B. vereinbart ein Entwicklungsgespräch. Zuerst lässt er die Mitarbeiterin erzählen, was ihr gefällt bei der Arbeit und was nicht. Er fragt nach, welche Vor-

stellungen Frau G. für die Zukunft hat, und merkt, dass diese sich keine konkreten Gedanken gemacht hat, aber dennoch Unterstützung vom Chef erwartet. Herr B. nimmt alles ruhig zur Kenntnis. Dann erklärt er der Mitarbeiterin, dass er gern bereit sei, ihre Entwicklung zu unterstützen, dass das aber mit ein paar Voraussetzungen verbunden sei. Er erwarte, dass Frau G. sich selber Gedanken mache, Ideen bringe. Die könne man dann gemeinsam diskutieren. Nach anfänglichem Widerstand versteht die Mitarbeiterin, dass sie in ihrem eigenen Interesse die Initiative ergreifen muss. Die beiden vereinbaren einen nächsten Termin, zu dem Frau G. erste Vorschläge und Ideen für ihre Zukunft mitbringen wird. Zudem machen sie ab, dass sie beim nächsten Gespräch auch über die Stärken und Entwicklungsbereiche sprechen.

GUTE ENTWICKLUNGSGESPRÄCHE

Ziel eines Entwicklungsgesprächs ist es, die Motivation des Mitarbeiters anzuregen, seine Selbstentwicklung zu unterstützen.

Do

- Gute Vorbereitung = gute Gespräche
- Nehmen Sie sich ausreichend Zeit.
- Sprechen Sie auf Augenhöhe (nebeneinander sitzen).
- Schalten Sie alle Störquellen aus (Handy, E-Mail, andere Besucher).
- Seien Sie ehrlich.
- Identifizieren Sie die Stärken des Mitarbeiters.
- Sprechen Sie wichtige Themen offen an.
- Geben Sie klares positives wie kritisches Feedback.
- Gehen Sie auf die Vorschläge des Mitarbeiters ein.

Don't

- Autoritäres Auftreten oder Zeigen von Ungeduld
- Vorgaben machen
- Mitarbeiter unterbrechen
- Unhaltbare Versprechungen machen
- Unklar bleiben
- Vorgefasste eigene Meinungen bestätigen wollen
- Nur kritisieren

Sich von Mitarbeitern trennen

Es ist immer unangenehm, sich von jemandem zu trennen. Doch auch das gehört zu Ihren Aufgaben. Unzählige Beispiele zeigen, dass es eine sehr schlechte Alternative ist, Mitarbeiter zu behalten, bei denen es genügend Argumente für eine Trennung gibt. Es gibt unterschiedliche Gründe für eine vom Arbeitgeber ausgelöste Trennung (zu den rechtlichen Aspekten einer Kündigung siehe Seite 231):

- **Missachtung von klaren Regeln oder kriminelle Handlungen:** Wenn ein Mitarbeiter stiehlt, ist dies in der Regel Anlass für eine fristlose Entlassung (siehe auch Seite 241). Spielt er regelmässig während der Arbeitszeit Computerspiele trotz klarer Richtlinien, die er kennt, ist zuerst eine schriftliche Verwarnung fällig. Generell kommt es auf die Schwere des Vergehens an, ob jemand noch eine letzte Chance erhält oder nicht.

- **Ungenügende Leistung:** Wenn eine Mitarbeiterin trotz Begleitmassnahmen und klaren Ansagen die erwartete Leistung nicht erbringt oder erbringen kann, ist eine ordentliche Kündigung möglicherweise die beste Lösung. Meist leiden in einer solchen Situation auch die Motivation und die Befindlichkeit der Betroffenen. Wo immer es Alternativen zur Kündigung gibt, etwa eine Versetzung, die Übernahme anderer Aufgaben, sollten diese Möglichkeiten zuerst ausgeschöpft werden. Auch bei einer Mitarbeiterin mit krankheitsbedingten Einschränkungen oder bei einem langjährigen, älteren Angestellten sollten Sie versuchen, eine für die Betroffene günstigere Lösung zu finden.

- **Nicht tolerierbares Verhalten:** Es gibt Untergebene, die nicht bereit sind, sich an die erwarteten oder vereinbarten Verhaltensweisen zu halten. Etwa ein Mitarbeiter, der sich regelmässig hinter Ihrem Rücken bei anderen und bei Vorgesetzten über Sie beschwert, oder eine Mitarbeiterin, die andere Kollegen und Kolleginnen respektlos behandelt. Wenn das negative Verhalten die Leistung und das Klima im Team negativ beeinflusst, müssen Sie handeln.

Nicht ohne Gespräch

Eine Kündigung sollten Sie nie aus heiterem Himmel aussprechen – obwohl Sie das rein rechtlich dürften. Suchen Sie zuerst das Gespräch, zeigen Sie Ihre Erwartungen wiederholt auf und ebenso die Konsequenzen, falls keine Besserung eintritt. Wichtig ist zudem, dass Sie alle Schritte schrift-lich dokumentieren, damit Sie – sollte es zu einer Auseinandersetzung kommen – Beweismaterial in den Händen haben. Holen Sie auch die Meinungen von Vorgesetzten ein.

Lassen Sie sich beim weiteren Vorgehen von der Personalabteilung be-raten. Bereiten Sie Beweismaterial vor – Leistungsbeurteilungen, schriftli-che Verwarnungen, Gesprächsprotokolle –, damit Sie Ihre Entscheidung gut begründen können.

REFLEXION

Schauen Sie alle beschriebenen mitarbeiterbezogenen Aufgaben nochmals durch und überlegen Sie:

- Welche dieser Aufgaben gehören auch zu meinem Grundverständnis der Führungsrolle? Wie übe ich sie aus?
- Welche dieser Aufgaben fallen mir leicht, bei welchen sehe ich die grössten Herausforderungen? Wie will ich mit diesen umgehen?
- Wo habe ich die grösste Lücke und wie kann ich diese schliessen?

Teil 2

Arbeitsrecht für Führungskräfte

In den meisten Ratgebern für Führungskräfte werden rechtliche Fragen ausgeklammert. Die folgenden Kapitel schliessen diese Lücke und zeigen Ihnen, welche Sonderregeln Sie in leitender Funktion zu beachten haben, was im Umgang mit Untergebenen gilt und wo die juristischen Hürden und Fallstricke liegen.

Kaderverträge unterscheiden sich meist von den Arbeitsverträgen gewöhnlicher Angestellter, auch lassen sich aus Gesetz und Rechtsprechung besondere Rechte und Verpflichtungen von Führungskräften ableiten. Angestellte mit Vorgesetztenfunktion haben zudem eine Doppelrolle: Einerseits sind sie weiterhin Arbeitnehmende, anderseits übernehmen sie Arbeitgeberfunktionen, müssen Entscheide fällen, kontrollieren und Sanktionen verhängen. Auch in dieser Funktion gibt es rechtliche Leitplanken zu beachten.

Was Vorgesetzte rechtlich von ihren Untergebenen unterscheidet, ist das Thema der folgenden Seiten. Erläutert werden die Regeln, die in privatwirtschaftlichen Unternehmen gelten.

5

Besonderheiten des Kaderarbeitsvertrags

Befördert werden, ein Team oder eine Abteilung leiten bedeutet
mehr Verantwortung, neue Aufgaben und meist auch mehr
Lohn sowie zusätzliche Privilegien. Doch wo steht geschrieben,
welche Rechte und Pflichten Vorgesetzte haben? Was ist überhaupt
ein Kadermitarbeiter? Worauf ist zu achten, wenn man nach der
Beförderung einen neuen Vertrag bekommt? Dieses Kapitel liefert
die Antworten.

Chefin, Chef sein – was bedeutet das rechtlich?

Die Gesetze enthalten nur wenige Spezialbestimmungen für Chefinnen und Chefs. Die Bestimmungen des Obligationenrechts (OR), das den Arbeitsvertrag regelt, gelten für alle Hierarchiestufen eines Unternehmens gleichermassen. Andere Gesetze kennen zwar Ausnahmebestimmungen, aber nur für das Topmanagement. Umso wichtiger sind die vertraglichen Vereinbarungen mit Ihrem Arbeitgeber.

Wann gehört ein Arbeitnehmer, eine Mitarbeiterin zum Kader? Grundsätzlich kann jedes Unternehmen selbst entscheiden, wen es dazu zählen will und wen nicht. Eine Definition des Begriffs «Kader» ist in keinem Gesetzbuch zu finden. Immerhin hat das Bundesgericht in einem Entscheid festgehalten, dass unter Kader eine Person mit Vorgesetztenfunktion zu verstehen sei.

EIN ARBEITNEHMER, DER IN EINER FIRMA mit Handlungsvollmacht, aber ohne Untergebene tätig war, forderte, dass im Arbeitszeugnis auf seine (im Arbeitsvertrag erwähnte) Kaderfunktion hingewiesen werden müsse. Er habe zwar keine Untergebenen gehabt, argumentierte der Mann, Kaderzugehörigkeit könne sich aber auch aus besonderer fachlicher Kompetenz ergeben.

Das Bundesgericht sah dies anders: Ausschlaggebend sei, ob der Arbeitnehmer tatsächlich eine Position innegehabt habe, die ein unbeteiligter Dritter als Kaderposition einstufen würde. «Durch die Bezeichnung als Kader könnte der unzutreffende Eindruck entstehen, der Kläger sei Vorgesetzter anderer Mitarbeiter [...] Mangels Führungsfunktionen habe der Kläger keinen Anspruch, im Arbeitszeugnis als Kadermitglied bezeichnet zu werden.» Die Frage, ob beispielsweise auch Fachspezialisten aufgrund besonderer Fähigkeiten oder Erfahrung zum Kader gehören könnten, liess das Bundesgericht ausdrücklich offen (Urteil 4C.60/2005 vom 28.4.2005).

Nicht obligatorisch, aber sinnvoll: der schriftliche Kadervertrag

Sie sind befördert worden. Vielleicht winkt ein Einzelbüro, ein Geschäftswagen, oder Sie können von einem besonderen Bonusprogramm profitieren. Nun wünschen Sie natürlich, dies alles schwarz auf weiss verbrieft zu sehen. Ein neuer schriftlicher Vertrag ist nach einer Beförderung aber nicht zwingend nötig. Denn gemäss Gesetz bedarf «der Arbeitsvertrag zu seiner Gültigkeit keiner bestimmten Form» (Art. 320 OR). Arbeitsverträge können mündlich abgeschlossen und auch abgeändert werden. Insofern genügt es grundsätzlich, wenn Ihr Chef Ihnen verkündet, dass Sie die Nachfolge von Gruppenleiter X antreten, dessen Funktionen übernehmen und dafür 500 Franken mehr Lohn erhalten. Sind beide Parteien einverstanden und verhalten sie sich danach entsprechend, ist die Beförderung samt Vertragsänderung gültig zustande gekommen.

BUCHTIPP

Im vorliegenden Ratgeber werden die Rechtsfragen behandelt, die für Sie als Führungskraft besondere Bedeutung haben. Eine umfassende Darstellung des Schweizer Arbeitsrechts finden Sie im Beobachter-Ratgeber: **Arbeitsrecht. Vom Vertrag bis zur Kündigung.**

www.beobachter.ch/buchshop

Pflichtenheft, Funktion und Kompetenzen

Ideal sind rein mündliche Abmachungen hingegen nicht. Ein schriftlicher Arbeitsvertrag ist immer sinnvoll – nur schon aus Beweisgründen und um Konflikte zu vermeiden. Für leitende Angestellte gilt dies in besonderem Mass. Je verantwortungsvoller die Position, umso detaillierter sollten die Anstellungsbedingungen definiert werden. Zudem gibt es Vertragspunkte, die zwingend schriftlich vereinbart werden müssen (siehe Kasten auf Seite 164). In aller Regel werden Sie daher nach einer Beförderung einen neuen Vertrag erhalten oder zumindest einen Zusatz zum bestehenden, der ihre Position und die veränderten Anstellungsbedingungen festhält.

Dringend zu empfehlen ist auch, den neuen Posten in einem Stellenbeschrieb und einem Pflichtenheft genau zu definieren. Denn entscheidend ist nicht Ihr neuer Titel, sondern Ihre tatsächliche Funktion und die damit verbundenen Kompetenzen: Was sind Ihre Aufgaben? Wo ist die Stelle in der Unternehmenshierarchie angesiedelt? Wie weit gehen Ihre Entscheidungsbefugnisse, Ihre Zeichnungs- und Vertretungsrechte?

ARBEITSVERTRAG: PUNKTE, DIE SCHRIFTLICH ZU REGELN SIND

- Vereinbarung von Pauschalspesen
- Vom Gesetz abweichende Regelung der Entschädigung von Überstunden (siehe Seite 183)
- Vom Gesetz abweichende (aber mindestens gleichwertige) Vereinbarung über die Lohnfortzahlung bei Arbeitsunfähigkeit
- Verlängerung der (nach Gesetz einmonatigen) Probezeit auf maximal drei Monate
- Abänderung der gesetzlichen Kündigungsfristen (siehe Seite 244)
- Vereinbarung eines Konkurrenzverbots (siehe Seite 200)

Für diese Punkte sind mündliche Abmachungen ungültig. Stattdessen gelten dann entweder die gesetzlichen Bestimmungen oder früher getroffene schriftliche Vereinbarungen.

In Grossbetrieben gehören detaillierte Pflichtenhefte zum Standard. In einem KMU ist das nicht immer selbstverständlich. Regen Sie selber an, dass ein Pflichtenheft erstellt wird. Im Arbeitsvertrag sollte ausdrücklich auf Stellenbeschrieb und Pflichtenheft verwiesen werden. Nur so werden sie zum Bestandteil Ihres Vertrags.

INFO *Ob Sie einen neuen Arbeitsvertrag erhalten oder nicht: Durch die Beförderung entsteht kein neues Arbeitsverhältnis. Bisherige Dienstjahre beim selben Arbeitgeber sind anzurechnen. Es darf auch nicht etwa eine neue Probezeit verhängt werden.*

Vertretungsrechte nach aussen: Handelsvollmacht, Prokura

Leitende Angestellte erhalten häufig die Berechtigung, für die Arbeitgeberin Geschäfte abzuschliessen und andere Verpflichtungen einzugehen (Art. 458 bis 465 OR). Eine recht weitgehende Vollmacht hat der **Prokurist**. Er gilt gegenüber gutgläubigen Dritten als ermächtigt, seine Arbeitgeberin bei allen Arten von Rechtshandlungen zu vertreten, «die der Zweck des Unternehmens mit sich bringen kann». Das können auch aussergewöhnliche Handlungen sein, zum Beispiel die Führung eines Prozesses. In der Regel unterschreibt ein Prokurist mit dem Zusatz «ppa» (per procura). Die Prokura kann beliebig beschränkt werden – zum Beispiel auf eine Zweigniederlassung oder auf Geschäfte bis zu einem gewissen Betrag. Ein Unternehmen kann auch festlegen, dass mehrere Personen gleichzeitig unterschreiben müssen (Kollektivprokura).

Die Prokura ist im Handelsregister einzutragen. Sie kann jederzeit widerrufen werden und muss dann im Handelsregister gelöscht werden. Sonst dürfen gutgläubige Dritte davon ausgehen, dass der betreffende Angestellte die Vertretungsbefugnis nach wie vor besitzt.

Im Gegensatz zum Prokuristen darf der **Handlungsbevollmächtigte** nur Rechtsgeschäfte abschliessen, die der Betrieb «gewöhnlich mit sich bringt». So ist der Handlungsbevollmächtigte zum Beispiel nicht ermächtigt, Darlehen aufzunehmen und Prozesse zu führen, es sei denn, ihm wurde die Befugnis dazu ausdrücklich erteilt. Die Unterschrift des Handlungsbevollmächtigten trägt den Zusatz «i.V.» (in Vertretung). Ein Eintrag ins Handelsregister ist nicht vorgesehen. Die Handlungsvollmacht kann auch stillschweigend erteilt und jederzeit widerrufen werden.

 TIPP *Es empfiehlt sich, alle Vollmachten und Vertretungs-rechte klar vertraglich zu regeln und allfällige Beschränkungen unmissverständlich festzuhalten.*

Leitende Angestellte und Gesamtarbeitsverträge

Beim Gesamtarbeitsvertrag (GAV) handelt es sich um arbeitsvertragliche Vereinbarungen zwischen Arbeitgebern oder Arbeitgeberverbänden auf der einen und Arbeitnehmerverbänden auf der anderen Seite. GAV sollen den Arbeitnehmenden einer Berufsgruppe einheitliche Arbeitsbedingungen garantieren, die häufig günstiger sind als die gesetzlichen Regelungen. Ein GAV gilt grundsätzlich für die Mitglieder der vertragsschliessenden Verbände. Für alle Arbeitnehmer einer Berufsgruppe oder Branche, also auch für Nichtverbandsmitglieder, sind diejenigen GAV anwendbar, die vom Staat allgemeinverbindlich erklärt wurden.

In der Regel gelten GAV nicht für leitende Angestellte, wobei die Ausschlüsse unterschiedlich formuliert sind. In einigen GAV sind nur hohe leitende Personen ausgeschlossen, in anderen aber alle Mitarbeitenden mit Führungsfunktion.

TIPP *Waren Sie bisher einem GAV unterstellt? Dann sollten Sie nach der Beförderung prüfen, ob dies immer noch der Fall ist. Wenn nicht, überlegen Sie, was das für Sie bedeutet und ob die damit verbundenen Nachteile durch Ihren Kadervertrag angemessen kompensiert werden.*

ARBEITSRECHT: DIE MASSGEBENDEN GESETZE

- **Obligationenrecht (OR)**, Art. 319 bis 362. Das OR enthält hauptsächlich Bestimmungen zur Entstehung und Beendigung von Arbeitsverträgen sowie zu den Rechten und Pflichten von Arbeitgeber und Arbeitnehmer in der Privatwirtschaft.

- **Arbeitsgesetz (ArG):** Es enthält Vorschriften über Arbeits- und Ruhezeiten, Sonntags-, Nacht- und Schichtarbeit sowie Regelungen zum Gesundheits- und Jugendschutz. Dem ArG unterstehen praktisch alle Industrie-, Gewerbe- und Handelsbetriebe. Nicht unterstellt sind die meisten öffentlichen Verwaltungen, Betriebe des öffentlichen Verkehrs sowie Landwirtschaftsbetriebe und private Haushalte. Im Gegensatz zum OR ist das Arbeitsgesetz öffentliches, zwingendes Recht. Die korrekte Anwendung wird von Amtes wegen überwacht (kantonale Arbeitsinspektorate, www.arbeitsinspektorat.ch).
  Fünf Verordnungen ergänzen das Arbeitsgesetz:
  - ArGV1: Konkretisierung der arbeitsgesetzlichen Regeln
  - ArGV2: Sondervorschriften für bestimmte Gruppen von Betrieben (zum Beispiel Spitäler)
  - ArGV3: Gesundheitsschutz und Arbeitsplatzgestaltung
  - ArGV4: Plangenehmigungsverfahren und Betriebsbewilligungen (industrielle Betriebe)
  - ArGV5: Schutz von Kindern und Jugendlichen

- **Mitwirkungsgesetz (MWG):** Es räumt den Angestellten privatwirtschaftlicher Betriebe das Recht ein, eine Arbeitnehmervertretung zu bestellen, und regelt das Recht auf Information und Mitsprache in bestimmten Bereichen.

- **Gleichstellungsgesetz (GlG):** Es fördert die Gleichstellung der Geschlechter im Erwerbsleben und enthält unter anderem Regelungen zu Lohngleichheit, sexueller Belästigung, geschlechtsbedingter Diskriminierung.

- **Arbeitsvermittlungsgesetz (AVG):** Es regelt die Arbeitsvermittlung und den Personalverleih, insbesondere auch die Temporärarbeit.

- **Datenschutzgesetz (DSG):** Es regelt unter anderem die Bearbeitung von Personendaten in privatrechtlichen Arbeitsverhältnissen.

- **Fusionsgesetz (FusG):** Dieses Gesetz regelt die Auswirkungen von Firmenfusionen und -spaltungen und dabei auch den Schutz von Arbeitnehmerinnen und Arbeitnehmern.

- **Sozialversicherungsgesetzgebung:** Dazu gehören insbesondere AHVG, IVG, EOG, Unfallversicherungsgesetz (UVG) und Arbeitslosenversicherungsgesetz (AVIG) sowie das Gesetz über die berufliche Vorsorge (BVG) samt Verordnungen.

Alle Gesetze können Sie im Internet unter folgender Adresse abrufen: www.admin.ch (→ Bundesrecht → Systematische Rechtssammlung). Geben Sie die Abkürzung des Gesetzes sowie den gewünschten Artikel ein.

Sonderregeln für «ganz oben»

Während das OR keine Sonderbestimmungen für Führungskräfte enthält, finden sich im Arbeitsgesetz, bei der Arbeitslosenversicherung und im Gesellschaftsrecht spezielle Regelungen für die obersten Entscheidungsträger eines Unternehmens. Eine Begriffsklärung:

«Höhere leitende Angestellte» gemäss Arbeitsgesetz

Das Arbeitsgesetz regelt den allgemeinen Gesundheitsschutz und enthält Vorschriften über Arbeits- und Ruhezeiten. Die darin verankerten Arbeitszeitvorschriften gelten jedoch nicht für «höhere leitende Angestellte». Gemeint sind Personen, die aufgrund ihrer Stellung und Verantwortung sowie in Abhängigkeit von der Grösse des Betriebs über weitreichende Entscheidungsbefugnisse verfügen und auf den Geschäftsgang und die Entwicklung des Betriebs oder eines Betriebsteils nachhaltigen Einfluss nehmen können – also die oberste Führungsspitze eines Unternehmens (Art. 9 ArGV 1).

Nach Meinung des Bundesgerichts ist diese Definition eng auszulegen. Manche Unternehmen «ernennen» Arbeitnehmer, die die erwähnten Kriterien gar nicht erfüllen, im Arbeitsvertrag zu höheren leitenden Angestellten, um die arbeitsgesetzlichen Bestimmungen zu umgehen. Solche Vereinbarungen sind nicht verbindlich (mehr dazu auf Seite 186).

Angestellte mit Arbeitgebereigenschaften

Die Entscheidungsträger in einer Firma unterliegen gewissen Einschränkungen, wenn sie Leistungen der Arbeitslosenversicherung beanspruchen wollen (Art. 31 und 51 AVIG). Es geht hier um Gesellschafter, finanziell am Betrieb Beteiligte oder Mitglieder eines obersten betrieblichen Entscheidungsgremiums sowie um ihre mitarbeitenden Ehegatten.

Angestellte mit Arbeitgebereigenschaften haben keinen Anspruch auf Leistungen der Arbeitslosenversicherung bei Kurzarbeit oder bei Konkurs des Arbeitgebers (sogenannte Insolvenzentschädigung). Werden sie oder ihre mitarbeitenden Ehegatten arbeitslos, können sie erst Arbeitslosenentschädigung beziehen, wenn sie ihre Arbeitgebereigenschaften völlig aufgegeben haben – das heisst, wenn sie ihre AG oder GmbH liquidiert oder verkauft haben, aus dem Verwaltungsrat ausgetreten sind. Massgebend ist in der Regel die Löschung im Handelsregister.

Führungskräfte mit Organstellung

Leitende Angestellte können Arbeitnehmer in ihrem Unternehmen sein, gleichzeitig aber auch über formelle oder faktische Organstellung verfügen. Gemeint sind vor allem Verwaltungsräte einer AG, Direktoren oder Geschäftsführer. «Faktisch» heisst, dass zu dieser Kategorie nicht nur die im Handelsregister eingetragenen Verantwortungsträger gehören, sondern auch andere Personen, «wenn sie tatsächlich die Funktion von Organen erfüllen, indem sie diesen vorbehaltene Entscheide treffen oder die eigentliche Geschäftsführung besorgen und so die Willensbildung der Gesellschaft massgebend mitbestimmen» (BGE 132 III 523).

Diese Führungspersonen haben eine spezielle Verantwortung, und es gilt eine verschärfte Haftpflicht, falls sie ihre Pflichten verletzen (siehe Seite 199).

Der Lohn

Leitende Angestellte erhalten häufig nicht nur ein Salär, sondern können von Erfolgsbeteiligungen, variablen Lohnbestandteilen, Prämien und anderen Vergünstigungen profitieren. Gesetzliche Regeln hierzu gibt es nur wenige. Auch hier gilt darum: Klare vertragliche Regelungen schaffen Sicherheit und schützen vor späteren Querelen.

Beförderungen sind in der Regel mit einer Lohnerhöhung verbunden. Das muss jedoch nicht sein.

«ALS MEIN VORGESETZTER KRANK WURDE, habe ich in Absprache mit der Geschäftsleitung seine Funktionen übernommen», berichtet Rolf P. «Als er dann verstarb, wurde meine neue Position mehr oder weniger offiziell bestätigt. Seither ist meine Arbeitsbelastung massiv gestiegen, und ich habe vier Mitarbeiter unter mir. Von einer Lohnerhöhung war aber nie die Rede. Und wenn ich das Thema anspreche, werde ich vertröstet.»

Die Lohnhöhe ist Verhandlungssache

Immer wieder wenden sich Ratsuchende an die Beobachter-Hotline mit der Klage, sie hätten mehr Verantwortung und neue Pflichten übernommen. Finanziell werde dies jedoch in keiner Weise honoriert. Das ist zwar unschön – eine Vorschrift, dass Beförderungen automatisch mit einer Lohnerhöhung verbunden sein müssen, gibt es in der Privatwirtschaft jedoch nicht.

Löhne sind Verhandlungssache. Es gibt weder gesetzliche Mindestlöhne noch verbindliche Richtlinien, wie viel Angestellte mit Führungsfunktionen verdienen sollten. Massgebend sind die interne Salärstruktur Ihrer Arbeitgeberfirma sowie natürlich Ihre Funktion, das Ausmass Ihrer Verantwortung und Ihre berufliche Qualifikation. Nicht zuletzt spielen auch der Marktwert und das Verhandlungsgeschick einer Führungskraft eine Rolle. Schliesslich gibt es auch kein Gesetz, das eine allgemeine Lohngerechtigkeit vorschreibt. Deutliche Lohnunterschiede für vergleichbare Tätigkeiten sind daher in vielen Firmen gang und gäbe. Zu beachten ist jedoch der Grundsatz, wonach Mann und Frau Anspruch auf gleichen Lohn für gleichwertige Arbeit haben (Art. 8 BV, Art. 3 GlG).

Suchen Sie rechtzeitig das Gespräch mit Ihrem Vorgesetzten, wenn Ihre neue Position nicht automatisch finanziell honoriert wird. Warten Sie nicht bis zum Jahresende, wenn die Budgets bereits erstellt sind. Mehr Verantwortung und eine Funktionsänderung sind auf jeden Fall gute Argumente, um über eine Lohnerhöhung zu verhandeln. Überlegen Sie sich auch Alternativen, wenn eine generelle Lohnerhöhung zurzeit nicht drinliegt: etwa eine einmalige Prämie oder einen vom Geschäft bezahlten Führungskurs.

 TIPP Über die üblichen Löhne in verschiedenen Berufen können Sie sich unter folgenden Links informieren:
– www.beobachter.ch/lohnvergleich
– www.lohn-sgb.ch
– www.salarium.bfs.admin.ch

Aktuelle Gehalts- und Arbeitsmarkttrends für Berufe in der Finanz-, IT- und kaufmännischen Branche finden Sie auch unter www.roberthalf.ch/gehalt.

Gratifikation und 13. Monatslohn

Neben dem fixen Salär werden immer häufiger auch variable, erfolgsabhängige Vergütungen ausgerichtet – vor allem an leitende Angestellte. Solche Erfolgsprämien dienen einerseits als Anreiz für höhere Leistungen. Anderseits muss sich die Firma nicht längerfristig festlegen, denn variable Bezüge lassen sich in schwierigen Zeiten leichter reduzieren als fixe Löhne.

Wichtig ist, dass variable Lohnsysteme klar und eindeutig geregelt werden. Andernfalls sind Rechtsstreitigkeiten programmiert. Fragen Sie vor der Vertragsunterzeichnung nach, wenn etwas unklar ist.

Was ist eine Gratifiktaion?

Unter Gratifikation versteht man eine freiwillige Leistung, die in der Höhe variieren und von Bedingungen abhängig gemacht werden kann – etwa von der Leistung, dem Geschäftsgang, einer ungekündigten Stellung. «Richtet der Arbeitgeber neben dem Lohn bei bestimmten Anlässen, wie Weihnachten oder Abschluss des Geschäftsjahrs, eine Sondervergütung aus, so hat der Arbeitnehmer einen Anspruch darauf, wenn es verabredet ist», heisst es im Gesetz (Art. 322d OR). Massgebend ist also, was zwischen Arbeitgeber und Arbeitnehmer vereinbart wurde respektive welche Praxis sich im Unternehmen in den vergangenen Jahren eingespielt hat. Denn die Vereinbarung einer Gratifikation kann auch mündlich oder sogar stillschweigend geschehen.

Richtet der Arbeitgeber regelmässig und vorbehaltlos eine Gratifikation in einer bestimmten Höhe aus, verliert sie den Charakter der Freiwilligkeit und wird zum Lohnbestandteil. Der Arbeitgeber kann die Auszahlung dann auch bei schlechtem Geschäftsgang nicht einfach verweigern. Typisches Beispiel ist der 13. Monatslohn. Er ist – im Gegensatz zur Grati – auch bei einem Austritt aus der Firma während des Jahres anteilmässig geschuldet.

Will ein Arbeitgeber verhindern, dass eine Gratifikation zum festen Vertragsbestandteil wird, muss er bei jeder Auszahlung auf die Freiwilligkeit dieser Vergütung hinweisen. Den Begriff «13. Monatslohn» sollte er dabei gänzlich vermeiden.

MONIKA RÜHL

Direktorin des Wirtschaftsdachverbands Economiesuisse

Welches war Ihre erste Führungsrolle?

Klassisches Ballett war als Kind und Jugendliche meine grosse Leidenschaft. Als wir am Gymnasium einen Schülerabend gestalteten, war deshalb rasch klar, dass unsere Klasse ein Ballettstück beitragen würde. Ich amtete als Choreografin und Trainerin – meine erste Führungsrolle. Es ging darum, einer Gruppe von tänzerisch unterschiedlich begabten Mitschülerinnen und Mitschülern das Stück beizubringen, sie motiviert zu halten und auf die Choreografie zu disziplinieren. Das Üben brauchte von allen viel Geduld, machte aber auch grossen Spass. Unser Beitrag fand ein sehr positives Echo; wir erinnern uns heute noch sehr gern daran.

Welches war Ihr grösster Fehler als Führungsperson?

Ich stelle hohe Ansprüche an mich selbst und arbeite mit hohem Tempo. Als ich meine erste Führungsposition übernahm, ging ich davon aus, dass dies automatisch für das gesamte Team gelten müsse. Damit überforderte ich viele, was letztlich das Team eher schwächte, als es zu stärken.

Was haben Sie daraus gelernt?

Ich musste lernen – wie damals beim Eintrainieren des Ballettstücks –, auf die unterschiedlichen Fähigkeiten der Teammitglieder einzugehen und die individuellen Stärken zu nutzen. Ich habe auch gelernt, dass jeder Mensch anders tickt und dass jeder ein Potenzial einbringen kann. Alle brauchen Raum, um sich zu entfalten. Meine Rolle als Führungsperson besteht eigentlich nur darin, das zu einem Ganzen zusammenzufügen und auf ein gemeinsames Ziel auszurichten.

Streit um den Bonus

Gratifikation – das klingt fast ein wenig antiquiert. Moderne Unternehmen gewähren keine Grati, sondern einen Bonus. Dies macht die Sache allerdings nicht einfacher. Denn die rechtliche Bedeutung eines Bonus wird in keinem Gesetz definiert – und so beissen sich an Rechtsfragen rund um Boni selbst Fachleute regelmässig die Zähne aus. Ist daher in Ihrem Kadervertrag von einem Bonus die Rede, sollten Sie genau hinsehen.

Massgebend ist die vertragliche Regelung, aber auch die Art, wie die Bonuszahlungen in Ihrem Unternehmen normalerweise gehandhabt werden, und das, was in den letzten Jahren üblich war. Die entscheidenden Fragen dabei: Handelt es sich beim vereinbarten Bonus um einen Lohnbestandteil, auf den Sie einen Anspruch haben? Sind konkrete Bedingungen zu erfüllen oder Ziele zu erreichen, damit ein ganz bestimmter Bonus fällig wird? Oder geht es doch eher um eine freiwillige Prämie, also rechtlich um eine Gratifikation, die der Arbeitgeber nach Gutdünken ausrichten kann?

Gratifikation oder Lohnbestandteil?

Boni führen immer wieder zu Streitigkeiten, die nicht selten vor dem Richter enden. Die Gerichte entscheiden dann jeweils auf der Basis der konkreten Umstände, ob der Bonus als Lohn oder als Gratifikation einzustufen ist. Die Einstufung hat weitreichende Folgen: Auf Lohn besteht ein Rechtsanspruch und bei Austritt während des Jahres ist er anteilmässig geschuldet. Die Gratifikation dagegen hängt weitgehend vom Belieben des Arbeitgebers ab und kann an verschiedenste Bedingungen geknüpft werden. Zwei Beispiele aus der Gerichtspraxis:

EINER VERKÄUFERIN WURDE VERTRAGLICH zugesichert, sie habe «bei ungekündigtem Arbeitsverhältnis am Ende des Geschäftsjahrs Anrecht auf einen erfolgsabhängigen Bonus». Und weiter: «Die massgebenden Faktoren und Bezugsgrössen werden durch die Geschäftsleitung schriftlich am Anfang des Geschäftsjahrs festgelegt. Der Bonus sollte in etwa einem Monatssalär entsprechen.»

In diesem Fall entschied das Bundesgericht, dass es sich nicht um eine Gratifikation, sondern um Lohn handelte: Laut Vertrag könne die Geschäftsleitung zwar die für den Bonus massgebenden Ziele festlegen. Aber: «Sind diese Festlegungen getroffen worden, so hängt die Auszahlung des Bonus nur noch vom Erreichen der gesetzten Erfolgsziele ab.» Ausserdem solle der Bonus etwa einem Monatssalär entsprechen. «Demnach konnte die Arbeitnehmerin bei Erreichen der gesetzten Erfolgsziele fest mit dem Bonus in etwa dieser Höhe rechnen, weshalb insoweit von einem variablen Lohnbestandteil auszugehen ist.» (Urteil 4C.395/2005, vom 1.3.2006)

ANDERS PRÄSENTIERTE SICH DIE SITUATION im Fall einer Verkaufsleiterin: Der Kaderfrau wurde im Vertrag «grundsätzlich» ein Bonus zugesichert, der von der Erreichung gewisser Ziele abhängen sollte. Sinngemäss hiess es, die Zielvorgaben würden jährlich vom Verwaltungsrat auf Antrag eines Ausschusses festgelegt. Zu prüfen, ob die Ziele erreicht wurden, sei ebenfalls Sache des Verwaltungsrats.

Hier kam das Bundesgericht zum Schluss, beim Bonus handle es sich um eine freiwillige Leistung. Die Begründung: Der Vertrag lege weder den Bonusbetrag noch die Parameter für eine vollständige Zielerreichung fest. Die Einigung betreffe damit nur den Grundsatz, dass ein Bonus auszurichten sei. In diesem Fall könne der Arbeitgeber unterschiedliche Beträge je nach Qualität der Arbeitsleistung, Geschäftsgang und sonstigen frei bestimmbaren Kriterien leisten. Er habe sich also ein weitreichendes Ermessen vorbehalten. Für eine Gratifikation sprach in diesem Fall auch, dass der Bonus im Arbeitsvertrag systematisch nicht unter dem Titel Jahresgehalt aufgeführt wurde (Urteil 4A_115/2007 vom 13.7.2007).

Die Beispiele zeigen, dass es von den jeweiligen Umständen und Abmachungen abhängt, wie ein Bonus einzustufen ist (siehe auch Kasten auf Seite 174). Klare Regelungen, die keinen Spielraum für Interpretationen und Streitigkeiten lassen, sind daher unerlässlich.

ACHTUNG *Werden vertragliche Regelungen rund um den Bonus in der Praxis über längere Zeit nicht eingehalten, kann der Bonus seinen ursprünglichen Lohncharakter verlieren und zur freiwilligen Leistung werden – oder umgekehrt. Verträge können nämlich auch stillschweigend geändert werden. Punkto Lohn gilt im Zweifelsfall, was im Betrieb üblich ist und gelebt wird, und nicht, was irgendwann mal vertraglich festgehalten wurde.*

Keine Zielvorgabe, kein Bonus?

Gerät ein Unternehmen ins Schlingern oder findet ein Chefwechsel statt, kann es vorkommen, dass die Zieldefinition unterbleibt. «Trotz mehrmaligem Nachfragen wurden mir für dieses Jahr keine Zielvorgaben gemacht», heisst es dann etwa am Beobachter-Beratungstelefon. «Habe ich trotzdem den Bonus zugut?» Eine allgemeingültige Antwort auf diese Frage ist

---

BONUS: LOHN ODER GRATI?

Gemäss Gerichtspraxis gilt ein Bonus in folgenden Fällen als **Lohnbestandteil:**

- Der Arbeitgeber sichert einen festen Betrag bedingungslos oder für den Fall zu, dass eindeutig definierte und überprüfbare Ziele erreicht wurden.
- Ein Bonus in bestimmter Höhe wird während mindestens dreier Jahre vorbehaltlos ausgerichtet.
- Der Bonus wird im Arbeitsvertrag als Teil des Jahresgehalts aufgeführt.
- Ein Bonus, der an bestimmte Bedingungen geknüpft ist, wird über Jahre ausgezahlt, obwohl die Bedingungen gar nicht erfüllt sind. Damit wird er zum Lohnbestandteil, die Bedingungen werden zur leeren Floskel.
- Auch die Höhe des Bonus im Vergleich zum Grundsalär spielt eine Rolle. Ist ein regelmässig ausgezahlter Bonus etwa gleich hoch wie das Jahresgehalt eines Angestellten oder höher, stellt er in der Regel keine Zusatzvergütung mehr dar, sondern wird zum Lohnbestandteil – selbst dann, wenn der Bonus im Vertrag als «freiwillig» bezeichnet wurde. Allerdings hat das Bundesgericht diese Regel in einem neueren Entscheid wieder relativiert. Konkret ging es um einen Jahreslohn von über zwei Millionen sowie einen Bonus im siebenstelligen Bereich. Dazu das Bundesgericht: «Sobald der eigentliche Lohn ein Mass erreicht, das die wirtschaftliche Existenz des Arbeitnehmers bei Weitem gewährleistet bzw. seine Lebenshaltungskosten erheblich übersteigt, kann die Höhe der Gratifikation im Verhältnis zum Lohn kein tragbares Kriterium mehr sein, um über den Lohncharakter der Sondervergütung zu entscheiden.» (BGE 139 III 155)

Als **Gratifikation** bezeichneten die Gerichte einen Bonus in folgenden Fällen:

- Der Bonus hat den Charakter einer Sondervergütung und ist neben dem Lohn nur von zweitrangiger Bedeutung.
- Er wird nicht regelmässig und in unterschiedlicher Höhe ausgezahlt.
- Er wird im Vertrag und bei der Auszahlung ausdrücklich als freiwillig bezeichnet.
- Er wird von nicht klar definierten Kriterien abhängig gemacht – «guter Geschäftsgang», «besondere Leistung». Es lässt sich also nicht berechnen, wer wann wie viel zugut hat.

---

schwierig. Die Chancen auf einen Bonus stehen aber nicht schlecht. Unterlässt der Arbeitgeber die Zielfestsetzung, riskiert er nämlich gemäss einem Entscheid des Arbeitsgerichts Zürich, dass er den vollen Bonus bezahlen muss, es sei denn, der Arbeitnehmer habe eine unterdurchschnittliche Leistung erbracht. Dies müsste der Arbeitgeber beweisen (Entscheid des Arbeitsgerichts Zürich 2009 Nr. 3).

Was gilt bei einer Kündigung?

Streitigkeiten rund um variable Vergütungen entstehen vor allem dann, wenn ein Arbeitnehmer, eine Arbeitnehmerin aus dem Unternehmen ausscheidet. Denn häufig anzutreffen sind Vertragsklauseln, wonach der Bonus nur im ungekündigten Arbeitsverhältnis ausgerichtet wird.

Laut Bundesgericht ist eine solche Bedingung zulässig, sofern es sich beim Bonus tatsächlich um eine **Gratifikation** handelt. Scheidende Angestellte gehen in solchen Fällen leer aus – unabhängig davon, wer gekündigt hat. Bei Austritt während des Jahres ist die Grati schon von Gesetzes wegen nicht geschuldet, auch nicht anteilmässig. Alles andere müsste vertraglich vereinbart worden sein.

Anders ist die Rechtslage bei einem Bonus mit **Lohncharakter.** Laut Bundesgericht darf ein Lohnbestandteil nicht davon abhängig gemacht werden, dass das Arbeitsverhältnis noch andauert oder nicht gekündigt ist. So zum Beispiel im Fall der Verkäuferin im Beispiel auf Seite 172: Obwohl ihr der Bonus nur «im ungekündigten Arbeitsverhältnis» zugesichert worden war, hatte sie bei Austritt während des Jahres Anspruch auf einen Pro-rata-Anteil. Da ihr Bonus als Lohn eingestuft wurde, erwies sich die Bedingung des ungekündigten Arbeitsverhältnisses im Vertrag als unzulässig, so die Lausanner Richter.

Gleichbehandlung oder Willkür?

Handelt es sich bei einem Bonus um eine freiwillige Leistung, die vom Goodwill des Arbeitgebers abhängt, stellt sich mitunter die Frage, ob dann alle Angestellten – zumindest die auf der gleichen Stufe – auch gleich zu behandeln sind.

EINER LEITENDEN ANGESTELLTEN in einer Firma für Kadervermittlung – nennen wir sie Marta M. – wurde vertraglich ein Bonus zugesichert, der von Umsatz und Leistung abhängen sollte. Am

Schluss der Bonusregelung hiess es wörtlich: «Eine Bonuszahlung wird aber in jedem Fall in freiem Ermessen des Arbeitgebers erfolgen.» Im Lauf ihrer Tätigkeit in der Firma entwickelte sich zwischen Marta M. und dem Geschäftsleiter ein Liebesverhältnis. Die Angestellte erhielt während zweier Jahre Boni in sechsstelliger Höhe. Im dritten Jahr beendete der Chef die Liaison, Marta M. erhielt wenig später die Kündigung. Einen Bonus gab es nicht mehr.

Frau M. kämpfte bis vor Bundesgericht um ihren Bonus – ohne Erfolg. Es handle sich hier um eine Gratifikation, lautete das Verdikt der Richter. Der Arbeitgeber dürfe sich bei der Zuteilung freiwilliger Boni durchaus auch von unsachlichen Motiven leiten lassen. Eine willkürliche Entscheidung sei nur dann unzulässig, «wenn darin eine den Arbeitnehmer verletzende Geringschätzung seiner Persönlichkeit zum Ausdruck kommt». Das sei dann der Fall, «wenn ein Arbeitnehmer gegenüber einer Vielzahl von anderen Arbeitnehmern deutlich ungünstiger gestellt wird, nicht jedoch, wenn der Arbeitgeber bloss einzelne Arbeitnehmer besser stellt».

Im Zusammenhang mit Sondervergütungen ist es also erlaubt, einzelne Angestellte, aus welchen Gründen auch immer, zu privilegieren. Das Bundesgericht liess in diesem Urteil durchblicken, die Boni für Marta M. hätten nicht in erster Linie auf der Beurteilung ihrer Arbeitsleistung beruht, sondern seien eher eine Folge der Beziehung zu ihrem Chef gewesen. Da im Arbeitsvertrag die Freiwilligkeit des Bonus vorbehalten worden sei, bestehe «kein Anspruch auf eine willkürfreie Entscheidung über die Bonuszahlung» (Urteil 4C.364/2004 vom 1.7.2005).

Erfolgsbeteiligungen

Gratifikation und Bonus stellen individuelle Belohnungen dar. Daneben werden leitende Angestellte oft auch am Erfolg des Gesamtunternehmens beteiligt. Dabei gibt es verschiedene Möglichkeiten (Art. 322a OR):

- Eine **Gewinnbeteiligung** wird vor allem höheren leitenden Angestellten gewährt, die den Geschäftsgang des Unternehmens direkt mitbeeinflussen können (Tantiemen, beispielsweise in Prozent des Reingewinns). Möglich ist aber auch eine Beteiligung aller Angestellten am Gewinn, etwa durch Mitarbeiteraktien, Partizipationsscheine oder die

Auszahlung einer speziellen, vom Gewinn abhängigen Prämie. Die Einzelheiten sind vertraglich zu regeln, insbesondere auch die Frage, wie der Gewinn berechnet wird.

■ Die **Umsatzbeteiligung** richtet sich nach den Verkaufserlösen, wobei als Berechnungsgrundlage der Brutto- oder der Nettoumsatz dienen kann. Umsatzbeteiligungen sind einfach zu berechnen. Sie sind vor allem ein Leistungsanreiz für im Verkauf tätiges Personal.

■ Als **sonstige Beteiligungen am Geschäftsergebnis** kommen spezielle Prämien infrage, die die Angestellten zu besonderen Leistungen anspornen sollen. Denkbar sind Belohnungen für das Erreichen bestimmter Ziele, zum Beispiel Produktivitäts- und Qualitätssteigerungen oder Termineinhaltung.

> **INFO** *Nach Gesetz müssen Arbeitnehmende kontrollieren können, wie der ihnen zustehende Anteil am Geschäftsergebnis berechnet wird. Der Arbeitgeber muss ihnen – allenfalls auch einem speziell beauftragten Sachverständigen – die dafür notwendigen Unterlagen liefern und wenn nötig auch Einblick in die Geschäftsbücher gewähren.*

Geschäftswagen, Handy und anderes: Fringe Benefits

In vielen Firmen kommen zum Salär noch Lohnnebenleistungen – sogenannte Fringe Benefits, unentgeltliche oder verbilligte Sachleistungen, die unabhängig vom Unternehmens- oder Mitarbeitererfolg erbracht werden. Laut einer Umfrage des Bundesamts für Statistik werden solche Zückerchen für Arbeitnehmende – nicht nur im Kader – immer beliebter.

Am häufigsten werden leitenden Angestellten Gratisfirmenparkplätze zur Verfügung gestellt, gefolgt von Autos und Handys für den Privatgebrauch. Mögliche Zusatzleistungen sind aber auch verbilligte Produkte, Bahn- und Fitnessabos oder Sonderzahlungen an die zweite Säule. Rechtlich handelt es sich bei diesen Zusatzleistungen entweder um einen Lohnbestandteil oder um eine Gratifikation, wenn der Arbeitgeber einen Freiwilligkeitsvorbehalt gemacht hat oder die Leistung nur von Fall zu Fall erbracht wird.

ACHTUNG *Bei vielen Fringe Benefits handelt es sich um steuerbare und AHV-pflichtige geldwerte Leistungen (Naturallohn), die mit dem Lohnausweis detailliert zu belegen sind. Nicht zu versteuern sind etwa branchenübliche Rabatte auf Produkten und Dienstleistungen für den Eigenbedarf, Halbtaxabonnemente, kostenlose Firmenparkplätze oder die Benutzung des Geschäftshandys zu privaten Zwecken.*

Häufige Lohnnebenleistung ist das Geschäftsauto, das der oder die Angestellte auch privat nutzen darf. Dabei kann die Privatnutzung sehr unterschiedlich geregelt sein. Denkbar ist ein Pauschalabzug vom Lohn für Privatfahrten, möglich ist aber auch, dass der Arbeitgeber sämtliche Kosten übernimmt, inklusive Nutzung während der Ferien. Auch hier gilt: Eine detaillierte schriftliche Vereinbarung schafft Klarheit und verhindert spätere Auseinandersetzungen. Zu regeln ist nebst der Kostenaufteilung und den Versicherungen insbesondere auch die Frage, ob Familienmitglieder des Arbeitnehmers das Auto nutzen dürfen, sowie ein allfälliges Recht des Arbeitgebers, den Geschäftswagen zurückzufordern.

Geschäftswagen als Naturallohn

Klar ist, dass die vom Arbeitgeber finanzierte private Nutzung eines Geschäftsfahrzeugs Naturallohn darstellt. Dieser ist AHV-pflichtig und muss versteuert werden. Steueramt und Ausgleichskasse rechnen mit der gleichen Pauschalregelung; es gibt zwei Möglichkeiten:

- Falls der Arbeitgeber sämtliche Kosten übernimmt und der Arbeitnehmer die Benzinkosten gar nicht oder nur für grössere Privatfahrten zu tragen hat, werden für die Privatnutzung pro Jahr 9,6 Prozent des Kaufpreises (exkl. Mehrwertsteuer) angerechnet, mindestens aber 150 Franken pro Monat oder 1800 Franken im Jahr. Bei Leasingfahrzeugen wird auf den im Leasingvertrag festgehaltenen Barkaufpreis abgestellt.

- Alternativ kann auch die effektive, in einem Bordbuch erfasste Privatnutzung deklariert werden. Dabei wird die Anzahl der privat gefahrenen Kilometer (ohne Arbeitsweg) mit dem entsprechenden Kilometeransatz multipliziert. Das Bordbuch muss gewissen Anforderungen genügen: Excel-Tabellen oder lose Blätter etwa reichen nicht. Beim TCS können Sie ein Bordbuch bestellen, das die Bestimmungen erfüllt (www.tcs.ch → Auto & Mobilität → Autokosten → TCS-Bordbuch).

EIN ARBEITNEHMER KANN den für 50 000 Franken (exklusive MWST) gekauften Geschäftswagen privat nutzen. Als Privatanteil muss er in der Steuererklärung 9,6 Prozent oder 4800 Franken pro Jahr deklarieren. Um diesen Betrag erhöht sich also sein massgebender Jahreslohn. Zahlt der Arbeitnehmer einen Teil der Privatfahrten selber, muss er entsprechend weniger versteuern. Werden ihm zum Beispiel monatlich 200 Franken vom Lohn abgezogen, muss er noch 2400 Franken angeben (4800 minus 2400 Franken).

Was gilt bei Verhinderung an der Arbeitsleistung?

Da bei Arbeitsunfähigkeit die Lohnzahlung (inklusive Naturallohn) während einer beschränkten Zeit weiterhin geschuldet ist (Art. 324a OR), darf man das Geschäftsauto auch während Krankheitsphasen nutzen – zumindest so lange, wie eine Lohnfortzahlungspflicht des Arbeitgebers besteht. Auch bei einer Freistellung während der Kündigungsfrist (siehe Seite 248) hat der Arbeitnehmer ein Anrecht, den Geschäftswagen für Privatfahrten im üblichen Umfang zu nutzen. Gibt es ein Reglement, wonach der Arbeitgeber bei Freistellung das Fahrzeug zurückfordern kann, muss der Arbeitnehmer finanziell entschädigt werden.

ACHTUNG *Steht Ihnen das Firmenauto nicht nur für gelegentliche private Fahrten zur Verfügung, sondern können Sie frei über die Verwendung entscheiden, werden Sie zum Halter im Sinn des Strassenverkehrsgesetzes. Das gilt auch, wenn Sie das Auto vorwiegend mit Rücksicht auf die geschäftlichen Bedürfnisse des Arbeitgebers einsetzen. Ein Topmanager, der mit dem Firmenwagen schwer verunfallte, konnte deshalb keine Forderungen gegenüber der Haftpflichtversicherung seiner Arbeitgeberin geltend machen, obwohl diese Eigentümerin des Wagens und formell im Fahrzeugausweis als Halterin aufgeführt war (BGE 129 III 102).*

Spesen: Auslagenersatz oder Lohnbestandteil?

Wenn Ihnen bei der Ausführung Ihrer Arbeit Kosten entstehen, die sich nicht vermeiden lassen, muss der Arbeitgeber dafür aufkommen. «Der Arbeitgeber hat dem Arbeitnehmer alle durch die Ausführung der Arbeit notwendig entstehenden Auslagen zu ersetzen, bei Arbeit an auswärtigen Arbeitsorten auch die für den Unterhalt erforderlichen Aufwendungen», heisst es im Gesetz (Art. 327a ff OR).

Die Höhe der entstandenen Auslagen müssen Sie belegen, am besten in Form einer monatlichen, detaillierten Abrechnung samt Belegen. Nach Gesetz ist der Auslagenersatz jeweils zusammen mit dem Lohn auszurichten, sofern nicht eine kürzere Frist verabredet oder üblich ist. Falls Ihnen bei der Arbeit regelmässig Auslagen entstehen – zum Beispiel wegen häufiger Geschäftsreisen oder Essen mit Kunden –, muss Ihnen der Arbeitgeber einen angemessenen Vorschuss gewähren.

Schriftlich können stattdessen Pauschalspesen vereinbart werden oder auch (meist nach oben limitierte) Vertrauensspesen, die Sie davon entbinden, Ihre Auslagen auf den Franken genau zu belegen. Solche Spesen müssen aber – im Jahresdurchschnitt – die tatsächlich entstehenden Auslagen vollumfänglich decken. Erweist sich eine Pauschale als zu tief, können Sie Nachforderungen stellen.

INFO *Die gesetzliche Bestimmung, wonach der Arbeitgeber die notwendigen Auslagen tragen muss, ist zwingend. «Abreden, dass der Arbeitnehmer die notwendigen Auslagen ganz oder teilweise selbst zu tragen habe, sind nichtig», so das Gesetz.*

EIN ARBEITNEHMER ERHIELT von seiner Firma eine Geschäftskreditkarte zur Verfügung gestellt. Er musste eine Vereinbarung unterschreiben, wonach er solidarisch mit der Arbeitgeberin für die Verpflichtungen aus der Verwendung dieser Karte hafte. Dann machte die Firma Konkurs, und die Bank verlangte vom Arbeitnehmer Fr. 41 459.60 für die mit der Geschäftskreditkarte bezahlten Rechnungen. Das Bundesgericht erachtete die Verpflichtung als nichtig, da sie gegen Artikel 327a OR verstosse. Der Arbeitnehmer konnte sich nicht gültig verpflichten, die für die Ausübung der Arbeit notwendigen Kosten selbst zu übernehmen (BGE 124 III 305).

Repräsentationsspesen – nicht nur ein Vorteil

«Spesen» sind nicht nur Vergütungen von Auslagen, die in Zusammenhang mit der Arbeit entstehen, sondern oft auch versteckte Lohnzahlungen, gerade bei Kaderangestellten. Werden Spesenpauschalen ausgerichtet, die deutlich über den tatsächlichen Auslagen liegen, und werden diese auch während der Ferien und bei Krankheitsabsenzen ausgezahlt, handelt es sich rechtlich um Lohn. Oberflächlich betrachtet, sind solche Repräsentationsspesen für Arbeitnehmer wie Arbeitgeber von Vorteil: Sie müssen nicht versteuert werden, und es werden auch keine Sozialversicherungsabzüge fällig. Sie landen ungeschmälert im eigenen Portemonnaie.

Dabei ist allerdings Vorsicht angebracht. Die Renten von AHV, IV und Unfallversicherung, die Freizügigkeitsleistung der Pensionskasse beim Stellenwechsel sowie die Taggelder der Arbeitslosenversicherung hängen direkt vom versicherten Einkommen ab – und dazu gehören Pauschalspesen nicht. Zudem ist abzuklären, in welchem Umfang die Steuerbehörden solche Spesenentschädigungen akzeptieren. Im schlimmsten Fall kann es Nach- und Strafsteuern absetzen, wenn Sie bei einer Steuerrevision nicht belegen können, dass die Spesenpauschale durch Auslagen gerechtfertigt ist. Keine Probleme haben Sie zu befürchten, wenn Ihr Unternehmen das Spesenreglement von den Steuerbehörden hat absegnen lassen.

 INFO *Weitere Informationen zu Lohnausweis, Spesenreglementen und Steuern finden Sie unter:*
– www.steuerkonferenz.ch
– www.estv.admin.ch

Arbeitszeit

Von leitenden Angestellten kann erwartet werden, dass sie «etwas mehr leisten als das übliche Pensum», so das Bundesgericht (BGE 129 III 171). Sind für eine Gruppenleiterin also Gratisüberstunden selbstverständlich? Müssen Kaderleute via Laptop und Smartphone rund um die Uhr zur Verfügung stehen?

In der Schweiz werden im Durchschnitt wöchentlich rund 41 Stunden gearbeitet. Was im konkreten Fall gilt, steht normalerweise im Arbeitsvertrag. Ist nichts geregelt – was bei Kaderleuten häufig der Fall ist –, gibt es zumindest gesetzliche Leitplanken. Wie lange wir maximal arbeiten müssen, wann wir Anspruch auf Pausen oder Ruhezeiten haben, das ist im Arbeitsgesetz geregelt. Die Schutzvorschriften darin sind strikt einzuhalten und dürfen vertraglich nicht eingeschränkt werden. Das gilt auch für leitende Angestellte. Nur die oberste Führungsspitze ist vom Geltungsbereich ausgeschlossen (siehe Seite 167).

Arbeitszeiterfassung für Kader?

Das Arbeitsgesetz (ArG) legt die wöchentliche Höchstarbeitszeit in der Privatwirtschaft fest. Sie beträgt 45 Stunden für Arbeitnehmer in industriellen Betrieben sowie für Büropersonal, technische und andere Angestellte mit Einschluss des Verkaufspersonals in Grossbetrieben des Detailhandels. Für alle übrigen Arbeitenden beträgt die Höchstarbeitszeit 50 Stunden (zum Beispiel Gewerbe, Gesundheitswesen). Arbeitgeber müssen die Arbeitszeit ihrer Angestellten erfassen (Art. 46 ArG, und 73 ArGV1), damit die Behörden überprüfen können, ob die gesetzlichen Vorschriften zu den Arbeits- und Ruhezeiten eingehalten werden. Aus diesen Aufzeichnungen müssen die Dauer der täglichen und wöchentlichen Arbeit (inklusive Ausgleichs- und Überzeitarbeit) sowie die Zeiten, wann sie geleistet wurde, ersichtlich sein, ebenso die Pausen von einer halben Stunde und mehr.

Allerdings gilt die Pflicht zur minutiösen Arbeitszeiterfassung nicht für alle Arbeitnehmenden gleichermassen: Für Topmanager ist keinerlei Zeiterfassung vorgeschrieben. Und für Arbeitnehmer, die ihre Zeit weitgehend selbst einteilen können (etwa Kaderleute, Projektleiter), genügt gemäss einer Weisung des Seco eine vereinfachte Arbeitszeiterfassung – vorausgesetzt, sie leisten nicht regelmässig Nacht- und Sonntagsarbeit. Die Weisung dazu finden Sie unter www.news.admin.ch (als Suchwort «Zeiterfassung» eingeben).

INFO *Geplant ist, die Verordnung 1 zum Arbeitsgesetz anzupassen. Der Entwurf (Art. 73a ArGV 1) sieht vor, dass ein GAV bestimmen kann, dass Angestellte, die über eine grosse Autonomie in der Arbeit verfügen und mehr als 120 000 Franken pro Jahr verdienen, schriftlich auf die Arbeitszeiterfassung verzichten können.*

ACHTUNG *Vor allem im Dienstleistungsbereich verzichten viele Firmen auf die Arbeitszeiterfassung. Damit verstossen sie gegen das Arbeitsgesetz – und dies geht nur so lange gut, bis Arbeitsinspektoren den Betrieb kontrollieren. Wird dann festgestellt, dass die Arbeitszeiterfassung mangelhaft ist oder ganz fehlt, verfügt die Behörde eine Nachfrist zur Bereinigung der Verhältnisse. Wird die Nachfrist missachtet, kann eine Geldbusse verhängt werden.*

Überstunden und Überzeit

«In Ihrer Position ist ein Sondereinsatz selbstverständlich und wird nicht speziell vergütet.» Sätze wie diesen bekommen Kaderleute häufig zu hören, wenn sie eine Entschädigung für Mehrarbeit geltend machen wollen. Ganz so einfach ist die Rechtslage allerdings nicht.

Klar ist, dass Arbeitnehmende aller Hierarchiestufen verpflichtet sind, mehr als das übliche Pensum zu leisten, wenn dies aus betrieblichen Gründen notwendig und für den betreffenden Mitarbeiter zumutbar ist (Art. 321c OR). Die Zumutbarkeit wird individuell beurteilt und hängt unter anderem ab vom Gesundheitszustand, von familiären und weiteren Verpflichtungen des Angestellten.

Mehrarbeit: Was heisst das?
Die beiden Begriffe Überstunden und Überzeit werden umgangssprachlich oft als Synonyme verwendet. Rechtlich gibt es jedoch einen entscheidenden Unterschied:

- ■ Übersteigt die Mehrarbeit lediglich die vertraglich vereinbarte Arbeitszeit, spricht man von **Überstunden.**
- ■ Wird hingegen gleichzeitig die gesetzliche Höchstarbeitszeit (siehe nächste Seite) überschritten, handelt es sich um **Überzeit.** Überzeit ist immer auch Überstundenarbeit – umgekehrt jedoch nicht.

Sowohl Überstunden wie auch Überzeit sollten die Ausnahme bleiben. Bei der Überzeit setzt das Arbeitsgesetz jedoch konkrete Grenzen (Art. 12 ArG). Sie darf nur in dringenden Fällen angeordnet werden, etwa zur Behebung von Betriebsstörungen. Ausserdem darf sie für den einzelnen Arbeitnehmer zwei Stunden pro Tag nicht überschreiten, ausser an arbeitsfreien Werktagen oder in Notfällen. Pro Kalenderjahr darf sie folgende Obergrenzen nicht übersteigen:

- 170 Stunden für Arbeitnehmer mit einer wöchentlichen Höchstarbeitszeit von 45 Stunden
- 140 Stunden für Arbeitnehmer mit einer wöchentlichen Höchstarbeitszeit von 50 Stunden

Wie werden Mehrstunden entschädigt?

Überstunden sind im Obligationenrecht geregelt. Nach Artikel 321c OR haben Arbeitnehmende grundsätzlich Anspruch darauf, dass Überstunden mit einem Zuschlag von 25 Prozent ausgezahlt werden, sofern sie nicht – mit ihrem Einverständnis – durch Freizeit von gleicher Dauer kompensiert werden. Entscheidend dabei ist jedoch: Die Vertragsparteien sind frei, durch schriftliche Vereinbarung eine beliebige andere Regelung zu treffen – zum Beispiel auch, dass Überstunden gar nicht oder ohne Zuschlag entschädigt werden oder dass sie nicht finanziell, sondern nur durch Freizeit abgegolten werden können.

Artikel 321c OR regelt ganz allgemein die Überstundenarbeit. Die beschriebenen Regeln gelten also unabhängig von der hierarchischen Stel-

---

SPEZIALFALL GLEITENDE ARBEITSZEIT

In der modernen Arbeitswelt finden flexible Arbeitszeitmodelle immer mehr Verbreitung. Gilt in einem Betrieb Gleitzeitarbeit, müssen die Angestellten nur während bestimmter Blockzeiten zwingend am Arbeitsplatz anwesend sein. Ansonsten können sie ihre Arbeitszeit selbst einteilen, solange sie insgesamt ihr Stundensoll erfüllen. Insofern liegt es auch in ihrer Verantwortung, innert nützlicher Frist für einen Ausgleich von Mehrarbeit zu sorgen.

Ein positiver Gleitzeitsaldo sei daher von Überstunden im Sinn von Artikel 321c OR zu unterscheiden, so das Bundesgericht: Einen Gleitzeitüberhang müsse der Arbeitnehmer grundsätzlich mit Freizeit kompensieren. «Eine Entschädigung kommt nur in Frage, wenn betriebliche Bedürfnisse oder anderslautende Weisungen des Arbeitgebers den zeitlichen Ausgleich solcher Guthaben innerhalb des vereinbarten Gleitzeitrahmens und unter Einhaltung etwaiger Blockzeiten nicht zulassen.» Nur wenn dies der Fall ist, gelten solche Mehrstunden als Überstunden. Beweisen, dass dem so ist, muss der Arbeitnehmer (BGE 123 III 469). ■

---

lung des Arbeitnehmers. Die Rechtsprechung hat die Regeln zur Mehrarbeit von Kaderangestellten allerdings etwas präzisiert. Es gibt zwei Möglichkeiten:

■ Wurde mit der Kadermitarbeiterin eine bestimmte Arbeitszeit vertraglich vereinbart, hat sie Anspruch auf die Entschädigung geleisteter Überstunden gemäss Gesetz – es sei denn, es wurde schriftlich etwas anderes verabredet.

■ Wurde im Vertrag eines Kaderangestellten aber weder eine bestimmte Arbeitszeit noch eine Überstundenentschädigung ausdrücklich vereinbart, besteht laut Bundesgericht die Pflicht, ohne Entschädigung Mehrarbeit zu leisten. Dann ist davon auszugehen, dass die Überstunden bereits durch den höheren Lohn abgegolten sind. Ein leitender Angestellter kann in diesem Fall nur dann eine Überstundenentschädigung verlangen, wenn ihm über seine vertraglichen Pflichten hinaus zusätzliche Aufgaben übertragen werden oder wenn während längerer Zeit alle Angestellten in wesentlichem Umfang Überstunden leisten müssen (Urteil 4C.96/1992, vom 1. und 15.9.1992).

Zwingende Regeln für die Überzeit

Auch Überzeit kann im Einverständnis mit dem einzelnen Arbeitnehmer innert eines angemessenen Zeitraums durch Freizeit von gleicher Dauer ausgeglichen werden. Geschieht dies nicht, hat der Arbeitgeber dem Arbeitnehmer «für die Überzeitarbeit einen Lohnzuschlag von wenigstens 25% auszurichten, dem Büropersonal sowie den technischen und andern Angestellten, mit Einschluss des Verkaufspersonals in Grossbetrieben des Detailhandels, jedoch nur für Überzeitarbeit, die 60 Stunden im Kalenderjahr übersteigt» (Art. 13 ArG). Diese gesetzliche Bestimmung ist zwingend und schliesst jede abweichende Vereinbarung aus.

EIN OBERARZT AM UNIVERSITÄTSSPITAL ZÜRICH leistete in den Jahren 2007 und 2008 unbestrittenermassen 2002 Stunden Überzeit. Dies entsprach einem Überzeitlohn (einschliesslich Zuschlag von 25 Prozent) von 131 957 Franken. Im gleichen Zeitraum erhielt der Arzt Entschädigungen von 157 785 Franken aus Honorarpools ausgezahlt. Die Spitaldirektion wollte diesen Betrag an die Entschädigung für die Überzeit anrechnen. Der Arzt wehrte sich mit Erfolg dagegen. Artikel 13 ArG sei zwingend, so das Bundesgericht. Abreden, dass

Überzeitansprüche mit einem Anteil am Geschäftsergebnis, einer Gratifikation oder einem Bonus abgegolten oder verrechnet würden, seien nicht zulässig. Der Oberarzt hatte also Anspruch auf den Überzeitlohn zusätzlich zu den Poolgeldern (BGE 138 I 356).

Mit anderen Worten: Wenn im Arbeitsvertrag vereinbart wurde, dass Mehrarbeit im Lohn bereits inbegriffen oder durch irgendwelche Privilegien abgegolten ist, gilt dies nur für Überstundenarbeit. Sobald die gesetzliche Höchstarbeitszeit überschritten wird, gelten die zwingenden Regeln des Arbeitsgesetzes.

Ausnahmen nur für die oberste Führungsspitze

Wie bereits erwähnt, sind die Arbeitszeitbestimmungen des Arbeitsgesetzes für die obersten Entscheidungsträger eines Unternehmens nicht anwendbar. Dabei handelt es sich aber um einen kleinen exklusiven Personenkreis (siehe auch Seite 167).

SCHRIFTLICH VERABREDET – WAS HEISST DAS?

Es dürfte eher die Regel sein, dass bei Angestellten mit Führungsverantwortung eine spezielle Entschädigung für Überstunden ausgeschlossen wird. Dies ist zulässig, sofern es «schriftlich verabredet» wurde (Art. 321c Abs.3 OR). Was das bedeutet, hat das Bundesgericht im Fall eines Abteilungsleiters definiert:

Der Mann hatte eine vertraglich fixierte Arbeitszeit und erhielt als Kadermitglied eine jährliche Gehaltszulage sowie eine zusätzliche Ferienwoche. Die massiven Überstunden wurden ihm aber nicht entschädigt. Es existierte ein Betriebsreglement, wonach Mehrarbeit des leitenden Personals nicht vergütet werde. Dies war dem Abteilungsleiter bekannt, doch in seinem Arbeitsvertrag fehlte jeder Hinweis auf das Reglement – und somit war es auch nicht Vertragsbestandteil geworden. Der Arbeitgeber argumentierte, die Überstunden seien durch die Chefzulage und die zusätzlichen Ferien abgegolten. Doch auch dies hätte schriftlich vereinbart werden müssen. Das Bundesgericht sprach dem Abteilungsleiter eine Überstundenentschädigung von über 35 000 Franken zu (Urteil C224/1983, vom 1.11.1983).

Schriftlich verabredet heisst also, dass die Überstundenregelung im – von beiden Seiten unterschriebenen – Arbeitsvertrag verankert sein muss. Eine Regelung im nicht unterzeichneten Personalreglement gilt nur dann als schriftliche Vereinbarung, wenn der vom Angestellten unterschriebene Arbeitsvertrag ausdrücklich auf dieses Reglement verweist. ■

DIE LEITENDE MITARBEITERIN einer Genfer Werbeagentur, die zur «erweiterten Direktion» gehörte und direkt dem General-direktor unterstellt war, hatte einen Vertrag, wonach der Lohn für Mehrarbeit «im Salär bereits inbegriffen» sei. Es bestehe «kein Recht auf Kompensation oder auf eine zusätzliche Entschädigung». Aufgabe der Angestellten war es, eine Abteilung aufzubauen und internationale Kun-denbeziehungen zu pflegen. Als sie kündigte, hatte sie Hunderte von Überstunden angehäuft. Das Bundesgericht entschied, dass ihr gemäss Arbeitsgesetz diejenige Überzeitarbeit, die 60 Stunden im Kalenderjahr überstieg, zwingend zu entschädigen sei – immerhin ein Betrag von über 30 000 Franken. Die Frau sei nicht als höhere leitende Angestellte zu betrachten, denn sie habe nicht über Entscheidungsbefugnisse in wesentlichen Angelegenheiten verfügt und weder Budgetverantwortung noch Zeichnungsbefugnis gehabt (BGE 126 III 337).

Achten Sie auf klare Abmachungen

Die Frage, ob Mehrarbeit von Führungskräften entschädigt werden muss, führt immer wieder zu gerichtlichen Auseinandersetzungen. Das Problem fängt oft mit unklaren vertraglichen Vereinbarungen an.

EIN LEITENDER ANGESTELLTER in einer anderen Werbeagen-tur hatte vier Untergebene, war direkt dem CEO unterstellt und bezog ein Jahressalär von 240 000 Franken. Im Arbeitsvertrag war eine 40-Stunden-Woche vereinbart, ergänzt durch folgenden Passus: «In unserer lebendigen Branche lässt sich der Arbeitsanfall nicht nach Belie-ben regulieren. Über die reguläre Arbeitszeit hinausgehende, für eine Werbeagentur nicht unübliche Mehrarbeit in zumutbarem Rahmen ist im Lohn inbegriffen.» In der Folge arbeitete der Abteilungsleiter wesent-lich mehr als 40 Stunden und forderte schliesslich vor Gericht die Auszahlung von 624 Überstunden samt 25 Prozent Lohnzuschlag. Da-bei ging er von einer 40-Stunden-Woche sowie von einer mit dem Lohn abgegoltenen Mehrarbeit von 100 Überstunden pro Jahr aus – mehr war seiner Meinung nach nicht zumutbar.

Das Arbeitsgericht Zürich betrieb einen beachtlichen Aufwand, um zu eruieren, was unter «nicht unüblicher Mehrarbeit in zumutbarem Rahmen» zu verstehen sei, und befragte sowohl aktuelle wie frühere Angestellte der

Werbeagentur. Die Zeugenaussagen zeigten, dass die Arbeitsbelastung des Klägers nicht als Ausnahmeerscheinung taxiert werden könne. «Die Kriterien der Üblichkeit und Zumutbarkeit entziehen sich einer messerscharfen Bestimmung», meinte das Gericht, kam aber dennoch zum Schluss, der Kläger habe «als verständig und redlich Urteilender» seinen Vertrag so verstehen müssen, dass jegliche Abgeltung von Überstunden ausgeschlossen sei. Lediglich die Überzeit im Sinn des Arbeitsgesetzes (siehe Seite 185) sei zu bezahlen – in seinem Fall ab der 60. Überzeitstunde pro Kalenderjahr (Urteil bestätigt vom Obergericht des Kantons Zürich am 8.6.2012).

Rund um die Uhr: allzeit bereit?

Smartphone, Tablet und Laptop machen es möglich: Kaderleute sind jederzeit erreichbar, können E-Mails abrufen und beantworten, Dokumente studieren und geschäftliche Vorgänge besprechen. Dieses relativ neue Phänomen der ständigen Erreichbarkeit wirft besondere rechtliche Fragen auf, die noch nicht in allen Einzelheiten geklärt sind. Denn die geltenden Gesetze sind nicht auf die moderne Arbeitswelt zugeschnitten. Folgendes lässt sich jedoch zumindest für diejenigen Kaderleute festhalten, die dem Arbeitsgesetz unterstehen:

Arbeitszeit ist definiert als diejenige Zeit, während derer sich der Arbeitnehmer «zur Verfügung des Arbeitgebers hält» (Art. 13 ArGV1). Dies kann auch ausserhalb des Betriebs sein. Wer also von zu Hause oder unterwegs geschäftliche Gespräche führt, E-Mails beantwortet, an Videokonferenzen teilnimmt, erbringt eine – grundsätzlich zu entlöhnende – Arbeitsleistung. Tut er dies in der Freizeit, handelt es sich rechtlich um Überstunden (mit den auf Seite 183 beschriebenen Konsequenzen).

Im Übrigen setzt der Gesetzgeber der ständigen Erreichbarkeit von Angestellten klare Grenzen:

- Arbeit an Sonntagen und nachts ist – ausser in einigen speziellen Branchen – verboten oder braucht zumindest eine Bewilligung. Das gilt auch für Arbeit via Laptop und Smartphone.

- Einsatzbereitschaft rund um die Uhr kann nicht verlangt werden, da die arbeitsgesetzlichen Höchstarbeits- und Ruhezeiten einzuhalten sind. Angestellte müssen eine tägliche Ruhezeit von mindestens elf aufeinanderfolgenden Stunden haben. Ausnahmen sind nur einmal pro Woche zulässig oder bei Pikettdienst.

■ Ferien müssen der Erholung dienen. Deshalb müssen Arbeitnehmende laut Gesetz mindestens zwei Ferienwochen zusammenhängend erhalten, das heisst ohne Unterbrechung durch Arbeitseinsätze am iPad. Die Forderung nach ständiger Erreich- und Verfügbarkeit ist mit dem Erholungszweck der Ferien nicht vereinbar und muss daher nicht akzeptiert werden. Ausnahmen kann es höchstens in Notfällen geben oder wenn es lediglich darum geht, auf dem Laufenden gehalten zu werden.

■ Der Arbeitgeber muss seinen Angestellten alle durch die Arbeit notwendigerweise anfallenden Spesen ersetzen. Das gilt auch für die Kosten, die einem Mitarbeiter durch die vom Arbeitgeber gewünschte Nutzung elektronischer Geräte entstehen. Allenfalls ist eine pauschale Abgeltung möglich.

■ Das Weisungsrecht der Arbeitgeber ist beschränkt und darf nur in Ausnahme- und Notfällen ins Privatleben der Angestellten eingreifen (siehe Seite 208). Gehört es daher zu den Pflichten einer Mitarbeiterin, zu bestimmten Zeiten erreichbar zu sein, sollten die Einzelheiten vertraglich geregelt werden.

Machen wir uns nichts vor: Wer in der modernen Arbeitswelt Karriere machen möchte, wird sich nicht weigern können, gelegentlich nach Feierabend eine Mail zu beantworten oder auch mal während der Ferien für eine dringende Rückfrage zur Verfügung zu stehen. Gerade in unteren Kaderpositionen darf jedoch nicht eine ständige Erreichbarkeit verlangt werden.

TIPP *Notieren Sie sich im Zweifelsfall Einsätze, Telefonate und andere Arbeitsleistungen ausserhalb der üblichen Arbeitszeit. Übersteigen die Störungen ein zumutbares Mass, sollten Sie das Problem in der Firma thematisieren. Berufen Sie sich auf die oben beschriebenen Regeln und machen Sie Lösungsvorschläge. Wenden Sie sich notfalls ans Arbeitsinspektorat (www.arbeitsinspektorat.ch).*

Treuepflicht von Kader-angestellten

In einem Arbeitsverhältnis geht es nicht nur um den Austausch von Arbeit gegen Lohn. Vielmehr entsteht darüber hinaus ein besonderes Vertrauensverhältnis. Arbeitnehmende schulden der Arbeitgeberin Treue und Loyalität. Dies gilt in besonderem Mass für Führungskräfte.

Arbeitnehmerinnen und Arbeitnehmer sind verpflichtet, die ihnen «übertragene Arbeit sorgfältig auszuführen und die berechtigten Interessen des Arbeitgebers in guten Treuen zu wahren» (Art. 321a OR). Angestellte müssen sich also loyal verhalten und alles unterlassen, was den Arbeitgeber wirtschaftlich schädigen oder sein Ansehen herabsetzen könnte. Streng verboten ist es insbesondere, den Arbeitgeber während der Dauer der Anstellung zu konkurrenzieren, sei es durch eine selbständige oder unselbständige Nebentätigkeit oder durch Abwerben von Mitarbeitenden, Kunden oder Lieferanten. Handlungsbevollmächtigte und Prokuristen unterstehen zusätzlich einem speziellen Konkurrenzverbot (Art. 464 OR).

Im Weiteren darf der Arbeitnehmer «geheim zu haltende Tatsachen, wie namentlich Fabrikations- und Geschäftsgeheimnisse, von denen er im Dienst des Arbeitgebers Kenntnis erlangt, während des Arbeitsverhältnisses nicht verwerten oder anderen mitteilen; auch nach dessen Beendigung bleibt er zur Verschwiegenheit verpflichtet, soweit es zur Wahrung der berechtigten Interessen des Arbeitgebers erforderlich ist». Geheim heisst, dass die Informationen nur einem begrenzten Personenkreis zugänglich sind und nicht mit ein paar Klicks gegoogelt werden können. Ob ein Mitarbeiter von diesen Geheimnissen per Zufall oder im Rahmen seiner vertraglichen Tätigkeit im Betrieb erfahren hat, spielt keine Rolle. Entscheidend ist, dass sein Arbeitgeber diese Tatsachen geheim halten will und dafür auch ein berechtigtes Interesse geltend machen kann.

Leitende Angestellte geniessen das spezielle Vertrauen ihres Arbeitgebers und müssen sich daher besonders loyal verhalten. Verstösse gegen die Treuepflicht werden strenger geahndet und können rascher zu einer

Kündigung oder gar zu einer fristlosen Entlassung führen als bei «gewöhnlichen» Angestellten. Was das im Einzelfall bedeutet, zeigen die folgenden Beispiele aus der Gerichtspraxis.

Korrektes Verhalten im Bewerbungsverfahren

In einem Bewerbungsverfahren müssen Kandidatinnen und Kandidaten von sich aus alle Informationen liefern, die für die zu besetzende Stelle wesentlich sind und die ihre Eignung dafür betreffen. Dabei gelten bei Kaderpositionen besonders strenge Massstäbe. Zu Recht durfte daher ein leitender Angestellter fristlos entlassen werden, der im Bewerbungsgespräch gelogen hatte.

IM VERLAUF DER VORSTELLUNGSGESPRÄCHE bei einer Bank erklärte der Arbeitnehmer, er stehe in einem ungekündigten Vertragsverhältnis und verdiene ein Jahressalär von 180 000 Franken. Daraufhin wurde er als Mitglied der Direktion angestellt. Später stellte sich heraus, dass dem Mann wegen schlechter Leistung schon vor längerer Zeit gekündigt worden war und dass sein Lohn nur 100 000 Franken betragen hatte. Trotz guter Leistungen während der Probezeit entliess die Bank den Angestellten fristlos.

Laut Bundesgericht war diese Entlassung zulässig. Ein Mitglied der Direktion müsse besonderes ehrlich sein. Die wahrheitswidrigen Angaben hätten, unabhängig von der Qualität der danach erbrachten Arbeitsleistung, das in den Angestellten gesetzte Vertrauen zerstört. Die Fortsetzung des Vertrags war nicht mehr zumutbar (Urteil 4A_569/2010 vom 14.2.2011).

In einem anderen Fall wurde der Vertrag mit einem Geschäftsführer sogar für nichtig erklärt, als sich herausstellte, dass er im Einstellungsverfahren ein gefälschtes Arbeitszeugnis vorgelegt hatte. Der Vertrag war damit ungültig und wurde per sofort aufgehoben. Immerhin erhielt der Geschäftsführer in diesem Fall den Lohn für die Zeit, während der er bereits gearbeitet hatte. Denn es konnte ihm nicht nachgewiesen werden, dass ihm bewusst war, dass sein Täuschungsmanöver die Ungültigkeit des Vertrags zur Folge haben würde (BGE 132 III 242).

Kritik an Vorgesetzten und am Unternehmen

Von leitenden Angestellten, die mit Weisungen ihrer eigenen Vorgesetzten oder mit der Geschäftspolitik des Unternehmens nicht einverstanden sind, darf erwartet werden, dass sie mit Kritik zurückhaltend sind, vor allem gegenüber Untergebenen oder aussenstehenden Dritten (zum Weisungsrecht des Arbeitgebers siehe Seite 208). Allfällige Probleme oder behauptete Missstände sind direkt mit dem Arbeitgeber zu klären.

EINE PFLEGEDIENSTLEITERIN bekam wenige Monate nach ihrer Anstellung eine neue Chefin. Die Kaderangestellte war von Anfang an nicht einverstanden mit dem Führungsstil der neuen Direktorin und verlangte vom Führungsgremium, die Ernennung rückgängig zu machen. Sie könne sich nicht vorstellen, mit dieser Person zu arbeiten. Gegenüber ihrem Pflegeteam erklärte sie, dass sie kein Vertrauen in die Führung habe und – sofern sich nichts ändere – die Stelle aufgeben wolle, sobald sie etwas Besseres gefunden habe. Als der Arbeitgeber ihr wegen dieser Äusserungen kündigte, klagte die Pflegedienstleiterin wegen missbräuchlicher Kündigung.

Tatsächlich sprachen sowohl das Arbeitsgericht Lausanne wie auch das Waadtländer Kantonsgericht der entlassenen Frau eine Entschädigung von 7500 Franken zu. Das Bundesgericht sah die Situation jedoch anders: «Ein zum Kader gehörender Arbeitnehmer, der wenige Monate nach der Anstellung mit den Untergebenen über seine Meinungsverschiedenheiten mit der Direktion spricht und bekannt gibt, dass er unter der neuen Direktion nicht arbeiten und seine Arbeitsstelle verlassen will, zerstört die für jedes Arbeitsverhältnis unerlässliche Vertrauensgrundlage und verletzt seine Treuepflicht», so das Gericht. Die Kündigung war daher nicht missbräuchlich (BGE 127 III 86, mehr dazu auf Seite 237).

Auch der folgende Fall aus dem Gesundheitswesen wurde bis ans Bundesgericht weitergezogen.

EINE PFLEGEFACHFRAU war als Stationsleiterin in einem Heim tätig, als ihr Arbeitgeber die Weisung erliess, dass Geldspenden von Angehörigen umgehend zuhanden der Personalkasse abgeliefert werden müssten. Alle Mitarbeitenden wurden entsprechend informiert. Die Stationsleiterin war mit dieser Weisung nicht einverstanden und lieferte nachweisbar zweimal Geldgeschenke in Höhe von 500 und 300 Franken nicht ab. Ausserdem informierte sie ihre Untergebenen, dass sie die Weisung als unrechtmässig erachte, und verteilte ihnen einen schriftlichen Kommentar ihres Ehemanns zur Rechtslage bei Geschenken an Arbeitnehmer.

Die gegen diese Arbeitnehmerin ausgesprochene Kündigung war nach Auffassung des Bundesgerichts nicht missbräuchlich. Eine Weisung, dass Geldgeschenke an eine dem gesamten Personal zugutekommende Kasse abzuliefern seien, sei rechtmässig. Die Stationsleiterin habe zwei Pflichtverletzungen begangen: Nichtbefolgung der Weisung und Missachtung der Treuepflicht, weil sie ihre Unterstellten angehalten habe, die Weisung ebenfalls nicht zu befolgen. Ein leitender Angestellter, der eine Anordnung des Arbeitgebers für unrechtmässig halte, habe nicht das Recht, «ohne Rücksprache mit dem Arbeitgeber einfach seinen Untergebenen seine eigene Rechtsauffassung kundzutun und sie so indirekt zur Nichtbefolgung der Weisung anzuhalten». Die Stationsleiterin hätte sich zuerst an den Arbeitgeber wenden müssen, befanden die Richter (Urteil 4A_613/2010 vom 25.1.2011).

Keine Treuepflichtverletzung beging dagegen ein Bankangestellter, der vermutete Missstände dem Firmenanwalt meldete. Obwohl sich der Verdacht nicht erhärtete, war sein Vorgehen nicht zu beanstanden. Der Anwalt war kein Externer und stand unter Schweigepflicht (Urteil des Bundesgerichts 4A_2/2008 vom 8.7.2008).

Konkurrenzierung des Arbeitgebers

Von Kaderangestellten wird in besonderem Mass erwartet, dass sie ihre gesamte Energie und Arbeitskraft im Interesse der Arbeitgeberin einsetzen. Ihr Spielraum für Nebenbeschäftigungen ist daher von vornherein beschränkt. Eine Treuepflichtverletzung liegt schon dann vor, wenn die Nebentätigkeit den Kaderangestellten derart beansprucht, dass seine Leistungsfähigkeit beeinträchtigt wird.

Eine schwere Treuepflichtverletzung begeht, wer die Arbeitgeberin konkurrenziert oder seine einflussreiche Stellung dazu missbraucht, sich an lukrativen Nebengeschäften zu bereichern. So erachtete beispielsweise das Bundesverwaltungsgericht eine fristlose Entlassung als gerechtfertigt, nachdem ein hoher leitender Bundesangestellter die Beziehungen zu einem Unternehmen, an dem seine Ehefrau beteiligt war, verschwiegen hatte. Er hatte an der Gründung dieses Unternehmens, das sich um Bundesaufträge bemühen sollte, mitgewirkt und dessen Bevorzugung bei der Auftragsvergabe und Vergütung zugelassen. Dabei hatte er diverse Weisungen missachtet und ähnliche Pflichtverletzungen auch bei seinen Mitarbeitenden geduldet (Urteil des Bundesverwaltungsgerichts A-4792/2010 vom 15.11.2010).

Zu Recht fristlos entlassen wurde auch ein SBB-Kadermann, der dubiose Eigengeschäfte mit Lieferanten seines Arbeitgebers getätigt hatte. Gemäss Urteil war die Befürchtung der SBB berechtigt, dass bei Bekanntwerden der Geschäfte in der Öffentlichkeit der Eindruck entstehen könnte, SBB-Mitarbeiter seien bestechlich (Urteil des Bundesverwaltungsgerichts A-4597/2012 vom 21.2.2013).

Strafverfahren und Schadenersatz

Mit der fristlosen Entlassung ist ein solcher Fall nicht immer erledigt. Je nach Situation droht dem pflichtvergessenen Kaderangestellten zudem ein Strafverfahren. Unter Umständen wird er auch schadenersatzpflichtig. So zum Beispiel ein Vermögensverwalter und Mitglied der Geschäftsleitung: Er verletzte seine Treuepflicht massiv, indem er Monate vor seiner Kündigung die Kunden nicht nur informierte, dass er sich selbständig machen wolle, sondern sie auch noch ermunterte, ihre Verwaltungsvollmachten gegenüber seinem Noch-Arbeitgeber zu widerrufen. Seine fristlose Entlassung sowie Schadenersatzforderungen des geprellten Arbeitgebers wurden vom Arbeitsgericht Zürich geschützt (Entscheid vom 13.11.2013).

Im folgenden Fall wurde ein handlungsbevollmächtigter Kaderangestellter sogar dazu verurteilt, dem geschädigten Arbeitgeber den durch unzulässige Nebengeschäfte erzielten Gewinn herauszugeben.

DER MANN ARBEITETE RUND ZWEI JAHRE lang als Leiter der Abteilung Heizung in einer AG. Er gehörte der Geschäftsleitung an, war handlungsbevollmächtigt und führte selbständig eine Zweigstelle. Laut Vertrag war ihm «jegliche private Erwerbstätigkeit ohne schriftliche Einwilligung der Geschäftsleitung oder des Verwaltungsrats [...] untersagt». Nach seinem Ausscheiden aus der Firma stellte die Arbeitgeberin fest, dass der Angestellte während des Arbeitsverhältnisses auf privater Basis und gegen Entgelt Aufträge im Heizungsbereich ausgeführt und dabei firmeneigene Infrastruktur verwendet hatte. Daraufhin klagte die Arbeitgeberin auf Herausgabe der Einnahmen des Exangestellten aus der Nebentätigkeit. Es ging immerhin um einen Betrag von 23 595 Franken plus fünf Prozent Zins.

Laut Bundesgericht unterstand der Arbeitnehmer nicht nur dem Verbot der Schwarzarbeit gemäss Artikel 321a Absatz 3 OR, sondern als Handlungsbevollmächtigter auch noch einem verschärften Konkurrenzverbot (Art. 464 OR). Nach dieser Bestimmung darf «der Prokurist und der Handlungsbevollmächtigte, der zum Betrieb des ganzen Gewerbes bestellt ist oder in einem Arbeitsverhältnis zum Inhaber des Gewerbes steht, ohne Einwilligung des Geschäftsherrn weder für eigene Rechnung noch für Rechnung eines Dritten Geschäfte machen, die zu den Geschäftszweigen des Geschäftsherrn gehören». Bei Übertretung des Konkurrenzverbots «kann der Geschäftsherr Ersatz des verursachten Schadens fordern und die betreffenden Geschäfte auf eigene Rechnung übernehmen». Die Forderung der Arbeitgeberin nach Herausgabe des erzielten Gewinns wurde deshalb geschützt (BGE 137 III 607).

Das Bundesgericht hat offengelassen, ob auch gegenüber einem Arbeitnehmer ohne Handlungsvollmacht oder Prokura ein Anspruch auf Gewinnherausgabe besteht, wenn er seine Arbeitgeberin unzulässigerweise konkurrenziert.

Weitergabe von betriebsinternen Unterlagen

Die Treuepflicht des Arbeitnehmers findet ihre Grenze dort, wo seine berechtigten Eigeninteressen tangiert werden. Vor allem im gekündigten Arbeitsverhältnis ist das aus der gesetzlichen Treuepflicht abgeleitete Konkurrenzverbot nach allgemeiner Auffassung weniger streng zu handhaben als vorher. Dem austretenden Arbeitnehmer muss es erlaubt sein, seine berufliche Zukunft vorzubereiten, indem er zum Beispiel die Gründung einer eigenen Firma in die Wege leitet, Geschäftsräumlichkeiten mietet oder mit der Suche nach Personal beginnt.

Verboten bleibt aber weiterhin die eigentliche Konkurrenzierung des aktuellen Arbeitgebers, etwa das Schalten von Werbeinseraten oder das direkte Abwerben von Kunden und Mitarbeitern. Dabei genügt bereits die Möglichkeit, dass ein Schaden entstanden ist; der Arbeitgeber muss dies nicht nachweisen. Im folgenden Fall hatte ein Kadermitarbeiter, nachdem er gekündigt hatte, betriebsinterne Dokumente an seinen zukünftigen Arbeitgeber weitergeleitet. Inwieweit er damit seine Treuepflicht verletzt hatte, war Gegenstand eines Gerichtsverfahrens.

DER MANN WAR SEIT DEM 1. JULI 2006 bei einer Krankenversicherung als Verkaufsleiter Privatkunden angestellt und gehörte damit der Direktion an. Am 16. September 2009 unterzeichnete er einen Arbeitsvertrag mit der Konkurrentin C. und kündigte sein Arbeitsverhältnis auf Ende Dezember 2009, nachdem er unmittelbar vorher noch an einer Kadertagung teilgenommen hatte. Kurz darauf stellte die Versicherung fest, dass der scheidende Kadermitarbeiter vertrauliche Dokumente an seinen künftigen Vorgesetzten in der neuen Firma weitergeleitet hatte, und entliess ihn fristlos. Nebst anderen Dokumenten ging es um eine Mitbewerberübersicht, die die Versicherung für interne Zwecke erstellt hatte. Der gefeuerte Kadermann stellte sich auf den Standpunkt, es handle sich dabei nicht um ein vertrauliches Dokment. Die Aufstellung sei im Internet jedermann zugänglich.

Das Gericht sah dies anders. Wohl seien die einzelnen Informationen im Internet auffindbar. Es handle sich aber um ein mit einem gewissen Aufwand erstelltes, aus unterschiedlichen Quellen zusammengetragenes Arbeitserzeugnis der Versicherung, das in Form von Mitarbeiterlöhnen habe bezahlt werden müssen. Man könne zudem daraus erkennen, welche Kriterien die Firma als besonders relevant betrachte. Insoweit bestehe ein berechtigtes Geheimhaltungsinteresse. Ein korrekter Arbeitnehmer hätte wissen müssen, dass die Aufstellung nicht für die Öffentlichkeit bestimmt gewesen sei – und schon gar nicht für eine Konkurrentin.

Ins Gewicht fiel auch, dass der Kläger im Verkaufsbereich und in der Entwicklung der Marketingstrategien tätig war. Er war daher «in der Lage, seiner künftigen Arbeitgeberin die ‹Mitbewerberübersicht› allenfalls auch noch ergänzend zu erläutern und damit den Wert dieser Übersicht massgeblich zu erweitern», so das Gericht. Die Weitergabe des Dokuments müsse daher «als erheblicher Verstoss gegen die Treuepflicht des Klägers gewertet werden», der angesichts der hohen Vertrauensstellung des Kadermanns doppelt schwer wiege. «Die fristlose Entlassung des Klägers war daher [...] ohne weitere Abmahnung berechtigt.» (Obergericht des Kantons Zürich vom 30.9.2011)

Verletzung von Kontrollpflichten

Leitende Angestellte müssen nicht nur ihre eigenen Aufgaben sorgfältig und verantwortungsbewusst erledigen. Sie haben auch eine Aufsichts- und Kontrollpflicht gegenüber ihren Untergebenen. Eine Kadermitarbeiterin in einer Bank, die diese Kontrollpflichten grob vernachlässigt hatte, wurde zu Recht fristlos entlassen.

DIE ABTEILUNGSLEITERIN EINER GENFER BANK hatte die Aufgabe, Zahlungen, die ihre Untergebenen im Auftrag von Kunden tätigten, zu autorisieren, sofern der Betrag 20 000 Franken überstieg (Vier-Augen-Prinzip). Bei Zahlungen über 100 000 Franken musste der Kunde sicherheitshalber telefonisch kontaktiert werden, um den Auftrag zu verifizieren. Die Abteilungsleiterin hatte ausserdem die Aufgabe, die Aufzeichnungen der Transaktionen regelmässig zu überprüfen. Eines Tages kam es zu einem Streit zwischen der Abteilungsleiterin und ihren Untergegebenen, worauf diese sich weigerte, weiter mit den Mitarbeitern zu reden. Sie übergab ihnen ihr Passwort und wies sie an, die Kontrollen in Zukunft selber durchzuführen.

Die fristlose Entlassung wurde vom Bundesgericht mit dem Argument geschützt, dass Passwörter keinesfalls an Untergebene weitergegeben werden dürften. Sicherheitsvorschriften seien für eine Bank von existenzieller Bedeutung. Die Arbeitgeberin habe von der Kaderangestellten erwarten dürfen, dass diese die Kontrollvorschriften buchstabengetreu einhalte. Indem die Angestellte ihre Untergebenen anwies, die Kontrollen selbst durchzuführen, habe sie das gesamte Sicherheitssystem infrage gestellt und ihre Pflichten damit auf schwerwiegende Weise verletzt. Eine weitere Zusammenarbeit war daher nicht mehr zumutbar (Urteil 4A_236/2012 vom 2.8.2012).

Verschärfte Haftpflicht

Angestellte können für den Schaden verantwortlich gemacht werden, den sie dem Unternehmen absichtlich oder fahrlässig zufügen (Art. 321e OR). Das Ausmass der Haftpflicht hängt von der Schwere des Verschuldens ab:

- Bei leichter Fahrlässigkeit besteht keine oder nur geringe Haftung.
- Bei mittlerer Fahrlässigkeit besteht eine eingeschränkte Haftung.
- Für grobe Fahrlässigkeit, also wenn grundlegendste Verhaltensregeln verletzt wurden, haften Angestellte voll.

Zusätzlich berücksichtigt werden das Berufsrisiko, der Lohn, die Fähigkeiten und die Fachkenntnisse des Arbeitnehmers sowie ein allfälliges Mitverschulden des Arbeitgebers.

Leitende Angestellte verfügen über höhere Kompetenzen und eine grössere Verantwortung. Folgerichtig können sie für Fehler auch rascher zur Rechenschaft gezogen werden als das ausführende Personal. Vernachlässigen sie ihre Führungs- und Aufsichtsfunktion, können sie unter Umständen auch für Verfehlungen ihrer Untergebenen zur Verantwortung gezogen werden.

Es ist aber nicht so, dass Führungskräfte, die sich nichts zuschulden kommen liessen, in jedem Fall für ein Fehlverhalten ihrer Untergebenen geradestehen müssen.

HERR A., DER SEINE KARRIERE in einer Bank 1976 als einfacher Angestellter begonnen hatte, arbeitete sich im Lauf der Zeit bis zum stellvertretenden Generaldirektor hoch und war schliesslich die Nummer zwei der Genfer Filiale seines Arbeitgebers. Im Jahr 2000 wurden ihm seine sehr guten Leistungen und Führungsqualitäten in einem Zwischenzeugnis bestätigt. Ausserdem bekam er als Dank einen üppigen Bonus. 2001 stellte sich heraus, dass ein Untergebener von Herrn A. Betrügereien zulasten von Bankkunden begangen hatte. Insgesamt gab es 30 Geschädigte, die Schadenssumme belief sich auf über elf Millionen Franken. Obwohl interne Untersuchungen ergaben, dass Herrn A. kein Verschulden traf, erhielt er die Kündigung. Darin hiess es sinngemäss, er habe schliesslich die Verantwortung für den fehlbaren Angestellten getragen. Das Vertrauensverhältnis sei zerstört. Konkrete Vorwürfe gegen ihn wurden aber nicht erhoben.

Das Bundesgericht erachtete die Kündigung als missbräuchlich. Der Kadermann sei als Vorgesetzter nur entlassen worden, um das Ansehen der Bank zu retten, das durch die Betrugsaffäre gelitten hatte. Er war der Sündenbock, mit dem die Bank der Öffentlichkeit ihr konsequentes Durchgreifen demonstrierte – ohne Rücksicht auf den Reputationsschaden, den sie dem langjährigen, unbescholtenen Mitarbeiter zufügte. Der Entlassene erhielt eine Entschädigung im sechsstelligen Bereich (BGE 131 III 535).

DOPPELTE TREUEPFLICHT: FÜHRUNGSKRÄFTE MIT ORGANSTELLUNG

Haben Kaderangestellte in ihrem Betrieb gleichzeitig eine Organstellung inne (siehe Seite 168), liegt ein arbeits- und gesellschaftsrechtliches Doppelverhältnis vor. Ein solches Organ muss sich sowohl an die Treuepflicht des Arbeitnehmers halten (Art. 321a OR) wie auch an die weitergehende organschaftliche Treuepflicht des Verwaltungsrats- oder Direktionsmitglieds. Die diesbezüglichen Bestimmungen für die AG (Art.717 OR), die GmbH (Art. 803 OR) und die Genossenschaften (Art 866 OR) sind ähnlich ausgestaltet. Angestellte mit Organfunktion unterliegen zudem einer verschärften Haftpflicht, wenn sie ihre Pflichten verletzen und dabei fahrlässig oder absichtlich gehandelt haben.

Von besonderer Bedeutung ist dabei die Verantwortung gegenüber der AHV. Gemäss Artikel 52 AHVG können rechtliche oder faktische Organe eines Unternehmens persönlich haftbar gemacht werden, wenn das Unternehmen AHV-Beiträge der Angestellten nicht abgeliefert hat. Dies dann, wenn die betreffende Person in Bezug auf die nicht bezahlten Beiträge disponieren und Zahlungen an die Ausgleichskasse veranlassen konnte (BGE 103 V 120). So wurde ein «Consultant COO» (Chief Operating Officer), dessen frühere Arbeitgeberfirma Konkurs gemacht hatte, zu Schadenersatz für ausstehende Sozialversicherungsbeiträge aus der Zeit seiner Tätigkeit verurteilt. Er musste insgesamt Fr. 151 698.30 zahlen. Laut Bundesgericht liessen sein Verhalten und sein Auftreten darauf schliessen, dass er die zuständige Person in diesen personalrechtlichen Angelegenheiten gewesen sei (Urteil 9C_535/2008 vom 3.12.2008). ■

Das nachvertragliche Konkurrenzverbot

Wie im letzten Kapitel ausgeführt, ist die Konkurrenzierung des Arbeitgebers während der Dauer des Arbeitsverhältnisses ohne Wenn und Aber verboten. Nach dem Ausscheiden aber haben Angestellte, auch Führungskräfte, das Recht, eine den früheren Arbeitgeber konkurrenzierende Tätigkeit anzunehmen, und sie dürfen auch dessen Kunden kontaktieren. Ein Arbeitgeber, der sich dagegen schützen will, muss mit den Angestellten schriftlich ein Konkurrenzverbot vereinbaren.

Arbeitnehmer können sich vertraglich verpflichten, nach Beendigung des Arbeitsverhältnisses keine Stelle bei der Konkurrenz des bisherigen Arbeitgebers anzunehmen und auch selbst keine Konkurrenzfirma zu gründen (Art. 340 OR ff.). Solche Konkurrenzverbote werden nicht nur, aber besonders häufig mit leitenden Angestellten vereinbart. Die Erfahrungen zeigen auch, dass derartige Klauseln zu wenig beachtet und oft allzu leichtfertig unterschrieben werden.

SANDRA P.S NEUER VERTRAG LIEGT VOR IHR. Sie hat sich gegen hochkarätige Mitbewerber durchgesetzt und den begehrten Führungsposten erhalten. Nachdem sie das dreiseitige Dokument überflogen und sich vergewissert hat, dass Salär, Zusatzleistungen und Funktionsbezeichnung stimmen, greift sie zum Stift. Hochzufrieden setzt sie ihre Unterschrift unter das Papier – und schon ist es passiert: Sandra P. hat das Konkurrenzverbot übersehen, irgendwo auf der zweiten Seite. Fünf Jahre später, als ihr ein Konkurrenzbetrieb die absolute Traumstelle anbietet, rächt sich das bitter.

Dieses Szenario ist leider keine Seltenheit. Immer wieder melden sich Ratsuchende beim Beobachter-Beratungszentrum, die erst, wenn sie einen Stellenwechsel planen, realisieren, dass sie sich selber vertragliche Fesseln angelegt haben.

ALEX RÜBEL

Direktor des Zoos Zürich

Welches war Ihre erste Führungsrolle?

Bereits mit 13 Jahren durfte ich eine Gruppe junger Pfadfinder führen. Die Verantwortung lag schwer auf meinen Schultern, als ich für die zehnköpfige Gruppe ein Wochenende im Zelt am Pfäffikersee organisierte. Trotz Regen wurde das Lager zum Erfolg, und seither hat mir das Führen von Jugendlichen Spass gemacht, auch wenn natürlich schon in meiner Pfadfinderzeit immer Probleme auftraten und gelöst werden mussten. Diese Erfahrungen möchte ich bis heute nicht missen.

Welches war Ihr grösster Fehler als Führungsperson?

Ich habe mich zu sehr um den Betrieb und zu wenig um die Auswahl der Mitarbeiter gekümmert. Heute bin ich der festen Überzeugung, dass man mit guten Mitarbeitern, nach dem Motto «Wo ein Wille ist, ist auch ein Weg», fast alles erreichen kann. Umgekehrt können Mitarbeiter, die nicht zu einer Stelle passen, den ganzen Betrieb lähmen.

Was haben Sie daraus gelernt?

Erste Priorität hat die sehr sorgfältige Auswahl der Mitarbeiterinnen und Mitarbeiter. Dabei versuchen wir erstens, das Profil eines neuen Mitarbeiters genau festzulegen, bevor mit der Suche begonnen wird. Bei der Auswahl stehen dann zweitens nicht die Fachkenntnisse, sondern der Charakter und die Teamfähigkeit an oberster Stelle der Auswahlkriterien.

Wann ist ein Konkurrenzverbot gültig?

Da ein solches Verbot Arbeitnehmende in ihrer beruflichen Weiterentwicklung stark einschränkt, ist es nur unter strengen Voraussetzungen gültig: Es muss zwischen Arbeitgeber und Arbeitnehmer schriftlich vereinbart und von beiden Seiten unterschrieben werden. Ein Hinweis auf das Personalreglement genügt nicht. Ausserdem müssen folgende Bedingungen erfüllt sein, damit das Konkurrenzverbot gültig ist:

- Das Arbeitsverhältnis muss der Arbeitnehmerin Einblick in den Kundenkreis oder in geheim zu haltende Tatsachen gewähren, deren Verbreitung dem Arbeitgeber erheblich schaden könnte. Gemeint sind besondere betriebliche Leistungen, die dem Arbeitgeber einen deutlichen Wettbewerbsvorteil verschaffen und die nicht jeder Branchenkenner leicht in Erfahrung bringen kann. Unter Kundenkreis versteht man den festen Kundenstamm des Arbeitgebers, dessen besondere Wünsche und Bedürfnisse nicht jeder kennt.

- Nicht zulässig ist ein Konkurrenzverbot, wenn die Kundenbeziehungen in erster Linie geprägt sind durch die Persönlichkeit und Fähigkeiten des Arbeitnehmers, gemäss Rechtsprechung zum Beispiel bei Coiffeuren, Ärztinnen oder einem Coach für Führungskräfte.

- Das Konkurrenzverbot muss angemessen begrenzt sein, damit das berufliche Fortkommen der Arbeitnehmerin nicht über Gebühr eingeschränkt wird. Es darf maximal drei Jahre dauern. Für die örtliche Begrenzung ist die Geschäftsregion des Arbeitgebers massgebend. Inhaltlich ist das Verbot auf diejenigen Bereiche zu begrenzen, in die die Arbeitnehmerin tatsächlich Einblick erhält.

Konkurrenzverbot verletzt – was gilt?

Wer ein gültiges Konkurrenzverbot übertritt, wird schadenersatzpflichtig (Art. 340b OR). Da der Schaden nicht immer einfach zu beweisen und zu beziffern ist, wird zur Vereinfachung und als Abschreckung meist eine **Konventionalstrafe** vereinbart: ein fester Betrag, den die verpflichtete Person automatisch zahlen muss, wenn sie das Verbot übertritt – selbst wenn noch gar kein Schaden eingetreten ist. Erleidet der Arbeitgeber eine Einbusse, die den Betrag der Konventionalstrafe übersteigt, kann er dafür zusätzlich Schadenersatz fordern. Allerdings muss er nachweisen, dass der Schaden tatsächlich auf die Verletzung des Konkurrenzverbots zurückzuführen ist und dass den ehemaligen Angestellten ein Verschulden trifft.

Wie hoch ist die Konventionalstrafe?

Die Konventionalstrafe muss in einem vernünftigen Verhältnis zum möglichen Schaden und zum Einkommen des Angestellten stehen. Häufig beträgt sie mehrere Monatslöhne. Übermässige Konventionalstrafen reduziert der Richter je nach den Umständen. Kriterien dabei sind «die Art und Dauer des Vertrages, die Schwere des Verschuldens und der Vertragsverletzung, das Interesse des Arbeitgebers an der Einhaltung des Verbots sowie die wirtschaftliche Lage der Beteiligten, namentlich des Verpflichteten», so das Bundesgericht. Zu berücksichtigen seien zudem allfällige Abhängigkeiten aus dem Vertragsverhältnis und die Geschäftserfahrungen der Beteiligten. Gegenüber einer wirtschaftlich schwachen Partei rechtfertigte sich eine Herabsetzung eher als unter wirtschaftlich gleichgestellten und geschäftskundigen Vertragspartnern (BGE 133 III 43).

EIN UNTERNEHMENSBERATER in Personalfragen hatte während fünf Jahren die Kunden seines Arbeitgebers intensiv betreut und kannte deren Bedürfnisse bestens. Laut eigenen Angaben hatte er während der Anstellungszeit Honorare von über zwei Millionen Franken für seinen Arbeitgeber eingenommen. Nach Auflösung des Arbeitsverhältnisses liess er eine Einzelfirma im Handelsregister eintragen und betreute die Kundschaft des Exarbeitgebers trotz Konkurrenzverbot weiter. Vor Gericht betonte er seine persönliche Beziehung zu den Kunden und machte geltend, dass diese nach seinem Abgang den Exarbeitgeber ohnehin verlassen hätten.

Das Gericht kam zum Schluss, dass der Unternehmensberater das Konkurrenzverbot massiv verletzt habe. Die Konkurrenzierung sei direkt auf Abwerbung der Kunden des früheren Arbeitgebers ausgerichtet gewesen, habe unmittelbar nach Ende des Arbeitsverhältnisses begonnen und sei im Kern des örtlichen Geltungsbereichs erfolgt. Der Arbeitnehmer zeige auch keinerlei Einsicht und Kompromissbereitschaft. Die vereinbarte Konventionalstrafe von 100 000 Franken (rund acht Monatslöhne) wurde daher als angemessen betrachtet (Urteil 4A_107/2011 vom 25.8.2011).

Meist wird in der Konkurrenzklausel auch festgehalten, dass der Arbeitgeber das Recht habe, «die Beseitigung des rechtswidrigen Zustands zu verlangen» (sogenannte Realexekution, Art. 340b Abs. 3 OR). Das bedeutet, dass die verpflichtete Person auf richterliches Geheiss die konkurrenzierende Tätigkeit aufgeben muss. Der Richter darf einem solchen Ersuchen des Arbeitgebers aber nur in besonders schwerwiegenden Fällen stattgeben: Die Übertretung des Verbots muss besonders krass sein.

Wann fällt das Konkurrenzverbot weg?

Die Verpflichtung des Angestellten, den früheren Arbeitgeber nicht zu konkurrenzieren, kann aus verschiedenen Gründen dahinfallen (Art. 340c OR). Zum Beispiel, weil der Arbeitgeber im Bereich, den das Konkurrenzverbot schützen sollte, nicht mehr geschäftlich aktiv ist oder weil die zu schützenden Daten nicht mehr geheim sind.

Das Konkurrenzverbot entfällt auch, wenn der Arbeitgeber «das Arbeitsverhältnis kündigt, ohne dass ihm der Arbeitnehmer dazu begründeten Anlass gegeben hat» – also etwa bei einer Kündigung aus wirtschaftlichen oder organisatorischen Gründen. Hat der Arbeitnehmer jedoch einen «begründeten Anlass» geliefert, etwa mangelhafte Leistung oder Unverträglichkeit im Team, bleibt das Konkurrenzverbot bestehen. Es ist nicht notwendig, dass es sich um eine eigentliche Vertragsverletzung handelt.

EIN ARBEITNEHMER KÜNDIGTE, nachdem er eine andere Stelle gefunden hatte, und bereitete sich während der Kündigungsfrist auf die neue Arbeit vor. Weil schnell klar war, dass er mit dieser Anstellung das vereinbarte Konkurrenzverbot verletzen würde, wurde er fristlos entlassen. Die sofortige Entlassung ohne Verwarnung sei nicht korrekt gewesen, befand das Bundesgericht. Trotzdem blieb das Konkurrenzverbot bestehen, da das Verhalten des Angestellten einen begründeten Anlass für eine normale Kündigung darstellte. «Stellt die Arbeitgeberin fest, dass ein Arbeitnehmer trotz vertraglichen Konkurrenzverbots den Übertritt in ein Konkurrenzunternehmen vorbereitet, braucht sie nicht zuzuwarten, bis der Arbeitnehmer die Stelle kündigt. Sie hat vielmehr einen begründeten Anlass, ihrerseits das Arbeitsverhältnis zu beenden», so das Gericht (BGE 130 III 353).

Was gilt, wenn man selber kündigt?

Das Konkurrenzverbot fällt auch dahin, wenn der Arbeitnehmer aus einem Grund kündigt, den der Arbeitgeber zu verantworten hat. Einen Wegfall des Konkurrenzverbots anerkannten die Gerichte zum Beispiel bei Kündigungen aus folgenden Gründen:

- Missachtung der Persönlichkeit des Arbeitnehmers, etwa sexuelle Belästigung durch Vorgesetzte
- Unvollständige oder unregelmässige Erfüllung der Lohnzahlungspflicht; deutlich unter dem Marktüblichen liegende Entlöhnung
- Chronische Arbeitsüberlastung trotz Abmahnung
- Stetige Vorwürfe oder generell schlechtes Betriebsklima

 EIN ANGESTELLTER KÜNDIGTE, weil ihm nach zehnjähriger Betriebszugehörigkeit das Einzelbüro weggenommen wurde. Ausserdem musste er sich neu einer Absenzenkontrolle unterziehen, die er als schikanös empfand, und schliesslich wurde ihm aus nicht überprüfbaren Gründen eine Prämie verweigert. Damit war das vertraglich vereinbarte Konkurrenzverbot dahingefallen (Arbeitsgericht Zürich, 13.7.1994).

Anders urteilte das Bundesgericht im Fall eines Chemikers, der auf unschöne Weise als Laborchef abgesetzt wurde (siehe Beispiel auf Seite 210).

Liegt der Kündigungsgrund im beiderseitigen Verschulden, ist auf das grössere Verschulden abzustellen. Bei einer Beendigung des Arbeitsverhältnisses im gegenseitigen Einvernehmen bleibt ein Konkurrenzverbot grundsätzlich erhalten. Erfolgt die Vertragsauflösung jedoch allein auf Wunsch des Arbeitgebers und folgt sie im Wesentlichen den Regeln der ordentlichen Kündigung, fällt das Konkurrenzverbot dahin.

EIN ARBEITGEBER BOT seinem Angestellten im Rahmen der Auflösungsvereinbarung substanzielle Vorteile an – eine Verdoppelung der Kündigungsfrist sowie eine Outplacementberatung im Wert von bis zu 50 000 Franken. In diesem Fall blieb das Konkurrenzverbot bestehen. Der Arbeitnehmer hätte ja die Wahl gehabt, sich normal kündigen zu lassen, ohne dieses Entgegenkommen. Dann wäre das Konkurrenzverbot dahingefallen (Urteil des Bundesgerichts 4A_209/2008 vom 31.7.2008).

6

Rechtlich korrekter Umgang mit Untergebenen

Als Chefin oder Chef vertreten Sie Ihren Arbeitgeber gegenüber Ihren Untergebenen. Welche Kompetenzen Sie dabei haben, inwieweit Sie Weisungen erteilen und allenfalls auch Sanktionen oder gar Kündigungen aussprechen dürfen, ist Sache interner Regelungen. Dabei gibt es allerdings gesetzliche Leitplanken. So regelt das Obligationenrecht die Weisungsbefugnis des Arbeitgebers, und diverse Gesetze enthalten Regeln, die unter dem Begriff «Fürsorgepflicht des Arbeitgebers» zusammengefasst werden können.

Das Weisungsrecht des Arbeitgebers

«Der Arbeitgeber kann über die Ausführung der Arbeit und das Verhalten der Arbeitnehmer im Betrieb oder Haushalt allgemeine Anordnungen erlassen und ihnen besondere Weisungen erteilen. Der Arbeitnehmer hat die allgemeinen Anordnungen des Arbeitgebers und die ihm erteilten besonderen Weisungen nach Treu und Glauben zu befolgen.» (Art. 321d OR)

Weisungen können fachlicher oder organisatorischer Natur sein oder das Verhalten der Angestellten betreffen. Als Chef oder Chefin können Sie also zum Beispiel bestimmen, wie eine Arbeit zu erledigen ist, welche Qualitätsstandards gelten und wann Sitzungen oder Pausen stattfinden.

Die Weisungen können in einer Betriebsordnung verankert sein oder von Fall zu Fall individuell erteilt werden. Mitunter haben Sie als Führungskraft auch eine Weisungspflicht, zum Beispiel wenn es darum geht, Sicherheitsvorschriften durchzusetzen und Mitarbeitende respektive Dritte vor Unfällen oder Übergriffen (etwa sexuelle Belästigung) zu schützen. Ein Beispiel finden Sie auf Seite 226.

Grenzen des Weisungsrechts

Ihre Mitarbeiterinnen und Mitarbeiter müssen rechtmässige Weisungen befolgen. Tun sie dies nicht, kann das verschiedene Konsequenzen haben – bis hin zur fristlosen Entlassung (siehe Seite 241). Ihre Befehlsgewalt als Chef ist jedoch beschränkt:

- Mit Ihren Weisungen dürfen Sie keine zwingenden gesetzlichen Bestimmungen verletzen. Sie müssen sich also zum Beispiel an die Arbeitszeitregeln gemäss Arbeitsgesetz halten (siehe Seite 182).
- Eine weitere wichtige Grenze bildet das Persönlichkeitsrecht der Angestellten. Diese müssen keine Weisungen befolgen, die ihr Privatleben tangieren, sie demütigen oder ihre Gesundheit gefährden.

■ Ausserdem dürfen Weisungen den Arbeitsvertrag eines Arbeitnehmers nicht einfach aushebeln. Eine Weisung kann sich nur auf Tätigkeiten beziehen, zu denen er gemäss seinem Arbeitsvertrag verpflichtet ist.

Welche Weisungen im Einzelfall zulässig sind und welche zu weit gehen, zeigen die folgenden Beispiele aus der Gerichtspraxis.

Rückstufung und Zuweisung vertragsfremder Arbeit

Verträge sind einzuhalten. Als Chef oder Chefin können Sie von Ihren Leuten nicht verlangen, dass sie plötzlich ganz andere als die vertraglich vereinbarten Aufgaben verrichten. Nur in Notfällen oder wenn es nicht genügend vertragskonforme Arbeit gibt, müssen die Angestellten eine zumutbare Ersatzarbeit akzeptieren.

In allen anderen Fällen braucht es eine ordnungsgemässe Vertragsänderung, wenn das Pflichtenheft gegen den Willen des Angestellten in wesentlichen Punkten geändert werden soll (siehe Kasten auf Seite 216). So kann laut einem Gerichtsurteil von einer Alleinsekretärin zwar erwartet werden, dass sie bei Sitzungen Kaffee bringt und die Blumen in den Büroräumen giesst. Das Reinigen der Fenster gehört jedoch nicht zu ihren Aufgaben. Ebenso wenig durfte ein Mechaniker angewiesen werden, die Toiletten der Firma zu putzen, und ein Kranführer musste nicht akzeptieren, dass er während der Kündigungsfrist als Hilfsmagaziner ins Depot versetzt wurde, zumal es dafür keine objektiven Gründe gab und der Weisung Konflikte mit dem Vorgesetzten zugrunde lagen. In einem anderen Fall erachtete es ein Gericht jedoch als zumutbar, dass ein Arbeitnehmer während der Kündigungsfrist für beschränkte Zeit vertragsfremde Arbeiten ausführte, die im weitesten Sinn mit seinen vertraglichen Aufgaben zusammenhingen (siehe Beispiel auf Seite 218).

Plötzlich nicht mehr Chef?

Die oben beschriebenen Regeln gelten auch für Sie als Führungskraft. Sollte man Sie Ihrer Funktionen entheben wollen, haben Sie Anspruch auf faire Behandlung und darauf, dass man vorher das Gespräch mit Ihnen sucht.

EIN CHEMIKER MACHTE GELTEND, er sei ohne Grund und in verletzender Form als Laborchef abgesetzt worden. Nach einem Spitalaufenthalt war ihm eröffnet worden, dass er seiner Funktion enthoben und eine andere Mitarbeiterin zur Laborchefin ernannt worden sei. Der Chemiker betonte, die Führung des Betriebslabors sei für ihn nicht nur eine arbeitsvertragliche Pflicht gewesen, sondern auch das Recht, als Wissenschaftler und einziger Chemiker im Betrieb den ihm zustehenden Platz einzunehmen und sich nicht weniger qualifizierten Mitarbeitern unterordnen zu müssen. Das Vorgehen der Arbeitgeberin sei ein Vertrauensbruch, weshalb ihm die Weiterführung seiner Tätigkeit nicht mehr zuzumuten sei und das vereinbarte Konkurrenzverbot dahinfalle (zum Konkurrenzverbot siehe Seite 200).

Laut Bundesgericht war die Art und Weise, wie die Arbeitgeberin bei der Umstrukturierung vorgegangen war, tatsächlich nicht in Ordnung. «Auch wenn der Arbeitgeber sachliche Gründe für Umstrukturierungen hat, muss er darüber mit dem Arbeitnehmer das Gespräch suchen. Dies gilt insbesondere, wenn der Arbeitgeber beabsichtigt, den Tätigkeitsbereich eines langjährigen Mitarbeiters zu ändern oder einzuschränken.» Dem Chemiker nützte dies im konkreten Fall aber wenig: Das Verhalten der Arbeitgeberin war nicht gravierend genug, um das vereinbarte Konkurrenzverbot dahinfallen zu lassen (BGE 110 II 172).

Ebenfalls als nicht persönlichkeitsverletzend wurde die Rückstufung eines Spitalarztes angesehen, dem die Führungsfunktion entzogen wurde, nachdem er Führungsschwächen gezeigt hatte und sein Führungsstil beim Personal zunehmend auf massive Kritik gestossen war. Die Rückversetzung des Arztes auf eine hierarchisch niedrigere Arbeitsstelle war in diesem Fall sachlich begründet. Zudem waren ihm die Gründe dafür mehrmals dargelegt worden, sodass er bei der Funktionsänderung nicht vor vollendete Tatsachen gestellt wurde (Urteil des Bundesgerichts 4C.189/2006 vom 4.8.2006).

Versetzung an einen anderen Arbeitsort

Mitarbeiterinnen oder Mitarbeiter mit einem festen Arbeitsort können Sie nur dann an einen anderen Arbeitsplatz innerhalb des Unternehmens versetzen, wenn das für diese zumutbar ist. Dies gilt auch, wenn der ganze Betrieb umzieht. Ist eine Angestellte mit der sofortigen Versetzung nicht einverstanden, muss der Arbeitgeber eine sogenannte Änderungskündigung aussprechen (siehe Kasten Seite 216). Während der Kündigungsfrist gilt der neue Arbeitsort als auswärtig. Das heisst, Ihr Betrieb muss die Reise- und Verpflegungsspesen übernehmen (Art. 327a OR), und der zusätzliche Zeitaufwand für den nun längeren Arbeitsweg gilt als Arbeitszeit (Art. 13 ArGV1).

Wenn die Versetzung nicht zumutbar ist

Ist eine Versetzung für die Arbeitnehmerin objektiv unzumutbar – zu weiter Weg, gesundheitliche Gründe, familiäre Verpflichtungen –, kann sie die Arbeit am neuen Ort verweigern. Das dürfte allerdings regelmässig zu einer Auflösung des Arbeitsverhältnisses führen. Während der Kündigungsfrist hat die Arbeitnehmerin Anspruch auf den üblichen Lohn, auch wenn sie am vertraglichen Arbeitsort nicht weiterbeschäftigt werden kann (Art. 324 OR).

Zur Frage, wann eine Versetzung zumutbar ist und wann nicht, gibt es eine reichhaltige Rechtsprechung. Hier ein paar Beispiele:

EINE ARBEITNEHMERIN MIT FAMILIENPFLICHTEN wurde von Zürich nach Gais versetzt, weil die Zürcher Filiale geschlossen wurde. Obwohl die Versetzung nur die Zeit der Kündigungsfrist betraf, galt sie als unzumutbar; die Frau konnte ohne Konsequenzen die Arbeit in Gais verweigern. Der Arbeitsweg hätte vier Stunden betragen (Arbeitsgericht Zürich, 2001 Nr. 87).

NICHT ZUMUTBAR, da gesundheitlich zu riskant, war auch die Versetzung einer schwangeren Buffetangestellten, die über kein Auto verfügte. Ihr neuer Arbeitsweg hätte morgens 45 Minuten betragen, abends 1 Stunde 40 Minuten. Es war ihr auch nicht zuzumuten, unter der Woche in einem vom Arbeitgeber zur Verfügung gestellten Zimmer zu übernachten, da sie dann als Schwangere im fortgeschrittenen Stadium von ihrem Partner getrennt gewesen wäre (Urteil des Bundesgerichts 4A_474/2008 vom 23.2.2009).

ALS ZUMUTBAR ERACHTET wurde hingegen die Versetzung eines Temporärangestellten, dessen Arbeitsweg sich dadurch um 15 bis 20 Minuten pro Fahrt verlängerte (Arbeitsgericht Zürich, 2007 Nr. 17).

Anordnung von Überstunden, Änderung der Arbeitszeiten

Wie auf Seite 183 ausgeführt, sind Arbeitnehmende verpflichtet, in zumutbarem Rahmen Überstunden zu leisten, sofern dies betrieblich notwendig ist. Als Vorgesetzter oder Vorgesetzte haben Sie somit das Recht, Ihre Leute zu erforderlicher Mehrarbeit anzuhalten. Was gilt, wenn Angestellte die Überstunden als unzumutbar erachten, zeigt der folgende Fall:

MIT EINEM SCHWEISSER wurde eine 42-Stunden-Woche vereinbart. Laut Vertrag sollte er in Regie bei verschiedenen Drittfirmen eingesetzt werden. An einem Freitag wurde ihm mitgeteilt, er werde ab Montag für vier bis sechs Wochen an einem neuen Ort eingesetzt und habe dort mindestens zehn «Normalstunden» (also 50 Stunden pro Woche) zu arbeiten. Nach Ansicht des Arbeitnehmers war eine so lange Arbeitszeit nicht zumutbar, vor allem, weil auch noch ein weiter Arbeitsweg dazugekommen wäre.

«Überstunden charakterisieren sich dadurch», so das Bundesgericht, «dass sie vom Arbeitgeber einseitig angeordnet werden können und vom Arbeitnehmer bei Vorliegen der gesetzlich vorgeschriebenen Voraussetzungen geleistet werden müssen.» Eine absolute Notwendigkeit sei dabei nicht gefordert, es genüge, dass die Überstunden nicht leicht vermieden werden könnten. Im vorliegenden Fall sei es «kaum als zumutbar» zu betrachten, wenn der Arbeitnehmer über längere Zeit täglich 1,6 Überstunden leisten müsse. Das heisse jedoch nicht, dass er deswegen die Arbeit verweigern dürfe: Es sei ihm «zuzumuten, die Arbeit vorerst weisungskonform auszuführen und der Arbeitgeberin zu erklären, ab wann er die Überstunden als nicht mehr zumutbar» ansehe (Urteil 4C.464/199 vom 13.6.2000).

Arbeitszeiten von Teilzeitangestellten

Besondere Fragen stellen sich bei Teilzeitbeschäftigten. Können Sie von Ihrer Mitarbeiterin, die gemäss Vertrag von Montag bis Mittwoch arbeitet, einen Einsatz am Donnerstag verlangen – etwa weil sie bei einer Sitzung dabei sein oder bei einem Engpass einspringen sollte? Geht es um ausnahmsweise nötige Einsätze, gelten die üblichen Regeln: Die Mehrarbeit muss notwendig und zumutbar sein.

Häufige oder regelmässige Arbeitsaufgebote an freien Tagen müssen Ihre Angestellten jedoch nicht akzeptieren. «Wer sich teilzeitlich anstellen lässt, ist in seiner Erwartung zu schützen, über die weitere Zeit grundsätzlich frei verfügen zu können, sei es im Hinblick auf weitere Erwerbs- oder sonstige Tätigkeiten», hielt das Obergericht Luzern in einem Urteil fest. Eine Arbeitnehmerin hatte sich daher zu Recht dagegen gewehrt, dass ihr Arbeitgeber sie immer wieder ausserhalb der vereinbarten Zeiten zur Arbeit anhielt. Die deswegen ausgesprochene Kündigung war missbräuchlich (JAR 2012, S. 506).

Auch hier gilt: Wollen Arbeitgeber fixe Arbeitstage einer Teilzeitbeschäftigten gegen deren Willen ändern, müssen sie eine Änderungskündigung aussprechen (siehe Kasten auf Seite 216).

Ferienzuteilung

«Den Zeitpunkt der Ferien bestimmt der Arbeitgeber», heisst es im Gesetz. Allerdings muss er dabei die Wünsche des Arbeitnehmers so weit berücksichtigen, wie es mit den Interessen des Betriebs vereinbar ist (Art. 329c OR). Als Abteilungsleiterin oder Teamchef müssen Sie die Ferienwünsche Ihrer Untergebenen also wenn möglich erfüllen. Kommt es jedoch zu betrieblichen Engpässen, haben Sie bei der Ferienzuteilung das letzte Wort. Allerdings müssen Sie die Ferienabwesenheiten rechtzeitig organisieren, damit Ihre Mitarbeiter genügend Zeit haben zu planen. Zwei bis drei Monate im Voraus gelten als angemessen.

Bei allzu kurzfristiger Ankündigung der Ferien können Arbeitnehmende den Ferienbezug ablehnen. Das Arbeitsgericht Zürich gab einem Angestellten Recht, der sich gegen den Bezug der Ferien wehrte, weil der Arbeitgeber die Betriebsferien erst 14 Tage vor Beginn bekannt gegeben hatte (Urteil vom 27.3.2008). Bereits bewilligte Ferien kurzfristig zu verweigern, ist nur in Notfällen erlaubt. Entstehen den Angestellten deswegen Annullierungskosten, gehen diese zulasten des Arbeitgebers.

Können Ferien verfallen?

Ferien sind «in der Regel im Verlauf des betreffenden Dienstjahres» zu beziehen, so das Gesetz. Eine Weisung, wonach Ferien verfallen, wenn sie zum Beispiel nicht bis Ende März des Folgejahrs bezogen werden, ist jedoch unzulässig. «Es ist der Arbeitgeber und damit der Schuldner, der den Zeitpunkt der Ferien festlegt und dafür sorgen kann und muss, dass der Arbeitnehmer seine Ferien» bezieht, betonte das Bundesgericht. «Grundsätzlich ist er damit auch dafür verantwortlich, wenn der Anspruch erst viel später geltend gemacht wird.» (BGE 130 III 19)

INFO *Ferienansprüche verjähren erst nach fünf Jahren – das heisst: praktisch nie. Denn wenn Ferien bezogen werden, gilt immer das älteste Guthaben als aufgebraucht.*

Jemanden zum Vertrauensarzt schicken

Können Angestellte wegen gesundheitlicher Probleme nicht arbeiten, müssen sie ihre Arbeitsunfähigkeit gegenüber dem Arbeitgeber beweisen. Üblicherweise geschieht dies mit einem Arztzeugnis. In den meisten Betrieben bestehen Regeln, wann ein Zeugnis vorgelegt werden muss – häufig ist das ab dem dritten Krankheitstag der Fall.

Was können Sie tun, wenn Ihnen eine solche Krankmeldung wenig glaubhaft erscheint? Wenn zum Beispiel ein völlig gesunder Mitarbeiter sich, nachdem er die Kündigung erhalten hat, plötzlich für Wochen krankschreiben lässt oder wenn ein Arztzeugnis erst nachträglich ausgestellt wurde. Laut Bundesgericht kommt einem ärztlichen Zeugnis kein absoluter Beweiswert zu. Der Arbeitgeber kann es infrage stellen, etwa wenn sich aus dem Verhalten des Angestellten ergibt, dass dieser gar nicht arbeitsunfähig ist. Genauso steht es dem Arbeitnehmer frei, seine Arbeitsunfähigkeit auch auf andere Weise zu belegen (Urteil 1C_64/2008 vom 14.4.2008).

Dass Sie als Vorgesetzter oder Chefin einen Angestellten zu einem Arzt Ihres Vertrauens schicken dürfen, wenn Sie sein Arztzeugnis anzweifeln, ist heute überwiegend anerkannt. Klar ist, dass Ihr Betrieb die Kosten einer solchen Untersuchung tragen muss und dass auch der Vertrauensarzt ans Arztgeheimnis gebunden ist. Seine Aufgabe ist es, die Arbeitsunfähigkeit des Angestellten zu bestätigen oder eben nicht. Eine Diagnose darf er Ihnen nicht mitteilen.

In einem konkreten Fall schickte ein Arbeitgeber eine seit einem Monat erkrankte Sachbearbeiterin sogar zum Vertrauenspsychiater.

DIE ARBEITNEHMERIN WAR nach einem Verweis durch den Arbeitgeber der Arbeit ferngeblieben und hatte sich von ihrer Gynäkologin krankschreiben lassen. Daraufhin beantragten ihre unmittelbaren Vorgesetzten bei der Geschäftsleitung die Anordnung einer psychiatrischen Begutachtung. Der Personalchef meldete die Frau beim Psychiater an und forderte sie auf, sich begutachten zu lassen. Als der Arbeitnehmerin Monate später gekündigt wurde, verlangte sie von der Arbeitgeberin deswegen eine Genugtuung gemäss Artikel 49 OR: Sie sei in ihrer Persönlichkeit schwer verletzt worden und Opfer von Mobbing.

Laut Bundesgericht hatte der Arbeitgeber das Recht, die Lohnfortzahlung von einer vertrauensärztlichen Untersuchung abhängig zu machen. Zwar könnten die Zweifel am Zeugnis der Gynäkologin «als unangemessen erscheinen und ein eigenartiges Licht auf das Betriebsklima werfen». Ohne besondere Umstände sei jedoch die Aufforderung, zu einem Psychiater zu gehen, nicht als objektiv schwere Beeinträchtigung der Persönlichkeit zu werten. Psychische Probleme seien schliesslich keine Schande, so das Gericht sinngemäss (BGE 125 III 70).

Keine schikanösen Weisungen

Gegen Weisungen, die lediglich dazu dienen, Angestellte zu demütigen und auszugrenzen, können diese sich wehren. Werden ihre Persönlichkeitsrechte verletzt, haben Arbeitnehmende das Recht, die Weisungen des Arbeitgebers zu missachten. So erachtete beispielsweise das Arbeitsgericht Zürich die Weisung eines Chefs, seine während der Kündigungsfrist freigestellte Mitarbeiterin müsse sich viermal täglich zu bestimmten Zeiten bei ihm melden, als persönlichkeitsverletzend und daher unzulässig.

Völlig unhaltbar war auch das Verhalten eines Vorgesetzten im folgenden Fall:

EINE UNBESCHOLTENE GEMEINDEANGESTELLTE bekam nach 14 Jahren einen neuen Chef, der aus irgendwelchen Gründen nicht mit ihr zusammenarbeiten wollte. Er kritisierte sie ständig, verweigerte aber gleichzeitig den Dialog mit ihr. Seine Anweisungen hinterliess er der erfahrenen Angestellten auf Zetteln mit extrem detail-

VERTRÄGE KORREKT ÄNDERN

Weisungen, die die vertraglichen Rechte des Arbeitnehmers verletzen, sind unzulässig. Verträge sind aber nicht in Stein gemeisselt, sie können aufgelöst und auch abgeändert werden. Im gegenseitigen Einvernehmen sind solche Vertragsänderungen jederzeit möglich. Wehrt sich ein Mitarbeiter aber beispielsweise gegen eine Lohnkürzung, eine Änderung des Arbeitsorts, des Pensums oder Aufgabengebiets, kann der Arbeitgeber diese nur mit einer sogenannten **Änderungskündigung** durchsetzen. Das heisst, er muss die Kündigungsfrist abwarten, bevor die Neuerung in Kraft tritt.

Droht der Arbeitgeber einem Angestellten mit Kündigung, wenn dieser einer sofortigen Vertragsänderung nicht zustimmt, ist diese Kündigung missbräuchlich (siehe Seite 237).

Auch die Änderungskündigung selbst kann missbräuchlich sein, wenn sie eine Verschlechterung der Anstellungsbedingungen erzwingen soll, die sich sachlich nicht rechtfertigen lässt. So hat das Obergericht Zürich eine Änderungskündigung gegenüber einem Pfleger mit über 13 Dienstjahren als missbräuchlich erachtet. Die Klinik wollte eine offenbar falsche Lohneinstufung von 7566 auf 5400 Franken korrigieren. Laut Obergericht gab es weder betriebliche noch marktbedingte Umstände, die die Lohnreduktion um knapp 29 Prozent zu rechtfertigen vermochten. Der Pfleger erhielt zwei Monatslöhne als Entschädigung (Urteil vom 9.1.2014). Beachten Sie dazu auch das Urteil auf Seite 238. ■

lierten Befehlen, die in autoritärem, verletzendem Ton abgefasst waren. Ausserdem waren die Weisungen zum Teil unsinnig und widersprüchlich. So halste er ihr viel dringende Arbeit auf, verbot ihr aber gleichzeitig, Überstunden zu machen. Die Frau litt sehr unter dieser Situation und erkrankte schliesslich schwer. Als ihr auch noch gekündigt wurde, ging sie vor Gericht. Laut Bundesgericht handelte es sich um einen schweren Fall von Mobbing. Die Angestellte erhielt eine Entschädigung im sechsstelligen Bereich (Urteil 4C.343/2003 vom 13.10.2004).

Wenn Weisungen missachtet werden

Welche Möglichkeiten haben Sie, wenn Ihre Weisungen missachtet werden? In leichteren Fällen empfiehlt es sich, dem renitenten Angestellten einen Verweis zu erteilen oder ihn schriftlich abzumahnen. Dabei können Sie ihm für den Wiederholungsfall weitere Konsequenzen androhen.

Wenn ein Arbeitnehmer dem Unternehmen mit seiner Pflichtverletzung einen Schaden zufügt, kann er unter Umständen schadenersatzpflichtig werden. In schweren Fällen ist auch eine Kündigung oder gar eine fristlose Entlassung möglich.

EIN ANLAGEBERATER IN CHIASSO wurde im Zug einer Reorganisation angewiesen, in Zukunft sein Büro mit einem Kollegen zu teilen. Der Arbeitnehmer wehrte sich und bestand auf einem (ihm vertraglich nicht zugesicherten) Einzelbüro. Als der Arbeitgeber diesen Wunsch zurückwies, richtete sich der Anlageberater in einem für Kunden vorgesehenen Empfangsraum einen Arbeitsplatz ein. Ein Angebot des Arbeitgebers, in die Filiale nach Lugano zu wechseln, wo er ein Einzelbüro gehabt hätte, lehnte er ab. Als ihm wegen der Querelen gekündigt wurde, klagte der Mann wegen missbräuchlicher Kündigung.

Seine Klage blieb ohne Erfolg, wie sich später vor Bundesgericht zeigte. Der Arbeitnehmer habe kein Recht auf ein Einzelbüro gehabt, befanden die Richter. Ausserdem habe er durch seine Aufsässigkeit das Vertrauensverhältnis zu seinem Arbeitgeber untergraben (Urteil 4C.229/2002 vom 29.10.2002).

Wann die Missachtung einer Weisung so schwerwiegend ist, dass sie zur fristlosen Entlassung führen kann, hat das Bundesgericht im folgenden Fall untersucht:

EIN ARBEITNEHMER wurde mit Vertrag vom 22. November 1996 für einen Einsatz in Peking angestellt. Am 30. September 1997 sprach der Arbeitgeber die fristlose Kündigung aus. Grund war, dass der Kläger am 21. September 1997 aus Peking in die Schweiz gereist war, obwohl ihm sein Vorgesetzter drei Tage zuvor die klare Weisung erteilt hatte, die Stadt bis zu einem auf den 22. September angesetzten Besprechungstermin nicht zu verlassen. Der Entlassene machte geltend, er habe wegen diverser Auseinandersetzungen die Weiterführung seines Arbeitsverhältnisses bedroht gesehen. Es gehöre zu seinen Persönlichkeitsrechten, sich in dieser Situation unverzüglich an den hierarchisch höheren Geschäftsführer zu wenden – und dieser sei nun mal in der Schweiz gewesen.

Laut Bundesgericht ist nicht jede Weigerung, eine rechtmässige Weisung zu befolgen, Grund für eine fristlose Entlassung. Zum einen müsse es sich um eine schwere Verletzung vertraglicher Pflichten handeln, zum andern müsse die Weisung einen ausreichend wichtigen Gegenstand betreffen. Zudem könne die Weigerung «unter Umständen auch deshalb nicht für eine fristlose Entlassung ausreichen, weil der Arbeitnehmer in guten Treuen die Weisung für unzulässig ansehen durfte». Zum konkreten Fall meinten die Richter: Ein Arbeitnehmer habe das Recht, «unter Umgehung der Hierarchie mit den zuständigen Personen im Unternehmen seine Arbeitsbedingungen zu besprechen, wenn Differenzen mit dem unmittelbar Vorgesetzten entstanden sind. [...] Indessen muss vom Arbeitnehmer verlangt werden, dass er solche Termine mit den Bedürfnissen der Arbeit koordiniert.» Im vorliegenden Fall sei die Weisung, Peking nicht zu verlassen, sachlich begründet gewesen. Der Kläger hätte die Besprechung in der Schweiz auch später durchführen können. Die fristlose Entlassung war also gerechtfertigt (Urteil 4C.357/2002 vom 4.4.2003).

Zum selben Schluss kam auch das Obergericht Basel land, das in folgendem Fall angerufen wurde:

NACHDEM EIN IT-VERKÄUFER während der Kündigungsfrist alle pendenten Dossiers aufgearbeitet hatte, wurde er angewiesen, bei der Redaktion von Handbüchern für Kunden, beim Ausdrucken von Etiketten und anderen Arbeiten mitzuhelfen. Er wurde auch gewarnt, er müsse mit der fristlosen Entlassung rechnen, falls er nicht pünktlich zur Arbeit erscheine. Der Arbeitnehmer antwortete darauf mit einem Brief, in dem er seine Arbeitskraft als Verkäufer anbot, ansonsten aber von einer Freistellung ausging. Laut dem Gericht wäre es jedoch zumutbar gewesen, die zugewiesenen Arbeiten während der restlichen drei Wochen auszuführen, zumal diese im weitesten Sinn auch mit dem Verkauf zusammenhingen (JAR 1990, S.356).

MONIKA WALSER

CEO von de Sede

Welches war Ihre erste Führungsrolle?

Mmmh, da muss ich schmunzeln, denn als Kind habe ich während der Pausen die anderen Kinder unterrichtet und hatte das Gefühl, dass ich nun genauso Chef sei wie mein Papa und meine Mama, die ihre eigene Firma führten. Es war damals für mich klar, dass Chef sein das Schönste ist, da ich so alles delegieren kann und nichts selber machen muss. Als ich dann einige Jahre später wirklich unterrichtete, merkte ich, dass ich da wohl eine falsche Vorstellung gehabt hatte. Meine echte erste Führungsrolle hatte ich dann, als ich meine Kinderkleiderproduktion in Hergiswil aufbaute.

Welches war Ihr grösster Fehler als Führungsperson?

Da gibt es doch einige, und alle sind gleich schlimm. Ich bin relativ anspruchsvoll gegenüber mir selber, will Dinge genau und effizient erledigt haben – und genau dies erwarte ich von meinen Mitarbeitenden. Wenn das dann nicht klappt und ich in solchen Situationen selber sehr ausgelastet bin, verliere ich meine Geduld und Diplomatie und werde streng.

Was haben Sie daraus gelernt?

Ich versuche, dies immer ruhiger und ruhiger anzugehen. Und das gelingt mir allmählich besser und besser. Zum Glück kommen solche Situationen nur sehr selten vor.

Die Fürsorgepflicht des Arbeitgebers

Gegenstück zur Treuepflicht des Arbeitnehmers (siehe Seite 190) ist die Fürsorgepflicht des Arbeitgebers. Im Arbeitsgesetz (Art. 6) wie auch im OR (Art. 328) gibt es ähnliche Bestimmungen, die den Arbeitgeber verpflichten, die Persönlichkeit und die Gesundheit der Angestellten zu schützen. Zu diesem Zweck hat er alle «Massnahmen zu treffen, die nach der Erfahrung notwendig, nach dem Stand der Technik anwendbar und den Verhältnissen des Betriebes angemessen sind».

Im Klartext bedeutet dies: Der Arbeitgeber darf seine Angestellten weder schikanieren noch demütigen. Er darf sie weder Gefahren aussetzen noch in ihr Privatleben eingreifen. Zudem muss er sie am Arbeitsplatz vor Persönlichkeitsverletzungen durch Dritte – zum Beispiel Arbeitskollegen oder Kunden – schützen. Tut er dies nicht, kann er schadenersatzpflichtig werden (siehe Kasten auf Seite 226).

INFO *Weitere Bestimmungen zur Fürsorgepflicht des Arbeitgebers sind im Datenschutz-, im Unfallversicherungs- sowie im Gleichstellungsgesetz zu finden.*

Gesundheitsschutz und Unfallverhütung

Der Arbeitgeber muss von Gesetzes wegen alles Zumutbare tun, um Berufsunfälle, Berufskrankheiten und andere Gefährdungen der Gesundheit seiner Angestellten zu verhindern. Dabei genügt es nicht, die Mitarbeiterinnen und Mitarbeiter über Gefahren aufzuklären und allenfalls nötige Schutzkleidung zur Verfügung zu stellen. Zur Fürsorgepflicht gehört auch – und dies ist Ihre Aufgabe als Chefin oder Chef –, dass die Einhaltung der Schutzvorschriften kontrolliert und mit klaren Weisungen durchgesetzt wird.

EIN ARBEITGEBER WUSSTE, dass ein bei ihm angestellter Gipser entgegen den Vorschriften ohne Schutzbrille und Helm arbeitete, obwohl ihm beides zur Verfügung gestellt worden war. Bei einer speziellen Arbeit flog dem Angestellten ein Splitter ins linke Auge und dieses erblindete. Das Bundesgericht verurteilte den Arbeitgeber, dem Gipser eine Genugtuung zu zahlen. Denn er hätte nicht dulden dürfen, dass dieser ohne Schutzbrille arbeitete. Dass der Angestellte die Schutzmassnahmen ablehnte, befreite den Arbeitgeber nicht von seiner Pflicht. Immerhin wurde die vom Gericht als angemessen erachtete Genugtuungssumme von 8000 Franken wegen Mitverschuldens des Arbeitnehmers um die Hälfte gekürzt (BGE 102 II 18).

Arbeitgeber, die Sicherheitsvorschriften missachten, können sich sogar strafbar machen:

EIN ARBEITER MUSSTE an einer Occasionsmaschine mit Sicherheitsmängeln arbeiten; bei Wartungsarbeiten wurde er schwer verletzt. Obwohl auch der Verunfallte von den Mängeln wusste und somit zumindest teilweise selbst schuld an dem Unfall war, verurteilte das Bundesgericht den Geschäftsführer wegen fahrlässiger schwerer Körperverletzung zu einer bedingten Geldstrafe von 60 Tagessätzen à 130 Franken (Urteil 6B_287/2014 vom 30.3.2015).

Missachtet ein Angestellter mutwillig die angeordneten Schutzmassnahmen, müssen Sie also entschieden durchgreifen. In einem konkreten Fall hat das Bundesgericht zum Beispiel die fristlose Entlassung eines Kranführers geschützt, der sich aus reiner Bequemlichkeit beharrlich geweigert hatte, den obligatorischen Schutzhelm zu tragen. Sein Verhalten wog umso schwerer, als es sich um einen Arbeiter mit Erfahrung und Vorbildfunktion handelte (Urteil 4C.161/2000 vom 28.7.2000).

TIPP *Ausführliche Informationen zur Arbeitssicherheit und Unfallverhütung finden Sie unter folgenden Links:*
– *www.suva.ch/praevention*
– *www.seco.admin.ch (Suchwort Gesundheitsschutz)*
– *www.ekas.ch*
– *www.safeatwork.ch*

Schutz vor übermässigem Stress

Arbeitgeber dürfen die Mitarbeiterinnen und Mitarbeiter nicht derart mit Arbeit überhäufen, dass deren Gesundheit leidet. Arbeitgeber, die Überforderungen bewusst in Kauf nehmen – zum Beispiel bei chronischem Personalmangel – oder Stresssymptome wie häufige Absenzen und Beschwerden der Mitarbeiter missachten, verletzen ihre Fürsorgepflicht. Sie können zu Entschädigungs- und Genugtuungszahlungen verurteilt werden, wenn einem Angestellten der Nachweis gelingt, dass seine gesundheitlichen Probleme durch den vom Arbeitgeber verschuldeten Stress am Arbeitsplatz verursacht wurden.

EINE AUSBILDNERIN, der zehn Verkaufsberaterinnen unterstellt waren, stand unter ständigem Druck ihres Arbeitgebers, immer mehr Kunden zu gewinnen; auch wurden ihr übertrieben hohe Umsatzziele gesetzt. Der Zwang und der ständige Stress verursachten bei der Arbeitnehmerin eine schwere Depression und vollständige Arbeitsunfähigkeit. Der Zusammenhang zwischen den Gesundheitsstörungen und dem Stress war erwiesen. Die Frau erhielt eine Genugtuung von 10 000 Franken (Urteil des Bundesgerichts 4C.24/2005 vom 17.10.2005).

In einem anderen Fall sprach ein Genfer Gericht im Februar 2008 einem ehemaligen Angestellten eines Luftfahrtunternehmens eine Genugtuung von 7500 Franken zu. Die chronische Überlastung, der ständige Personalmangel im Betrieb und die Unsicherheit über seine berufliche Zukunft hatten den Mitarbeiter dermassen belastet, dass er psychisch erkrankte (JAR 2009, S. 507).

Wichtig zu wissen: Die Beurteilung, ob jemand übermässig gestresst ist, hängt von der Situation des Betroffenen ab. Entscheidend ist, wozu ein Arbeitnehmer fähig IST, und nicht, wozu er fähig sein sollte.

TIPPS *Wenn jemand in Ihrem Team übermässig gestresst wirkt, nehmen Sie früh das Gespräch auf. Erste Warnsignale bei drohendem Burn-out sind Konzentrationsstörungen, sozialer Rückzug, unkontrollierte Emotionen und Leistungsabfälle. Suchen Sie gemeinsam mit dem Betroffenen nach Lösungen und Entlastungsmöglichkeiten und* *versuchen Sie so, die Abwärtsspirale von Überbelastung und Stress zu stoppen (mehr zur Gesprächsführung lesen Sie auf Seite 118).*

Weitere nüztliche Informationen zur Stressproblematik finden Sie im Internet unter:
- *www.gesundheitsfoerderung.ch*
- *www.stressnostress.ch*
- *www.myhandicap.ch (→ Information → Gesundheit & Hilfsmittel → Psychische Behinderung → Burnout)*

Eingreifen bei Mobbing und anderen Konflikten

Zum Gesundheitsschutz gehört auch der Schutz vor psychischen Belastungen wie Mobbing, Ausgrenzungen und Belästigungen aller Art. Die Wegleitung zur Verordnung 3 zum Arbeitsgesetz hält fest, dass der Arbeitgeber die Verantwortung dafür trägt, dass an keinem Arbeitsplatz die physische und psychische Gesundheit der Arbeitnehmerinnen und Arbeitnehmer geschädigt wird. Namentlich werden erwähnt: «schlechte psychosoziale Arbeitsbedingungen (zwischenmenschliche Konfliktsituationen, schwierige bis unmögliche Kommunikation oder andere erschwerende Umstände, welche die physische oder psychische Integrität einer Person beeinträchtigen)». Konkret heisst das:

■ Der Arbeitgeber muss für ein störungs- und belästigungsfreies Arbeitsklima sorgen – auch in Bezug auf Eingriffe von Dritten, etwa Kunden.

■ Er muss zu diesem Zweck angemessene vorbeugende Massnahmen treffen – zum Beispiel schriftliche Weisungen erlassen mit Hinweis auf Sanktionen, die Angestellten aufklären, eine unabhängige Anlaufstelle für Betroffene schaffen (siehe Kasten auf Seite 226).

■ Ist das Betriebsklima gestört, muss er alle zumutbaren Massnahmen ergreifen, um die Lage zu entspannen.

Nicht zulässig ist es, im Konfliktfall einfach einen der Störenfriede zu entlassen: «Ein Arbeitgeber, der einen Konflikt zwischen seinen Mitarbeitern in Verletzung seiner Fürsorgepflicht schwelen lässt, kann in der Folge nicht geltend machen, der Konflikt schade der Arbeit, um die am Konflikt beteiligten Mitarbeiter zu entlassen», so das Bundesgericht in diversen

Urteilen (zum Beispiel Urteil 1C_245/2008 vom 2.3.2009). Eine Kündigung ist erst zulässig, wenn der Arbeitgeber erfolglos genügend Schlichtungsversuche durchgeführt hat. Tut er dies nicht, riskiert er, dass ein Gericht die Kündigung als missbräuchlich einstuft.

EINER PFLEGEFACHFRAU – nennen wir sie Lisa L. –, die mit einer Kollegin in einem schweren Konflikt stand, wurde gekündigt. Schlichtungsversuche hatten nie stattgefunden. Es gab zwar Gespräche, aber immer nur mit Frau L. allein. Die von ihr mehrmals gewünschte Aussprache zwischen den Konfliktparteien kam nie zustande. Schriftlich verwarnt wurde nur Lisa L., nicht aber die andere Mitarbeiterin. Das Bundesgericht sprach der Gekündigten daher eine Entschädigung wegen missbräuchlicher Kündigung zu (Urteil C.253/2001 vom 18.12.2001).

Korrekt verhielt sich eine andere Arbeitgeberin, die einer schwierigen Konfliktsituation gegenüberstand. Sie zog zweimal ein externes Beratungsunternehmen für Teamcoaching bei, führte während Monaten regelmässig Gruppen- wie auch Einzelgespräche mit den Beteiligten und unterbreitete ihnen Vorschläge zur Beilegung des Streits. Mit diesen Bemühungen hatte die Arbeitgeberin gemäss Bundesgericht ihre Fürsorgepflicht erfüllt (Urteil 1C_245/2008 vom 2.3.2009).

Die Beispiele zeigen, dass Sie als Führungskraft Beschwerden über Mobbing oder andere Konflikte nicht auf die leichte Schulter nehmen dürfen. Sie müssen rasch und unparteiisch Abklärungen vornehmen und Gespräche mit allen Beteiligten führen. Wie Sie mit Konfliktsituationen umgehen, können Sie auf Seite 148 nachlesen.

TIPP *Wichtig ist, dass Sie alle Massnahmen und Schlichtungsversuche, Mitarbeitergespräche, Verwarnungen etc. schwarz auf weiss dokumentieren. Falls ein Mitarbeiter später wegen missbräuchlicher Kündigung klagen sollte oder wenn es zu Konflikten wegen des Arbeitszeugnisses kommt, sind schriftliche Beweise unerlässlich.*

Diskriminierung und sexuelle Belästigung

Das Gleichstellungsgesetz (GlG) verbietet die direkte oder indirekte Benachteiligung von Angestellten aufgrund ihres Geschlechts, namentlich unter Berufung auf den Zivilstand, die familiäre Situation oder, bei Arbeitnehmerinnen, eine Schwangerschaft. Das Verbot der Diskriminierung gilt für die Anstellung, die Aufgabenzuteilung, die Gestaltung der Arbeitsbedingungen, die Entlöhnung, die Aus- und Weiterbildung, die Beförderung und die Entlassung (Art. 3 GlG). Diskriminierend ist jede unterschiedliche Behandlung, für die keine sachliche Rechtfertigung besteht.

Betroffene können vor Gericht verlangen, dass eine drohende Diskriminierung verboten, eine bestehende beseitigt oder ihnen Schadenersatz zugesprochen wird, sofern ein materieller Schaden entstanden ist. Geht es um Lohndiskriminierung, kann auch eine Nachzahlung der Lohndifferenz für die letzten fünf Jahre (das ist die Verjährungsfrist) gefordert werden. Wichtig: Angestellte, die eine Diskriminierung geltend machen, geniessen einen besonderen Kündigungsschutz (siehe Seite 240).

Auch sexuelle Belästigung ist Diskriminierung

Sexuelle Belästigung wird im Gesetz als besondere Form der Diskriminierung genannt: «Diskriminierend ist jedes belästigende Verhalten sexueller Natur oder ein anderes Verhalten aufgrund der Geschlechtszugehörigkeit, das die Würde von Frauen und Männern am Arbeitsplatz beeinträchtigt. Darunter fallen insbesondere Drohungen, das Versprechen von Vorteilen, das Auferlegen von Zwang und das Ausüben von Druck zum Erlangen eines Entgegenkommens sexueller Art.» (Art. 4 GlG)

Unter diese Definition fallen auch Verhaltensweisen, die nicht unbedingt als sexuell zu bezeichnen sind, aber trotzdem die Würde eines Geschlechts am Arbeitsplatz verletzen – zum Beispiel Blondinen- oder Schwulenwitze, abschätzige Bemerkungen über Frauen und Ähnliches.

Das Gleichstellungsgesetz verpflichtet den Arbeitgeber ausdrücklich, vorbeugende Massnahmen gegen sexuelle Belästigung zu treffen (Art. 5 Abs. 3 GlG) – zum Beispiel durch Mitarbeiterinformation oder eine Anlaufstelle im Betrieb. Kommt es zu einem Fall von sexueller Belästigung und kann der Arbeitgeber nicht beweisen, dass er angemessene Massnahmen getroffen hat, um derartige Vorfälle zu verhindern, kann das Opfer eine Entschädigung verlangen.

EINE ANGESTELLTE WURDE von ihrem Kollegen belästigt. Er installierte auf seinem Computer offen einsehbar Bilder mit nackten Frauen, verschickte per E-Mail grobe sexistische Witze und Darstellungen und machte in ihrer Gegenwart permanent sexuelle Anspielungen. Im Betrieb zirkulierte zudem eine Wette, wie lange es die Mitarbeiterin wohl aushalten werde. Die betroffene Frau erhielt vom Bundesgericht eine Entschädigung von 12 000 Franken zugesprochen. Obwohl die Firmenleitung nicht über die sexuelle Belästigung informiert worden war – dies geschah erst mehrere Monate nach Beendigung des Arbeitsverhältnisses –, musste der Arbeitgeber zahlen, da die Belästigungen so offensichtlich und häufig waren, dass man davon ausgehen musste, dass die Vorgesetzten davon Kenntnis hatten. Besonders fiel ins Gewicht, dass es im Betrieb keine vorbeugenden Massnahmen gegen Belästigungen gab (Urteil 4C.289/2006 vom 5.2.2007).

Sie als Abteilungsleiter oder Teamchefin haben es in der Hand, für einen respektvollen Umgang in Ihrem Team zu sorgen, indem Sie selbst sich stets korrekt, wertschätzend und fair verhalten (siehe auch Seite 148). Laut Bundesgericht haben Vorgesetzte eine Vorbildfunktion. In einem konkreten Fall konnte sich ein Chef, der seine Mitarbeiterinnen als «Schlampen»

DIE PFLICHT, EINE ANLAUFSTELLE ZU SCHAFFEN

Wie weit die Fürsorgepflicht des Arbeitgebers unter Umständen gehen kann, zeigt ein Fall aus der Romandie:

Eine Angestellte einer Treuhandfirma wandte sich ans kantonale Arbeitsinspektorat. Sie warf ihrem Chef Mobbing vor, und dem Arbeitgeber Verletzung der Fürsorgepflicht. Das Arbeitsinspektorat verlangte daraufhin von der Firma Aufschluss über die internen Regeln bei Arbeitskonflikten. Das eingereichte Reglement sah lediglich den üblichen Dienstweg vor; es gab aber keine Möglichkeit, ausserhalb der Hierarchie Rat und Hilfe zu holen. Das Arbeitsinspektorat erachtete dies als mangelhaft und erteilte dem Unternehmen die Weisung, eine unabhängige Anlaufstelle für Opfer von Mobbing und Belästigungen zu bezeichnen und die Mitarbeiter entsprechend zu informieren. Obwohl es sich um eine kleine Firma mit wenigen Angestellten handelte, erachtete das Bundesgericht dies als notwendig und verhältnismässig. KMU könnten sich ja zusammenschliessen und gemeinsame Anlaufstellen schaffen, so das Gericht (Urteil 2C_462/2011 vom 9.5.2012). ■

bezeichnet hatte, nicht damit herausreden, dass seine Angestellten untereinander ebenfalls einen vulgären Ton pflegten (BGE 126 III 395).

Datenschutz und Überwachung

Daten über die Angestellten darf der Arbeitgeber nur so weit bearbeiten,
wie sie für das Anstellungsverhältnis relevant sind (Art. 328b OR). Dies
gilt bereits im Bewerbungsverfahren. So dürfen Sie einer Kandidatin nur
Fragen stellen, die ihre Eignung für die zu besetzende Stelle betreffen.
Verlangen Sie im Bewerbungsverfahren zu weit gehende Informationen
– zum Beispiel zur Familienplanung, zu politischen oder religiösen Überzeugungen –, darf die Bewerberin nach überwiegender Auffassung mit
einer Notlüge antworten.

Bewerbungsunterlagen müssen Sie vertraulich behandeln. Kommt keine
Anstellung zustande, müssen Sie sie dem Bewerber zurückschicken.

Auch während der Anstellung dürfen im Personaldossier nur Daten
gespeichert werden, die es für die Durchführung des Arbeitsverhältnisses
braucht – etwa im Zusammenhang mit den Sozialversicherungen oder der
Leistungsbewertung. Angestellte haben jederzeit das Recht, ihre Personal-
akte einzusehen und unkorrekte Daten korrigieren oder entfernen zu lassen. Ohne ihre Einwilligung dürfen keine Daten weitergegeben werden.

Das Personaldossier muss sicher aufbewahrt werden. Zugriff dürfen nur
die zuständigen Personen haben, also das HR sowie die Vorgesetzten.

Spionieren verboten

Kameras und andere Kontrollsysteme, die das Verhalten der Angestellten
am Arbeitsplatz überwachen sollen, sind unzulässig (Art. 26 ArGV 3).
Solche Einrichtungen sind nur erlaubt, wenn sie aus anderen Gründen
notwendig sind, zum Beispiel für die Sicherheits- oder Leistungskontrolle.
Der Einsatz muss aber zurückhaltend und verhältnismässig sein. Unzulässig wäre es, Überwachungskameras ständig auf die arbeitenden Angestellten zu richten. In einem konkreten Fall – es ging um Diebstahl – erachtete das Bundesgericht Videoaufnahmen aus einem Kassenraum als zulässig.
Die Mitarbeiter wurden von der Kamera nur sporadisch und kurzzeitig
erfasst, sodass ihre Persönlichkeit nicht widerrechtlich verletzt wurde (Urteil 6B_536/2009 vom 12.11.2009).

VERLETZUNG DER FÜRSORGEPFLICHT – DIE FOLGEN

Der Arbeitgeber, der seine Fürsorgepflicht verletzt und Persönlichkeitsverletzungen tatenlos duldet, kann finanziell belangt werden. Möglich sind Schadenersatzforderungen wegen vertragswidrigen Verhaltens (Art. 97 ff. OR), sofern die betroffenen Angestellten einen Schaden (zum Beispiel Gesundheitsschaden, Erwerbsausfall) beweisen und belegen können, dass dieser Schaden tatsächlich durch die Fürsorgepflichtverletzung des Arbeitgebers entstanden ist.

Bei besonders schwerem Verschulden des Arbeitgebers können Angestellte zusätzlich eine Genugtuung fordern: «Wer in seiner Persönlichkeit widerrechtlich verletzt wird, hat Anspruch auf Leistung einer Geldsumme als Genugtuung, sofern die Schwere der Verletzung es rechtfertigt und diese nicht anders wiedergutgemacht worden ist.» (Art. 49 OR) ∎

Wie die Informatik im Betrieb – allenfalls auch zu privaten Zwecken – genutzt werden darf, sollte in einem Reglement festgehalten sein. Den Angestellten muss klar sein, welche Regeln gelten und was bei Verdacht auf missbräuchliche Nutzung geschieht. Auf keinen Fall dürfen Sie das Surfverhalten der Mitarbeiter durch geheime Software ausspionieren.

EIN ARBEITGEBER verdächtigte einen Mitarbeiter, den Geschäftscomputer missbräuchlich zu verwenden. Daher installierte er ein Überwachungsprogramm, das über drei Monate alle Operationen aufzeichnete (aufgerufene Webseiten, E-Mail-Verkehr). Anhand dieser Aufzeichnungen konnte er nachweisen, dass der Angestellte einen erheblichen Teil seiner Arbeitszeit für private Zwecke verwendete. In der Folge entliess der Arbeitgeber den Angestellten fristlos. Das Bundesgericht erachtete den verdeckten Einsatz eines Überwachungsprogramms jedoch als unrechtmässig und daher im Prozess nicht verwertbar – womit keine Grundlage für eine fristlose Kündigung mehr gegeben war (BGE 139 II 7).

TIPP *Unter www.derbeauftragte.ch (→ Datenschutz → Arbeitsbereich) finden Sie umfassende Informationen des eidgenössischen Datenschutzbeauftragten zur Internet-, Video- und Telefonüberwachung am Arbeitsplatz, ausserdem einen ausführlichen Leitfaden zur Bearbeitung von Personendaten im Arbeitsbereich.*

7

Rund um
die Kündigung

Rein rechtlich gesehen lassen sich Arbeitsverträge relativ

einfach und fast jederzeit auflösen. Als Vorgesetzter eine Kündi-

gung auszusprechen, ist aber immer belastend und gehört

zu den schwierigsten Aufgaben einer Führungsperson. Umso

wichtiger, dass Vertragsauflösungen rechtlich korrekt vor-

genommen werden. Aber auch Kaderleute selbst verlieren mit-

unter ihre Stelle. Dieses Kapitel erläutert die gesetzlichen

Grundlagen der Kündigung und zeigt auf, welche Besonderheiten

bei der Beendigung eines Kadervertrags zu beachten sind.

Rechtlich korrekt kündigen

Im schweizerischen Arbeitsvertragsrecht herrscht der Grundsatz der Kündigungsfreiheit. Das bedeutet: Arbeitnehmer und Arbeitgeber haben fast jederzeit das Recht, ein Arbeitsverhältnis aufzulösen. Dabei sind allerdings gewisse Regeln zu beachten.

Kündigungen können aus heiterem Himmel ausgesprochen werden. Es braucht weder eine Vorankündigung noch eine Verwarnung. Das Bundesgericht hat zu diesem Thema festgehalten: «Einem gesitteten Vorgehen im Geschäftsverkehr entspricht es grundsätzlich, das Gespräch mit der Gegenpartei zu suchen, bevor Schritte ergriffen werden, die für die andere Partei dramatische Folgen haben können. Es ist aber zwischen einem unanständigen und einem rechtswidrigen Verhalten zu unterscheiden.» Das schweizerische Arbeitsvertragsrecht kenne nun mal keine Anhörungspflicht vor einer Kündigung. Auch einen triftigen Grund braucht es nicht (Urteil 4C.174/2004 vom 5.8.2004).

Kündigungsfristen und Formvorschriften

Unabhängig davon, ob eine Kündigung von der Arbeitgeberin oder vom Arbeitnehmer ausgeht, sind bestimmte Regeln zu beachten und Fristen einzuhalten, wenn ein Arbeitsverhältnis aufgelöst werden soll. Hier ein Überblick:

- Das Gesetz schreibt für die Kündigung keine bestimmte **Form** vor. Grundsätzlich kann also auch mündlich oder per SMS gekündigt werden – auch wenn dies aus Beweisgründen nicht empfehlenswert ist. Wurde allerdings vertraglich vereinbart, dass eine Kündigung mit einem eingeschriebenen Brief zu erfolgen hat, ist eine mündliche Kündigung ungültig.
- In der Regel sind die **Kündigungsfristen** im Arbeitsvertrag oder in einem GAV festgelegt. Fehlt eine solche Vereinbarung, gilt das Gesetz (Art. 335c OR). Demnach kann im ersten Dienstjahr mit einer Kündigungsfrist von einem Monat gekündigt werden; im zweiten bis und mit

neunten Dienstjahr beträgt die Frist zwei Monate, danach drei Monate
– jeweils auf ein Monatsende.

■ Während der maximal dreimonatigen **Probezeit** beträgt die Kündigungsfrist sieben Tage.

■ Die gesetzlichen Kündigungsfristen dürfen nur durch **schriftliche Vereinbarung** abgeändert werden. Für Arbeitgeber und Arbeitnehmer
müssen stets gleich lange Fristen gelten.

■ Jede Seite hat das Recht, mit einer längeren als der geltenden Kündigungsfrist zu kündigen. Sie muss dann aber damit rechnen, dass die
Gegenpartei eine **Gegenkündigung** mit der kürzeren vertraglichen
oder gesetzlichen Frist ausspricht.

■ Der Kündigende muss die Kündigung **schriftlich begründen,** wenn
die andere Partei dies verlangt (Art. 335 OR). Allerdings bleibt die
Kündigung auch gültig, wenn die Begründung verweigert wird oder
falsch ist. Allenfalls wäre dann zu prüfen, ob die Kündigung eventuell
missbräuchlich ist (mehr dazu auf Seite 237).

Ab wann gilt die Kündigung?

Wirksam wird die Kündigung erst, wenn sie beim Empfänger eingetroffen
ist. Massgebend ist also nicht der Poststempel. Die Kündigung muss spätestens am letzten Arbeitstag eines Monats bei der Gegenpartei eintreffen,
damit die Kündigungsfrist am Ersten des Folgemonats beginnen kann.

Kann ein eingeschriebener Brief nicht zugestellt werden, gilt er als beim
Empfänger eingetroffen, sobald er vom Postamt abgeholt wird. Wird er
nicht abgeholt, gilt der Tag, an dem die Abholung erstmals möglich ist,
als Tag der Zustellung – meist also der auf den Zustellungsversuch folgende Werktag.

ACHTUNG *Eine Kündigung, die die Kündigungsfrist oder den
Kündigungstermin nicht einhält, bleibt nicht einfach wirkungs-
los, sondern wird als Kündigung auf den nächsten gemäss Gesetz oder
Vertrag zulässigen Zeitpunkt interpretiert.*

Beschränkungen der Kündigungsfreiheit

Vom Grundsatz, dass jederzeit gekündigt werden kann, gibt es Ausnahmen. So schützt das Gesetz Arbeitnehmende vor Stellenverlust in Situationen, wo sie Mühe haben dürften, eine neue Stelle zu finden (etwa bei Arbeitsunfähigkeit). Verpönt sind Kündigungen, die aus einem verwerflichen Grund ausgesprochen werden.

Die Regeln rund um den Kündigungsschutz betreffen Sie als Abteilungsleiterin oder Teamchef in zweierlei Hinsicht. Einerseits können Sie selber von einer Kündigung betroffen sein – und dann ist es gut, Bescheid zu wissen. Vor allem aber ersparen Sie sich und Ihrer Firma eine Menge Ärger, wenn Sie darauf achten, dass Kündigungen Ihrer Mitarbeiter korrekt verlaufen.

Kündigungssperrfristen: die Regeln

Solange ein Arbeitnehmer wegen **Krankheit oder Unfall** arbeitsunfähig ist, darf die Arbeitgeberin während einer gewissen Zeit nicht kündigen (Ausnahme: fristlose Entlassung oder einvernehmliche Vertragsauflösung). Dieser Kündigungsschutz gilt sowohl bei ganzer wie auch bei teilweiser Arbeitsunfähigkeit. Es gelten folgende maximale Sperrfristen (gemeint sind Kalendertage):

- 30 Tage im 1. Dienstjahr
- 90 Tage vom 2. bis und mit 5. Dienstjahr
- 180 Tage ab dem 6. Dienstjahr

Einen Kündigungsschutz gibt es auch während der ganzen **Schwangerschaft** einer Arbeitnehmerin sowie bis 16 Wochen nach der Geburt. Dieser Kündigungsschutz gilt auch dann, wenn die Mitarbeiterin zum Zeitpunkt der Kündigung bereits schwanger war, aber noch nichts davon wusste (BGE 135 III 349).

Schliesslich sind auch **Militär- und Zivildienstleistende** geschützt. Ihnen darf der Arbeitgeber während des Dienstes nicht kündigen. Dauert der Dienst länger als elf Tage, beginnt die Sperrfrist vier Wochen davor und endet erst vier Wochen danach (Art. 336c OR).

MARCO F. MUSS AM 5. JUNI für drei Wochen in den WK einrücken. Da sein Dienst länger als elf Tage dauert, beginnt die Sperrfrist am 8. Mai und dauert bis 24. Juli. Am 28. April erhält Herr F. die Kündigung mit zweimonatiger Frist per Ende Juni. Diese Kündigung ist gültig. Das Arbeitsverhältnis wird jedoch massiv verlängert: Die Kündigungsfrist beginnt am 1. Mai zu laufen, wird am 8. Mai unterbrochen und steht bis 24. Juli still. Ab dem 25. Juli läuft die restliche Kündigungsfrist (dreieinhalb Wochen für Mai, einen ganzen Monat für Juni). Das Arbeitsverhältnis von Marco F. endet am nächstmöglichen Monatsende, das ist Ende September.

INFO *Keine Sperrfristen gibt es, wenn der Arbeitnehmer selber kündigt. Auch wenn er danach erkrankt, endet das Arbeitsverhältnis mit Ablauf der Kündigungsfrist. Einen Kündigungsschutz gibt es zudem erst nach Ablauf der Probezeit. Während der Probezeit darf also auch einem erkrankten Mitarbeiter gekündigt werden.*

Die gesetzliche Bestimmung erscheint einfach. In der Praxis kommt es jedoch immer wieder zu Streitigkeiten rund um die Kündigungssperrfristen – nachfolgend die häufigsten Szenarien.

Kündigung während der Sperrfrist

Kündigt der Arbeitgeber während einer Sperrfrist – sogenannte Kündigung zur Unzeit –, ist diese Kündigung nichtig. Sie muss neu ausgesprochen werden, sobald der Arbeitnehmer wieder voll arbeitsfähig oder die Sperrfrist abgelaufen ist. Wird dies verpasst, kann sich das Arbeitsverhältnis um unbestimmte Zeit verlängern.

Sperrfrist nach Erhalt der Kündigung

Ist eine Arbeitnehmerin zum Zeitpunkt der Kündigung voll arbeitsfähig, erkrankt dann aber später während der Kündigungsfrist (oder wird schwanger), ist der blaue Brief gültig. Aber: Die Kündigungsfrist wird während der Dauer der Sperrfrist unterbrochen – bei kürzeren Absenzen, bis die Arbeitnehmerin wieder voll arbeitsfähig ist – und erst anschliessend wieder fortgesetzt. Dann endet sie am nächstmöglichen Endtermin, in der Regel an einem Monatsende.

PAOLA K. IST IM ERSTEN DIENSTJAHR. Sie erhält am 28. November die Kündigung auf Ende Dezember. Im Dezember ist sie vier Tage krank. Die Kündigungsfrist steht während dieser Zeit still und verlängert sich so bis 4. Januar. Gemäss gesetzlicher Bestimmung endet das Arbeitsverhältnis am darauffolgenden Monatsende, also Ende Januar. Da im ersten Dienstjahr die Kündigungssperrfrist maximal 30 Tage beträgt, würde auch eine viel längere Krankheit das Arbeitsverhältnis bis höchstens Ende Januar verlängern.

Auch eine kurze Arbeitsunfähigkeit von nur zwei Tagen, die erst noch auf die Weihnachtsfeiertage fallen, führt zu einer Verlängerung der Kündigungsfrist um einen Monat (Urteil des Bundesgerichts 4D_6/2009 vom 7.4.2009). Dauert eine Arbeitsunfähigkeit von einem Dienstjahr bis ins nächste und gilt für das neue Dienstjahr eine längere Sperrfrist, kommt diese längere Sperrfrist zur Anwendung (BGE 133 III 517).

INFO *Der Arbeitgeber ist nicht verpflichtet, seine Angestellten über den Kündigungsschutz aufzuklären. Arbeitnehmer müssen diesen selber einfordern. Sind sie wieder gesund, müssen sie dem Arbeitgeber ihre Arbeitskraft für die verlängerte Kündigungsfrist anbieten.*

Mehrmals arbeitsunfähig

Ist eine Arbeitnehmerin wegen Krankheiten oder Unfallfolgen, die zueinander in keinem Zusammenhang stehen, mehrmals arbeitsunfähig, löst jede neue Krankheit und jeder neue Unfall eine neue Sperrfrist aus, während derer der Arbeitgeber nicht kündigen kann (BGE 120 II 124).

ALS CLAUDIA J. im dritten Dienstjahr die Kündigung auf Ende Juni erhält, bricht sie zusammen und wird wegen einer schweren Depression krankgeschrieben. Der Arzt geht davon aus, dass sie mindestens ein halbes Jahr nicht wird arbeiten können.

Das Arbeitsverhältnis würde somit nach Ablauf der 90-tägigen Sperrfrist Ende September enden. Nun erleidet Claudia J. aber am 25. September einen Unfall, der ebenfalls eine dreiwöchige Arbeitsunfähigkeit auslöst. Da der Unfall in keinem Zusammenhang mit der Depression steht, entsteht eine neue Sperrfrist. Das Arbeitsverhältnis verlängert sich bis Ende Oktober.

Was gilt als Kündigungsfrist?

Wird einem Arbeitnehmer mit einer längeren Kündigungsfrist als vertraglich vorgesehen gekündigt, beginnt die Kündigungsfrist nicht schon zum Zeitpunkt des Empfangs der Kündigung. Als Kündigungsfrist, die durch eine Sperrfrist unterbrochen werden kann, gelten immer die letzten Monate des Arbeitsverhältnisses (BGE 134 III 354).

SEBASTIAN R. IST IM DRITTEN DIENSTJAHR. Am 10. August erhält er die Kündigung auf Ende Oktober. Anschliessend ist er vom 15. bis 21. August krank. Sein Arbeitsverhältnis verlängert sich nicht. Die Krankheit im August spielt keine Rolle, da sie noch nicht in die Kündigungsfrist fällt. Die zweimonatige Kündigungsfrist von Sebastian R. läuft im September und Oktober.

Missbräuchliche Kündigung

Kann eine Angestellte beweisen, dass unlautere Motive zu ihrer Kündigung geführt haben, ist diese zwar gültig. Sie gilt aber als missbräuchlich, und die Betroffene kann eine Entschädigung einklagen.

Missbräuchlich – was heisst das?

In der Praxis geht es bei solchen Auseinandersetzungen meist um Rachekündigungen, nachdem eine Mitarbeiterin sich auf anständige Weise für ihre Rechte gewehrt hat. Aber auch Kündigungen wegen einer persönlichen Eigenschaft, wegen rechtmässiger gewerkschaftlicher Aktivität oder wegen bevorstehendem Militärdienst sind missbräuchlich. Ausserdem haben gewählte Arbeitnehmervertreter einen besonderen Kündigungsschutz. Die Kündigungsgründe, die von Gesetzes wegen als missbräuchlich gelten, finden Sie in Artikel 336 OR aufgelistet.

NACH ZEHN JAHREN IN DER FIRMA bekam eine Sachbearbeiterin gesundheitliche Probleme, die sich auf die Arbeitsleistung auswirkten. Der Arbeitgeber unterbreitete ihr einen neuen Arbeitsvertrag mit 500 Franken weniger Lohn, gültig ab dem nächsten Monat. Als die Arbeitnehmerin die kurzfristige Lohnkürzung nicht akzeptierte, kündigte der Arbeitgeber das Arbeitsverhältnis fristgerecht und bot ihr gleichzeitig einen neuen Vertrag für die Zeit nach der Kündigungsfrist an, der aber noch schlechtere Bedingungen vorsah. Dem Kündigungsschreiben war ein handschriftlicher Text beigefügt, dass die Änderungskündigung zurückgezogen werde, falls die Frau die ursprünglich vorgeschlagene Lohnkürzung per sofort doch noch akzeptiere. Diese lenkte nicht ein und klagte wegen missbräuchlicher Kündigung.

Der Fall landete schliesslich beim Bundesgericht und dieses gab der Frau recht: Der Arbeitgeber habe mit seinem Manöver eine kurzfristige Lohnkürzung erzwingen wollen. Dass sich die Mitarbeiterin geweigert habe, die Lohnreduktion ohne Einhaltung der Kündigungsfrist zu akzeptieren, sei legitim. Sie habe damit einen Anspruch aus dem Arbeitsverhältnis geltend gemacht, so das Gericht. «Damit ist die ausgesprochene Kündigung missbräuchlich.» (BGE 123 III 246)

Zum Thema Rachekündigung gibt es eine reichhaltige Rechtsprechung. So wurden Kündigungen als missbräuchlich erklärt, nachdem sich Angestellte geweigert hatten, vertraglich nicht geschuldete Tätigkeiten auszuführen, ebenso, nachdem sie auf korrekte Weise berechtigte Kritik an Missständen geäussert oder sich gegen Persönlichkeitsverletzungen gewehrt hatten.

Der in Artikel 336 OR aufgeführte Katalog missbräuchlicher Kündigungsgründe ist nicht abschliessend. So kann eine Kündigung auch aus anderen Gründen missbräuchlich sein, zum Beispiel dann, wenn der Arbeitgeber seine Fürsorgepflicht (siehe Seite 220) verletzt hat. So hat das Bundesgericht in den letzten Jahren wiederholt die Kündigung langjähriger älterer Mitarbeiter als missbräuchlich erachtet, wenn der Arbeitgeber nicht zuvor nach sozial verträglicheren Lösungen gesucht hatte. Denn laut der obersten Instanz haben Arbeitgeber gegenüber langjährigen, treuen Angestellten eine erhöhte Fürsorgepflicht (zum Beispiel in Urteil 4A_384/2014 vom 12.11.2014).

TIPP *Zusätzliche Beispiele zum Thema missbräuchliche Kündigung finden Sie auf den Seiten 192, 198, 224 und 230. Mitglieder des Beobachters können weitere Urteile nachschlagen unter www.beobachter.ch/beratung (→ Beratung mit HelpOnline → Arbeit → Arbeitsrecht → Kündigung).*

Missbräuchliche Kündigung: die Konsequenzen

Will ein Arbeitnehmer die Missbräuchlichkeit einer Kündigung geltend machen, muss er noch während der Kündigungsfrist schriftlich dagegen protestieren. Kommt keine Einigung zustande, muss er innert 180 Tagen nach Beendigung des Arbeitsverhältnisses Klage erheben. Verpasst der Arbeitnehmer eine dieser Fristen, ist nichts mehr zu machen.

Bejaht der Richter die Missbräuchlichkeit, kann er dem Betroffenen je nach Umständen eine Entschädigung von bis zu sechs Monatslöhnen zusprechen. Die Beweislast liegt beim gekündigten Arbeitnehmer.

TIPP *Schützen Sie sich vor dem Vorwurf einer missbräuchlichen Kündigung, indem Sie Auseinandersetzungen mit Mitarbeitenden, Verwarnungen, schlechte Leistungsbeurteilungen und Ähnliches schriftlich festhalten. So können Sie, sollte es zur Kündigung kommen, die Vorgeschichte belegen.*

Diskriminierende Kündigung

Werden im Rahmen einer betrieblichen Umorganisation nur «Doppelverdienerinnen» entlassen oder erhält eine junge Frau die Kündigung mit der Begründung, sie sei ja jetzt verheiratet und werde ohnehin bald Kinder bekommen, dann sind diese Kündigungen diskriminierend.

Die betroffenen Arbeitnehmerinnen können sich auf die gleiche Weise zur Wehr setzen wie gegen eine missbräuchliche Kündigung: schriftliche Einsprache noch während der Kündigungsfrist und Klage auf Entschädigung (maximal sechs Monatslöhne) innert 180 Tagen nach Beendigung des Arbeitsverhältnisses. Dabei gibt es eine Beweiserleichterung zu ihren Gunsten: Anders als bei einer missbräuchlichen Kündigung muss die betroffene Person die Diskriminierung nicht beweisen, sondern nur glaubhaft machen (Art. 6 GlG).

SONDERREGELN BEI MASSENENTLASSUNGEN

Massenentlassungen (Art. 335d ff. OR) sind Kündigungen, die der Arbeitgeber ohne Verschulden der Gekündigten innert 30 Tagen ausspricht und von denen betroffen sind:

- mindestens 10 Arbeitende in Betrieben mit 20 bis 100 Angestellten,
- mindestens 10 Prozent der Belegschaft in Betrieben mit 100 bis 300 Angestellten,
- mindestens 30 Angestellte in Betrieben mit über 300 Beschäftigten.

Vor einer Massenentlassung muss der Arbeitgeber die Belegschaft oder deren Vertretung über die geplante Massnahme informieren (Gründe, Betroffene, Zeitraum) und ihnen die Möglichkeit geben, Vorschläge zu machen, wie die Kündigungen vermieden oder die Folgen gemildert werden können.

Zudem muss er die Entlassungen dem kantonalen Arbeitsamt schriftlich anzeigen und das Amt über die Konsultation der Arbeitnehmer informieren. Die Angestellten erhalten eine Kopie der Anzeige. Die Arbeitsverhältnisse enden frühestens 30 Tage nach dieser Anzeige. Massenentlassungen ohne Konsultation der Arbeitnehmerschaft sind missbräuchlich (Art. 335f OR). Den betroffenen Angestellten kann eine Entschädigung von bis zu zwei Monatslöhnen zugesprochen werden.

Seit dem 1. Januar 2014 sind Unternehmen mit über 250 Mitarbeitenden bei Massenentlassungen zudem verpflichtet, einen Sozialplan auszuhandeln, wenn sie mindestens 30 Angestellte entlassen. Der Sozialplan soll helfen, die Zahl der Entlassungen zu beschränken und die Folgen zu mildern. Im Streitfall muss ein Schiedsgericht bestellt werden, das einen verbindlichen Sozialplan aufstellt.

Schutz vor Rachekündigungen

Das Gleichstellungsgesetz bringt zudem einen zusätzlichen Schutz vor Rachekündigungen. Kündigungen durch den Arbeitgeber sind nämlich dann anfechtbar, wenn sie ohne begründeten Anlass erfolgen, nachdem sich ein Arbeitnehmer, eine Arbeitnehmerin über eine Diskriminierung im Betrieb beschwert oder rechtliche Schritte dagegen ergriffen hat. Betroffene Angestellte sind während der Dauer eines innerbetrieblichen Beschwerdeverfahrens, eines Schlichtungs- und Gerichtsverfahrens sowie sechs Monate darüber hinaus vor Kündigungen geschützt (Art. 10 GlG).

Kündigt der Arbeitgeber trotzdem und kommt das Gericht nach einer ersten Prüfung zum Schluss, dass es sich um eine Rachekündigung handelt, kann es die provisorische Wiederanstellung der Arbeitnehmerin für die Dauer des Verfahrens anordnen. Wird ihre Klage gutgeheissen, hebt das Gericht die Kündigung auf. Der Arbeitgeber muss das Arbeitsverhältnis fortsetzen. Weist das Gericht die Klage ab, wird der Arbeitsvertrag mit dem rechtskräftigen Urteil beendet. Als Alternative zur Weiterführung des Arbeitsverhältnisses kann die Arbeitnehmerin eine Entschädigung von maximal sechs Monatslöhnen verlangen.

> **TIPP** *Ausführliche Informationen zum Gleichstellungsgesetz und eine umfangreiche Sammlung von Gerichtsentscheiden zum Thema Diskriminierung finden Sie auf der Internetseite www.gleichstellungsgesetz.ch.*

Fristlose Entlassung

Eine fristlose Entlassung beendet das Arbeitsverhältnis per sofort. Eine weitere Lohnzahlung ist nicht geschuldet. Wegen dieser schwerwiegenden Konsequenzen darf nur ausnahmsweise – «aus wichtigen Gründen» – per sofort gekündigt werden. Nämlich dann, wenn dem Kündigenden «die Fortsetzung des Arbeitsverhältnisses nicht mehr zugemutet werden darf» (Art. 337 OR).

Damit eine fristlose Entlassung zulässig ist, muss das Vertrauensverhältnis zwischen den Parteien so schwer gestört sein, dass die sofortige Trennung als einziger Ausweg erscheint (BGE 116 II 145). Bei weniger schweren Verfehlungen muss vor der Entlassung eine Verwarnung erfolgen. Liegt aber ein wichtiger Grund vor, kann die fristlose Kündigung jederzeit ausgesprochen werden – also auch während der Sperrfristen bei Krankheit, Schwangerschaft oder Militär (siehe Seite 234). Auch während der Probezeit oder im bereits gekündigten Arbeitsverhältnis ist eine sofortige Entlassung möglich.

Im Streitfall ist es Sache des Gerichts, unter Würdigung aller Umstände zu entscheiden, ob eine fristlose Kündigung gerechtfertigt war oder nicht. Vertragliche Abmachungen darüber, wann fristlos gekündigt werden kann, sind nicht verbindlich.

INFO *Auch Arbeitnehmer können fristlos kündigen, zum Bei-spiel, wenn der Arbeitgeber zahlungsunfähig wird, bei massivem Mobbing oder bei schwerer Beleidigung oder sexueller Belästigung durch einen Vorgesetzten.*

Die wichtigen Gründe

Folgende Vorfälle wurden von den Gerichten als ausreichend für eine fristlose Entlassung anerkannt:

■ Vergehen oder Verbrechen während der Anstellung, zum Beispiel Diebstahl, Betrug oder Veruntreuung

■ Wiederholte und beharrliche Verweigerung der zugewiesenen Arbeit, unberechtigtes Fernbleiben vom Arbeitsplatz, eigenmächtiger Ferienbezug, wiederholtes unentschuldigtes Blaumachen, wiederholtes unentschuldigtes Zuspätkommen. In der Regel braucht es in diesen Fällen zunächst eine Verwarnung.

■ Verrat von Geschäftsgeheimnissen, Konkurrenzierung des Arbeitgebers, Schwarzarbeit, Verleumdung des Arbeitgebers, Annahme von Schmiergeldern

■ Schwerwiegende Tätlichkeiten, Gewaltandrohungen und Beleidigungen gegenüber Vorgesetzten oder Arbeitskollegen

■ Falsche Angaben bei der Stellensuche, soweit sie Dinge betreffen, die im Zusammenhang mit dem betreffenden Arbeitsplatz wesentlich sind (siehe auch Seite 191).

Auch gravierende Kompetenzüberschreitungen und Pflichtverletzungen können unter Umständen ein Grund für eine fristlose Entlassung sein:

EINE PFLEGEHELFERIN, die zur Nachtwache eingeteilt war, erhielt mündlich und schriftlich die Weisung, eine 94-jährige Patientin stündlich zu kontrollieren und bei einem Notfall die pikettdiensthabende Pflegefachfrau zu alarmieren. Am frühen Morgen stürzte die Patientin aus dem Bett auf den unbeheizten Fussboden. Die Pflegehelferin lagerte die betagte Frau, deckte sie zu und behandelte eine Blutung am Kopf. Sie informierte jedoch die Pflegefachfrau nicht sofort, sondern wartete, bis diese 40 bis 50 Minuten später ihre Arbeit antrat.

Die Arbeitgeberin feuerte die Angestellte auf der Stelle: Sie habe die Situation völlig falsch eingeschätzt. Zudem habe sie ihre Kompetenzen als Pflegehelferin überschritten, als sie die Kopfwunde selbst versorgte.

Zu Recht, befand das Bundesgericht. Dass Vorschriften zum Verhalten in Notfällen strikt eingehalten werden, sei in einem Seniorenheim von existenzieller Bedeutung (Urteil 4A_496/2008 vom 22.12.2008). Weitere Beispiele zur fristlosen Entlassung finden Sie auf den Seiten 191 bis 197.

INFO *Fristlose Entlassungen müssen sofort nach dem Vorfall erfolgen. Die Arbeitgeberin hat höchstens zwei bis drei Tage Bedenkfrist. Ausserdem muss die Entlassung unmissverständlich ausgesprochen werden. Dies gilt auch für vorgängige Verwarnungen: Der Arbeitnehmer muss klar erkennen können, welche Verhaltensweisen nicht mehr toleriert werden und welche Konsequenzen drohen.*

Zu Unrecht fristlos entlassen: die Konsequenzen

Ist ein Arbeitnehmer mit der fristlosen Entlassung nicht einverstanden, kann er dagegen protestieren und Klage einreichen. Stellt sich im Gerichtsverfahren heraus, dass die Entlassung ungerechtfertigt war, hat der Entlassene Anspruch auf Ersatz dessen, was er verdient hätte, wenn das Arbeitsverhältnis unter Einhaltung der Kündigungsfrist beendet worden wäre (Art. 337c OR). Zusätzlich kann das Gericht die Arbeitgeberin verpflichten, ihm eine Entschädigung zu zahlen; die Höhe wird unter Würdigung aller Umstände – Dauer des Arbeitsverhältnisses, Vorgeschichte der Entlassung, Auswirkung der Kündigung – festgelegt. Das Maximum liegt wie bei der missbräuchlichen Kündigung bei sechs Monatslöhnen.

ACHTUNG *Fristlose Entlassungen führen fast immer zu einem Rechtsstreit. Ein solcher kann Jahre dauern und kostet Geld, Zeit und Energie. Zudem darf das Prozessrisiko nicht unterschätzt werden. Ausser in ganz eindeutigen Fällen – zum Beispiel bei einem nachgewiesenen Betrug – sollten Sie daher Alternativen prüfen. Etwa eine normale Kündigung mit Freistellung (siehe Seite 248) oder eine Aufhebungsvereinbarung (siehe Seite 244).*

Auflösung von Kaderverträgen

Wenn Kadermitarbeiter aus dem Unternehmen scheiden, gelten grundsätzlich die auf den vorangehenden Seiten beschriebenen Regeln. Und dennoch läuft die Trennung von einem Kadermitarbeiter oft anders ab. Führungskräfte werden nicht selten während der Kündigungsfrist von der Arbeit freigestellt und/oder es wird ein Aufhebungsvertrag ausgehandelt. Ob eine Austrittsentschädigung gezahlt werden muss, ist Sache von Verhandlungen oder vertraglicher Abmachung.

Die gesetzlichen Kündigungsfristen wurden auf Seite 232 erläutert. Sofern schriftlich vereinbart, sind jedoch auch längere Fristen möglich. So sind in Arbeitsverträgen von Führungskräften sechs Monate Kündigungsfrist weitverbreitet – was nicht immer von Vorteil ist. Haben Sie bereits eine neue Stelle gefunden, die Sie möglichst bald antreten möchten, bleibt Ihnen nichts anderes übrig, als zu verhandeln. In der Regel wird Ihr Arbeitgeber zu einer Aufhebungsvereinbarung bereit sein. Denn es dürfte kaum je im Interesse eines Unternehmens sein, eine Kadermitarbeiterin noch monatelang an sich zu binden, wenn diese sich gedanklich bereits neu orientiert hat und womöglich gar nicht mehr im Interesse der Firma handelt.

ACHTUNG *Verlassen Sie die Stelle ohne Einwilligung des Arbeitgebers vorzeitig, hat dieser Anspruch auf eine Entschädigung in Höhe eines Viertels Ihres Monatslohns. Zudem kann er weiteren Schadenersatz verlangen, sofern er einen höheren Schaden beweisen kann. Die Entschädigungsforderung muss der Arbeitgeber innert 30 Tagen seit Nichtantritt oder Verlassen der Arbeitsstelle durch Klage oder Betreibung geltend machen, andernfalls ist sein Anspruch verwirkt (Art. 337d OR).*

JEAN-CLAUDE BIVER

Präsident von Hublot, Leiter der Uhrensparte von LMVH

Welches war Ihre erste Führungsrolle?

Mein jüngerer Bruder und ich gingen gemeinsam im Internat zur Schule. Ich war zehn, er acht Jahre alt. Ich musste natürlich auf ihn aufpassen. Ich habe so ganz selbstverständlich gelernt, Verantwortung zu übernehmen. Ich fühlte mich in dieser Situation zum ersten Mal selbständig, es war eigentlich meine erste Führungsrolle. Weil es um meinen Bruder ging, war es eine wirklich wichtige Aufgabe in jungen Jahren und eine gute Erfahrung, die mein Leben geprägt hat.

Welches war Ihr grösster Fehler als Führungsperson?

Mein grösster Fehler, den ich leider nicht nur einmal gemacht habe, ist, von anderen zu erwarten, was ich von mir selber erwarte. Inzwischen ist mir längst klar, dass ich von Mitarbeitern das verlangen kann, was in ihren Möglichkeiten liegt und ihrem Erfahrungshorizont entspricht. Der eigene Massstab ist nicht automatisch auch der Massstab für andere. Trotzdem soll man jedem Mitarbeiter, jeder Mitarbeiterin eine Chance geben und ihnen dabei helfen, sich weiterzuentwickeln und sich zu steigern.

Was haben Sie daraus gelernt?

Ich habe gelernt, Menschen mit ihren Potenzialen besser wahrzunehmen und zu respektieren, statt sie zu überfordern. Und ich weiss heute besser, wie ich Menschen dabei unterstützen kann, sich zu steigern und zu verbessern. Ich habe auch gelernt, anderen Menschen mehr Geduld, Respekt und Verständnis entgegenzubringen und sie damit zu motivieren.

Was ist eine Aufhebungsvereinbarung?

Ein Arbeitsvertrag kann jederzeit zu einem beliebigen Zeitpunkt und zu beliebigen Bedingungen aufgelöst werden – sofern, wie schon das Wort Vertrag besagt, beide Seiten damit einverstanden sind. Dringend zu empfehlen ist dabei eine schriftliche Vereinbarung, in der folgende Punkte geregelt werden:

- Auflösungsdatum
- Begleichung offener Forderungen
- Rückgabepflichten
- Arbeitszeugnis
- Allfällige Freistellung
- Abfindungen

Eine Aufhebungsvereinbarung als Alternative zur einseitigen Kündigung hat auch symbolischen Wert: Man setzt sich zusammen, findet eine Einigung, die alle Interessen berücksichtigt, und geht im Frieden auseinander. Die gütliche Einigung lässt sich auch nach aussen so kommunizieren.

Ein Aufhebungsvertrag sollte ein fairer Kompromiss sein. Verzichtet der Arbeitnehmer auf Rechte und Ansprüche, sollte dem stets eine angemessene Gegenleistung des Arbeitgebers gegenüberstehen. Ein Arbeitnehmer, der offensichtlich übervorteilt, unter Druck gesetzt oder überrumpelt wurde, kann eine Aufhebungsvereinbarung anfechten. «Dass ein Arbeitnehmer zu einer einvernehmlichen Auflösung des Arbeitsverhältnisses Hand bieten will, ist nicht leichthin anzunehmen», so das Bundesgericht (Urteil 4A 563/2011 vom 19.1.2012).

Eine einvernehmliche Vertragsauflösung ist grundsätzlich auch trotz laufender Sperrfristen (siehe Seite 234) möglich, sofern damit nicht eine klare Umgehung des zwingenden Kündigungsschutzes bezweckt wird.

HERR X. WAR GENERALDIREKTOR eines Weinhandelsunternehmens und litt nach grösseren Restrukturierungen unter gesundheitlichen Problemen psychischer Art, die sich auch am Arbeitsplatz manifestierten. Am 23. November 2006 löste der Verwaltungsrat das Arbeitsverhältnis mit ihm «im gegenseitigen Einvernehmen» per Ende November auf, ohne dass Herrn X. eine Bedenkzeit eingeräumt worden wäre. Der Generaldirektor erhielt eine ihm gemäss Vertrag

zustehende Abfindung sowie den Lohn für die dreimonatige Kündigungsfrist. Zum Zeitpunkt der Vertragsunterzeichnung war Herr X. arbeitsfähig, zeigte aber Anzeichen geistiger Störungen. Vom 27. November
2006 bis 30. April 2007 war er arbeitsunfähig.

Laut Bundesgericht konnte man in diesem Fall nicht davon ausgehen, dass
es wirklich der Wille des Generaldirektors gewesen war, das Arbeitsverhältnis kurzfristig zu beenden. Er war gesundheitlich beim Gespräch bereits geschwächt, hatte keine Bedenkzeit, und es wurde ihm von Arbeitge-
berseite nichts angeboten, was er nicht auch bei einer normalen Kündigung

---

AUFHEBUNGSVEREINBARUNG: ACHTEN SIE AUF DIESE PUNKTE

■ Soll das Arbeitsverhältnis per sofort aufgelöst werden, sollten Sie unbedingt eine
Entschädigung bekommen – mindestens den Lohn für die Kündigungsfrist. Auch offene
Ferienguthaben, Überstunden etc. werden dann fällig.

■ Akzeptieren Sie keine Vertragsauflösung, solange Sie arbeitsunfähig sind und einen
Kündigungsschutz geniessen (siehe Seite 234).

■ Sind Sie unsicher, ob Ihnen noch ein **Bonusanteil** oder eine **Erfolgsbeteiligung** zusteht?
Mehr dazu lesen Sie auf Seite 172 und 176.

■ Ob Sie eine **Abfindung** verlangen können, ist Sache von vertraglichen Abmachungen
und internen Regelungen. Ein gesetzlicher Anspruch besteht nicht. Das OR enthält zwar
eine Regelung zur «Abgangsentschädigung». Diese hat jedoch kaum mehr Bedeutung,
da die Abgangsentschädigung mit Leistungen aus der Personalvorsorge verrechnet werden
darf (Art. 339b OR).

■ Oft finanzieren Arbeitgeber scheidenden Kadern eine professionelle Hilfe bei der Neu-
orientierung und Stellensuche im Wert von mehreren Zehntausend Franken **(Outplace-
ment).** Das kann sehr nützlich sein, ist jedoch ebenfalls Verhandlungssache.

■ Achten Sie nicht nur auf die finanziellen Aspekte der Vertragsauflösung. Ein faires
Arbeitszeugnis sollte Teil der Vereinbarung sein. Wichtig ist auch, wie Ihr Weggang kommuniziert wird. Legen Sie eine verbindliche Sprachregelung fest.

■ Erfolgt die Vertragsauflösung auf Wunsch des Arbeitgebers, sollten Sie sich dies zuhanden der **Arbeitslosenversicherung** schriftlich bestätigen lassen. Klargestellt werden
sollte auch, dass dann ein allfälliges Konkurrenzverbot dahinfällt (siehe Seite 200).

■ Werden Sie während der Kündigungsfrist von der Arbeit **freigestellt,** beachten Sie die
Ausführungen auf der nächsten Seite.

---

hätte bekommen müssen. Im Gegenzug verzichtete er auf den Kündigungsschutz im Krankheitsfall sowie auf monatelange Lohnfortzahlung. Die Vertragsauflösung wurde daher als ungültig erachtet (Urteil 4A_376/2010 vom 30.9.2010)

> **TIPP** *Prüfen Sie die Aufhebungsvereinbarung genau – bevor Sie unterschreiben. Verlangen Sie Bedenkzeit und lassen Sie sich im Zweifelsfall rechtlich beraten. Auf welche Punkte Sie besonders achten sollten, sehen Sie im Kasten auf Seite 247.*

Freistellung während der Kündigungsfrist

Steht einmal fest, dass ein leitender Angestellter das Unternehmen verlässt, wollen viele Arbeitgeber die Zusammenarbeit rasch beenden. Auch dem Angestellten kommt es entgegen, wenn er frühzeitig die Zukunft in Angriff nehmen kann. Kaderleute werden nach der Kündigung daher häufig freigestellt, das heisst: Die Arbeitgeberin verzichtet bereits während der Kündigungsfrist auf die Arbeitsleistung.

Das Arbeitsverhältnis läuft rechtlich gesehen trotzdem bis zum Ende der Kündigungsfrist weiter. Die Arbeitgeberin schuldet bis dahin den vollen Lohn inklusive regelmässiger Zulagen (13. Monatslohn, Durchschnittsprovision, vertraglich zugesicherte Privatnutzung des Geschäftsautos) sowie der Spesenpauschalen, die eigentlich Lohn darstellen (siehe Seite 180).

Auch die Treuepflicht des Angestellten läuft grundsätzlich weiter. Wer bedingungslos freigestellt wurde, darf jedoch eine neue Stelle annehmen, sofern es sich nicht direkt um einen Konkurrenzbetrieb handelt. Ein Anspruch auf doppelte Lohnzahlung besteht allerdings nicht. Die bisherige Arbeitgeberin darf die Lohnzahlung insoweit einstellen, als der austretende Mitarbeiter anderweitig etwas verdient (BGE 118 II 139).

> **INFO** *Eine Freistellung ist bei Kaderangestellten häufig und schadet Ihrem Ansehen nicht. Ein Anspruch auf Beschäftigung bis Ablauf der Kündigungsfrist besteht nicht – ausser in speziellen Situationen, etwa bei Spitzensportlern. Im Arbeitszeugnis darf die Freistellung nicht erwähnt werden. Als Austrittsdatum ist das rechtliche Ende der Kündigungsfrist aufzuführen, nicht der letzte Arbeitstag.*

Ferien- und Überstundenguthaben

Restliche Ferienansprüche sind grundsätzlich während der Freistellungszeit zu beziehen, wenn das zumutbar und möglich ist und wenn die Frei-
stellungsdauer das vorhandene Ferienguthaben deutlich übersteigt. Andernfalls müssen sie ausgezahlt werden. In einem konkreten Fall vertrat
das Bundesgericht die Meinung, dass ein freigestellter Mitarbeiter rund
7,5 Wochen Ferien während einer Freistellungszeit von knapp 14 Wochen
beziehen könne. Auch nach Bezug der Ferien stünde dem Gekündigten
noch erheblich mehr Zeit für die Stellensuche zur Verfügung, als wenn er
nicht freigestellt worden wäre. Der Antrag auf Auszahlung der Ferien
wurde abgelehnt (Urteil 4C.215/2005 vom 20.12.2005).

Anders verhält es sich mit noch offenen Überstundenguthaben: Laut
Gesetz braucht es für die Kompensation von Überstunden durch Freizeit
das Einverständnis des Arbeitnehmers. Er kann also auf Auszahlung be-
harren – und zwar mit Zuschlag von 25 Prozent, sofern nichts Abweichen-
des schriftlich vereinbart wurde (siehe Seite 183). Dies gilt auch im Fall
einer Freistellung (BGE 123 III 84).

PER SALDO ALLER ANSPRÜCHE?

Auf der Schlussabrechnung steht häufig, sie gelte «per Saldo aller Ansprüche». Damit
bestätigen beide Parteien, dass alle gegenseitigen Forderungen definitiv abgegolten sind.
Eine solche Klausel sollten Sie daher nur nach reiflicher Überlegung unterschreiben.

Doch nicht immer bedeutet eine unterschriebene Saldoerklärung, dass nichts mehr zu machen ist. Laut Bundesgericht ist eine Saldoerklärung für den Arbeitnehmer nur dann verbindlich, wenn er zum Zeitpunkt der Unterschrift von seinem Anspruch Kenntnis hatte oder einen
solchen Anspruch zumindest für möglich hielt (BGE 129 III 493). Ausserdem können Arbeitnehmende während der Dauer des Arbeitsverhältnisses und bis einen Monat danach
nicht gültig auf Forderungen verzichten, die sich aus zwingenden Vorschriften des Gesetzes oder aus zwingenden Bestimmungen eines Gesamtarbeitsvertrags ergeben (Art. 341 OR).
Dazu gehören zum Beispiel der Anspruch auf mindestens vier Wochen bezahlte Ferien, auf
kostendeckende Spesen oder auf Lohnfortzahlung im Krankheitsfall. Nicht dazu gehören aber
die Lohnhöhe oder ein Bonusanteil. Eine Liste der zwingenden Gesetzesbestimmungen finden
Sie in Artikel 361 und 362 OR.

Lassen Sie sich beraten, wenn Sie der Meinung sind, trotz unterschriebener Saldoklausel
noch Ansprüche gegenüber Ihrem Arbeitgeber zu haben. ■

Arbeitszeugnis

Arbeitszeugnisse sind vom Arbeitgeber erstellte Urkunden, die den Tätigkeitsbereich sowie die Leistung und das Verhalten eines Arbeitnehmers dokumentieren. Arbeitnehmende haben von Gesetzes wegen das Recht, sich «jederzeit» – also auch während der Anstellung – ein solches Zeugnis ausstellen zu lassen (Art. 330a OR).

In der Regel erhalten Angestellte beim Austritt aus einem Betrieb automatisch ein Arbeitszeugnis ausgehändigt – obwohl der Arbeitgeber dazu an sich nicht verpflichtet wäre. Laut Gesetz muss der Arbeitnehmer das Zeugnis einfordern. Er kann dies jederzeit tun, also zum Beispiel gleich nach Erhalt der Kündigung. Verlangt man während der Dauer des Arbeitsverhältnisses ein Zeugnis, handelt es sich um ein Zwischenzeugnis.

«Jederzeit» bedeutet auch, dass der Arbeitgeber das Zeugnis innert zwei bis drei Wochen auszustellen hat. Ein Zeugnis darf nicht verweigert werden, auch nicht bei nur kurzer Anstellung. Es darf auch nicht an Bedingungen geknüpft werden.

DIE DEUTSCHEN EHELEUTE E. waren in einem Spital als Anästhesiepfleger angestellt. Nach ein paar Monaten erhielten sie von ihrem Vorgesetzten, Dr. G., folgendes Schreiben: «Die Zusammenarbeit zwischen Ihnen, dem Unterzeichneten und Dr. H. ist aus verschiedenen Gründen unbefriedigend. Ich bin im Besitze von drei Bewerbungen von Schweizer Bürgern mit abgeschlossener Ausbildung. Ich bitte Sie deshalb, umgehend die Kündigung einzureichen. Dies ermöglicht mir, Ihnen ein Abschlusszeugnis auszustellen.» Ein paar Tage später doppelte der Vorgesetzte mit einem zweiten Schreiben nach.

Das Bundesgericht sah in diesem Vorgehen einen strafbaren Nötigungsversuch: Der Arbeitnehmer habe einen unabdingbaren Anspruch auf ein Zeugnis. «Die Drohung, man werde sonst kein Arbeitszeugnis ausstellen, ist kein zulässiges Mittel, um einen Arbeitnehmer zu einem bestimmten Verhalten zu veranlassen.» Es gehe dabei «um einen ins Gewicht fallenden Nachteil für das weitere Fortkommen» (BGE 107 IV 35).

INFO *«Auf besonderes Verlangen des Arbeitnehmers hat sich das Zeugnis auf Angaben über die Art und Dauer des Arbeitsverhältnisses zu beschränken», so das Gesetz. Die Alternative zum Vollzeugnis ist also eine reine Arbeitsbestätigung, die keinerlei Leistungsbeurteilung enthält. Dies ist allerdings eine Notlösung, die nur bei kurzen Anstellungen zu empfehlen ist.*

Grundsätze der Zeugniserstellung

Arbeitszeugnisse werden auf dem üblichen Geschäftspapier des Arbeitgebers ausgestellt und umfassen eine halbe bis maximal zwei A4-Seiten. Sie sind in der Sprache auszustellen, die am Arbeitsort gesprochen wird. Ist

DIESE PUNKTE DÜRFEN IM ZEUGNIS NICHT FEHLEN

- Name und Adresse des Arbeitgebers (offizieller Briefkopf)
- Personalien des Arbeitnehmers: Name, Geburtsdatum und Bürgerort (Heimatland bei Ausländern)
- Beginn und Ende der Anstellung
- Bei Teilzeitbeschäftigten: Arbeitspensum
- Position und hierarchische Stellung
- Vollständige Beschreibung der Aufgaben und Pflichten: Massgebend ist dabei nicht die vertraglich vereinbarte, sondern die tatsächlich ausgeübte Tätigkeit (siehe auch Seite 162).
- Beförderungen und Versetzungen mit Datum
- Ausführliche, wahrheitsgetreue und faire Beurteilung der Leistung (Fachkompetenz, Engagement, Arbeitsweise, Belastbarkeit, Qualität und Quantität)
- Beurteilung des Verhaltens gegenüber Vorgesetzten, Arbeitskollegen, allenfalls Kunden
- Bei leitenden Angestellten: Führungsstil und -qualitäten, Anzahl Untergebene
- Grund für den Austritt: Angabe fakultativ. Erwähnt werden sollte jedoch, wenn der Arbeitnehmende selber gekündigt hat.
- Schlussformel: Dank für die geleistete Arbeit, Wünsche für die Zukunft und bei guten Mitarbeitern ein Ausdruck des Bedauerns über ihren Weggang
- Datum der Ausstellung und Unterschrift(en) von hierarchisch höhergestellten Führungspersonen

die übliche Arbeitssprache im Betrieb eine andere, kann der Arbeitnehmer laut Bundesgericht ein Zeugnis in beiden Sprachen verlangen (Urteil 4A_117/2007 vom 13.9.2007).

Vollständig, klar, wohlwollend und wahr

Zeugnisse müssen vollständig (siehe Kasten), klar in der Aussage und wohlwollend sein. Wohlwollend heisst, dass bei der Leistungsbeurteilung schwerpunktmässig auf die Stärken der Mitarbeiterin einzugehen ist. Das Zeugnis sollte der Mitarbeiterin helfen, eine Anstellung zu finden, bei der sie ihre Fähigkeiten optimal einsetzen und ihr Entwicklungspotenzial nutzen kann.

Vor allem aber müssen Zeugnisse der Wahrheit entsprechen: «Der Anspruch des Arbeitnehmers geht auf ein objektiv wahres, nicht auf ein gutes Arbeitszeugnis», so das Bundesgericht. «Das Interesse des zukünftigen Arbeitgebers an der Zuverlässigkeit der Aussagen im Zeugnis muss höherrangig eingestuft werden als das Interesse des Arbeitnehmers an einem möglichst günstigen Zeugnis. Das Zeugnis darf und muss deshalb auch ungünstige Tatsachen und Beurteilungen enthalten, ausser es handle sich um einmalige Vorfälle und Umstände, die für den Arbeitnehmer nicht charakteristisch sind.» (Urteil 2A.499/1998 vom 4.2.1999)

Nicht ins Zeugnis gehören also einmalige Vorfälle, Bagatellen sowie seltene Fehlleistungen, die für eine Mitarbeiterin nicht typisch sind. Schwere Verfehlungen und massive Vertrauensbrüche müssen jedoch erwähnt werden.

EIN ARBEITNEHMER HATTE AM ARBEITSPLATZ 25 000 Franken unterschlagen. Die Arbeitgeberin verzichtete auf eine Strafanzeige und einigte sich mit dem Arbeitnehmer auf eine Rückzahlung der Schuld. Im Arbeitszeugnis bescheinigte man dem Austretenden, er habe zur vollen Zufriedenheit der Arbeitgeberin gearbeitet, man könne ihn wärmstens empfehlen. Bei einem neuen Arbeitgeber beging der Mann wieder Unterschlagungen – diesmal ging es um 500 000 Franken. Als der neue Chef von den früheren Verfehlungen erfuhr, klagte er gegen die ehemalige Arbeitgeberin – mit Erfolg.

Das Bundesgericht hielt fest, dass das Arbeitszeugnis der früheren Arbeitgeberin wesentlich dazu beigetragen habe, dass der betrügerische Mitarbeiter eingestellt worden sei. Zwar trage der neue Arbeitgeber eine Mitverantwortung, da er den neuen Angestellten monatelang überhaupt nicht überwacht habe. Dennoch wurde die Ausstellerin des schönfärberischen Zeugnisses haftbar gemacht und musste dem neuen Arbeitgeber 150 000 Franken Schadenersatz zahlen (BGE 101 II 69).

Versteckte Botschaften sind verboten

Das Zeugnis muss in seiner Aussage eindeutig und unmissverständlich sein. Massgebend ist dabei laut Bundesgericht, wie ein «unbeteiligter Dritter das Zeugnis nach Treu und Glauben verstehen» muss. Zeugnisse dürfen keine versteckten Botschaften, sogenannte Codes, enthalten. Verpönt sind zudem schwammige, interpretationsbedürftige Formulierungen, Vermutungen, Verdächtigungen, zweideutige Bemerkungen. Hinweise zwischen den Zeilen gehören ebenfalls nicht in ein Zeugnis. Nicht akzeptabel sind Floskeln wie «bemühte sich», «war bestrebt», «zeigte Interesse», «gab stets sein Bestes». Denn solche Formulierungen sagen allenfalls etwas über die Arbeitshaltung aus, nicht aber über die tatsächlich erbrachte Leistung.

BUCHTIPP

Ausführliche Informationen zur Interpretation und Erstellung von Arbeitszeugnissen sowohl für Arbeitnehmer wie Führungskräfte finden Sie im Beobachter-Ratgeber: **Fair qualifiziert? Mitarbeitergespräche, Arbeitszeugnisse, Referenzen.**

www.beobachter.ch/buchshop

TIPP *Wollen Sie wissen, was Ihr Zeugnis wirklich aussagt? Abonnentinnen und Abonnenten des Beobachters können ihr Zeugnis für 120 Franken von Experten prüfen lassen (www.beobachter.ch/beratung → Arbeitszeugnis).*

Unzufrieden mit dem Zeugnis – was tun?

Wenn Sie der Meinung sind, Ihr Zeugnis sei falsch oder unvollständig, sollten Sie immer zuerst das Gespräch mit dem Verfasser suchen und Änderungsvorschläge unterbreiten. Ist eine gütliche Einigung nicht möglich, können Sie beim zuständigen Gericht Änderungsklage einreichen. Zunächst wird ein Schlichtungsverfahren durchgeführt; zuständig ist die Schlichtungsstelle wahlweise an Ihrem Arbeitsort oder am Hauptsitz der Arbeitgeberfirma (Adressen unter www.zivilgerichte.ch).

Laut Bundesgericht ist es Sache des Arbeitnehmers, zu beweisen, dass er bessere Leistungen erbracht hat, als das Zeugnis aussagt. Der Arbeitgeber seinerseits muss seine negativen Bewertungen belegen können. Kann er dies nicht, könne der Richter den Änderungsantrag als begründet betrachten, so das Gericht (Urteil 4A_117/2007 vom 13.9.2007).

Als mögliche Beweise gelten auf Arbeitnehmerseite: Zwischenzeugnisse, Protokolle von Mitarbeitergesprächen, Dankesschreiben, Gesprächsnotizen, Beförderungen, Lohnerhöhungen und Zeugenaussagen, zum Beispiel von früheren Vorgesetzten. Arbeitgeber wiederum tun gut daran, ihre allfällige Unzufriedenheit mit einem Mitarbeiter anhand von Zielvereinbarungen, Verwarnungen, Protokollen von Kritikgesprächen zu dokumentieren.

INFO *Arbeitsrechtliche Streitigkeiten sind kostenlos, solange der Streitwert 30 000 Franken nicht übersteigt. In aller Regel liegt der Streitwert bei einem Zeugnisprozess tiefer.*

JÜRG EGGENBERGER, Geschäftsführer
der Schweizer Kader Organisation SKO,
im Gespräch mit Stefan Mair, Ressortleiter bei der «Handelszeitung»

«Der Gärtner hat immer den ganzen Garten im Blick»

Kann man Chef sein lernen oder muss man ein Naturtalent sein?
Eine gute Frage. Führung ist ja nicht gleich Führung. Zudem haben
sich die Anforderungen an «gute» Führung im Lauf der Zeit verändert.
Führung meint, vereinfacht gesagt, die bewusste und zielorientierte
Einflussnahme auf Menschen. Daraus ergeben sich aus meiner Sicht drei
Anforderungen:

Man muss führen wollen. Man muss Freude an der Übernahme von
Verantwortung empfinden und wissen, was man will. Man muss aber
auch führen können. Wenn man Orientierung geben und Aufgaben
strukturieren will, muss man verstehen, wie eine Organisation funktio-
niert und wie man Wirkung erzielen kann. Und drittens muss man
Menschen mögen. Personalführung ist in erster Linie Kommunikation.
Kommunikation kann man zwar lernen, aber ohne Zuneigung für die
Menschen gelingt Führung nicht.

Kurzum: Führungsarbeit kann man lernen, aber es braucht gewisse
Grundvoraussetzungen und Charaktereigenschaften. Dazu zählen
ein Mindestmass an intellektueller und emotionaler Kompetenz sowie
die Fähigkeit, sich auszudrücken und dem anderen zuzuhören.

Was versteht man denn heute unter guter Führung?

Bei der Beurteilung guter Führung geht es erstens um den Output, also um die Frage: Wurden die Ziele erreicht? Zweitens um den Prozess: Werden die Ressourcen zur Erreichung der Ziele effektiv und effizient eingesetzt? Dazu gehört heute auch, die Zufriedenheit und die Gesundheit der Belegschaft zu erhalten und zu fördern. Drittens soll Führung ethisch vertretbar sein. Die Führungsperson geht respektvoll und wertschätzend mit den Mitarbeitenden um, und ihr Handeln stimmt mit moralischen Standards und Werten überein. Die Führungskraft setzt ihre Macht im Dienst und zum Wohl des Ganzen ein und integriert verschiedene Sichtweisen und Interessen. Dadurch wird ihr Verhalten berechenbar und glaubwürdig, auch bei unpopulären Entscheiden.

Sie haben viel Kontakt zu Kaderleuten in der ganzen Schweiz. Was sind die drängendsten Probleme von Schweizer Führungskräften?

Aus der Studie Leadership-Barometer wissen wir, dass es für Führungsleute zwei Topherausforderungen gibt: erstens mit weniger Ressourcen eine höhere Leistung zu erreichen und gleichzeitig genügend Kapazität für nötige Innovationen zu haben; zweitens trotz Fachkräftemangel motivierte fähige Mitarbeitende zu gewinnen, zu halten und ihren Ansprüchen gerecht zu werden.

Ressourcenknappheit und Druck von oben – aber auch von unten, von anspruchsvolleren Mitarbeitenden – sowie die ständige Erreichbarkeit machen deutlich, dass die Belastung eher zunimmt. Führungsleute im mittleren und oberen Management erhalten zudem wenig Wertschätzung, im Sinn von: «Die wissen schon, dass sie gut sind.» Gibt es jedoch Probleme, geraten sie schnell in die Kritik.

Ein weiteres Problem ist, dass Führungsleute in wichtigen Momenten nicht die Information oder die Entscheidung von oben erhalten, die sie für ihre Aufgabe bräuchten. Auch führen Wechsel in der oberen Führungsetage häufig dazu, dass neue Ziele und neue Regeln gelten, was die Anpassungsfähigkeit von Kaderleuten zusätzlich herausfordert.

Es ist deshalb wichtig, dass Führungskräfte regelmässig einen Boxenstopp einlegen und über ihre weitere berufliche Perspektive reflektieren: Was reizt mich, welche Rahmenbedingungen brauche ich, damit ich meine Leistung erbringen kann? Ohne eigene Energie und Sinn im

Job kann man dem Team nicht die nötige Energie und Orientierung geben.

Bewusst sein sollte man sich auch, dass sich die Führungsrolle verändert, weil Führungskräfte heute mit einer sich dynamisch vernetzenden Umwelt konfrontiert sind, was hohe Eigensteuerungs- und Kooperationsfähigkeiten verlangt. Dies ist vor allem in flachen, netzwerkorientierten Organisationen spürbar. Solche Organisationsformen nehmen zu, man schaue sich nur die IT-Branche oder die vielen Start-ups an.

Wie verändern diese Netzwerkstrukturen denn die Führung?
In einer hierarchischen Organisation definiert und entscheidet primär der oder die Vorgesetzte, in Netzwerkstrukturen haben sie oft keine eindeutige Weisungsbefugnis. Sie müssen deshalb ergebnisoffen sein, Zielklärungen und Lösungsprozesse moderieren. Während in Hierarchien der Chef vordenkt, Ratschläge gibt und kontrolliert, ist er in Netzwerken der Coach und wendet viel Zeit für Gespräche und die Entwicklung eines gemeinsamen Verständnisses auf. Entscheidungen werden zunehmend in Projekten und Matrixstrukturen gefällt, in denen der Führungsanspruch immer wieder verhandelt werden muss. Eine effiziente Zusammenarbeit ohne Kommunikations- und Vernetzungstools ist in solchen Strukturen nicht möglich.

Welche anderen Trends werden in den nächsten Jahren auf die Aufgaben von Führungskräften den grössten Einfluss haben?
Organisationen sind Abbild einer komplexen Gesellschaft. Man hat es immer mehr mit heterogen zusammengesetzten Teams zu tun, in denen unterschiedliche Werte, Lebensstile und Arbeitsvorstellungen zusammenkommen und Spannungsfelder zwischen Alt und Jung aktiv gemanagt werden müssen.

Der demografische Wandel verschärft den Fachkräftemangel: Eine zentrale Frage wird sein, wie man die guten Leute halten kann, wenn diese aus einem breiten Stellenangebot auswählen können. Auch die neuen Informations- und Kommunikationstools führen zu Veränderungen in der Arbeitswelt: Sie erleichtern das zeit- und ortsunabhängige Arbeiten, fördern das Vernetzen von Wissen und ermöglichen Kosteneinsparungen bei Büroflächen und Ausstattung. Die Führungsarbeit wird dadurch aufwendiger, weil mehr koordiniert werden muss. Der ökonomische Wandel schliesslich erhöht den Wettbewerbs- und Innovationsdruck, dem Unternehmen nur begegnen können, wenn sie neue Geschäftsfelder erschliessen und vor allem neue Geschäftsmodelle entwickeln. Wir stehen also vor grösseren Transformationsprozessen, die neue Mindsets erfordern.

Wenn alles im Fliessen ist, braucht es ein gutes, wertegestütztes Urteilsvermögen, um mit den wachsenden Widersprüchen und widerstreitenden Meinungen umgehen zu können. Kommunikation wird entscheidend, wenn es darum geht, Ziele auszuhandeln, ein gemeinsames Verständnis zu entwickeln, Erwartungen auszutauschen und Feedbackprozesse zu gestalten. Dazu brauchen Führungsleute Empathie und die Fähigkeit, von anderen Perspektiven her zu denken. Und ganz entscheidend ist die eigene Selbstwirksamkeit. Wie erziele ich Wirkung? Wo lohnt es sich, meine Energie ins System zu geben? Wie erkenne ich meine Stärken sowie Lernfelder und wie kann ich diese Erkenntnisse umsetzen?

Welche drei Ratschläge geben Sie einer frisch gewählten Führungskraft?

Mir gefällt die Metapher des Gärtners: Ein Gärtner hat immer den gesamten Garten im Blickfeld. Das Wachsen einzelner Pflanzen kann er nicht beschleunigen. Er kann aber dafür sorgen, dass die Pflanzen optimale Rahmenbedingungen vorfinden: Wasser, Dünger, Sonneneinstrahlung, richtige Zusammensetzung im Beet ... Er interveniert frühzeitig, wenn eine Pflanze krank ist. Und wenn Pflanzen nicht gedeihen, ist er bereit, die Konsequenzen zu ziehen und sie zu ersetzen. An die Adresse junger Führungsleute heisst das:

Seien Sie sich als Chef oder Chefin im Klaren, was das Ziel, das Profil Ihres Gartens ist, und gestalten Sie ihn gesamtheitlich.

Gewinnen Sie Ihre Mitarbeitenden für das Ziel, vernetzen Sie sie und befähigen Sie sie, den Garten mitzugestalten. Setzen Sie auf förderliche Rahmenbedingungen für den Garten und auf die individuelle Begleitung der Mitarbeitenden.

Und schliesslich: Seien Sie konsequent bei der Auswahl der Mitarbeitenden – und auch dann, wenn die Zusammenarbeit nicht mehr klappt.

Anhang

Nützliche Links und Adressen

Literatur

Stichwortverzeichnis

Nützliche Links und Adressen

Beratung, Anwaltssuche

www.beobachter.ch
Beobachter-Expertinnen und -Experten
geben praktischen Rat bei privaten Rechts-,
Geld- und Lebensproblemen des Alltags.
Das Wissen der Fachleute steht den
Beobachter-Mitgliedern (Abonnentinnen
und Abonnenten) kostenlos zur Verfügung.
Wer kein Abonnement hat, kann online
oder am Telefon eins bestellen und erhält
sofort Zugang zu den Dienstleistungen.

- HelpOnline: rund um die Uhr im
  Internet unter www.beobachter.ch/
  beratung (→ Beratung mit HelpOnline)
- Am Telefon: Montag bis Freitag von
  9 bis 13 Uhr. Direktnummern der
  Fachbereiche unter www.beobachter.ch/
  beratung (→ Beratung per Telefon) oder
  unter 043 444 54 00
- Kurzberatung per E-Mail: Links zu
  den einzelnen Fachbereichen unter
  www.beobachter.ch/beratung
  (→ E-Mail)
- Kostenpflichtige Spezialberatung:
  Überprüfen von Arbeitszeugnissen,
  Informationen unter www.beobachter.ch/
  beratung (→ Arbeitszeugnis)
- Rechtsberatung für KMU: Informationen unter www.beobachter.ch/beratung
  (→ KMU-Rechtsberatung)
- Beobachter-Anwaltsnetz:
  www.beobachter.ch/beratung (→ Anwalt gesucht?), mit Suchmöglichkeit
  nach Arbeitsgebiet und Standort

www.djs-jds.ch
Demokratische Juristinnen und Juristen der
Schweiz (DJS)
Schwanengasse 9
3011 Bern
Tel. 031 312 83 34

www.sva-fsa.ch
Schweizerischer Anwaltsverband
Marktgasse 4
3001 Bern
Tel. 031 313 06 06
Adressen der kantonalen Anwaltsverbände

Führungsfragen

www.sko.ch
Schweizer Kader Organisation SKO
Schaffhauserstrasse 2
8006 Zürich
Tel. 043 300 50 50
Kompetenzzentrum für Führungskräfte aller
Branchen; zahlreiche Dienstleistungen für
Mitglieder in den Bereichen Weiterbildung,
Karriere, Service, Rechtsdienstleistung,
Finanz- und Versicherungsdienstleistungen

www.svf-asfc.ch
Schweizerische Vereinigung für Führungs-
ausbildung (SFV)
Geschäftsstelle
Moosstrasse 5
8925 Ebertswil
Tel. 044 764 36 26
Ausbildung von Führungskräften sämtlicher
Branchen und Kaderstufen; SVF-Zertifikate
und -Diplome sowie eidgenössisch aner-
kannter Fachausweis und eidgenössisches
Diplom im Führungsbereich

Ausbildung

www.kalaidos-fh.ch
Kalaidos Fachhochschule Wirtschaft
Jungholzstrasse 43
8050 Zürich
Tel. 044 200 19 19
Bachelor-Programm, Masters-Programm,
Studiengänge mit den Abschlüssen
Executive MBA, MBA und MAS

www.sib.ch
SIB Schweizerisches Institut für
Betriebsökonomie
Lagerstrasse 5
8021 Zürich
Tel. 043 322 26 66
Dreijähriges berufsbegleitendes Studium
vermittelt umfassend betriebswirtschaft-
liches Know-how und bereitet auf
verantwortungsvolle Positionen in allen
Branchen vor.

Gerichte, Gesetze, Schlichtungsstellen

www.admin.ch
(→ Bundesrecht → Systematische Rechts-
sammlung)
Gesetzessammlung des Bundes; Suche mit
Artikelnummer, zum Beispiel OR 324a für
Artikel 324a des Obligationenrechts

www.arbeitsinspektorat.ch
Links zu den kantonalen Arbeitsinspekto-
raten sowie Informationen zum Arbeit-
nehmerschutz

www.ebg.admin.ch
(→ Themen → Recht → Gleichstellungsgesetz → Adressen Schlichtungsstellen)
Schlichtungsstellen nach Gleichstellungsgesetz

www.lexfind.ch
Gesetzessammlungen der Kantone, auch zu
finden auf den Webseiten der Kantone

www.zivilgerichte.ch
Adressen der kantonal zuständigen
Schlichtungsbehörden sowie der erst- und
zweitinstanzlichen Gerichte

Sozialversicherungen

www.ahv-iv.info
Informationen zu AHV/IV/EO/EL/
Familienzulagen, zahlreiche Merkblätter,
Adressen der AHV-Ausgleichskassen und
IV-Stellen (→ Kontakte)

www.begr.ch
Schweizerisches Bundesgericht
Ave. du Tribunal fédéral 29
1000 Lausanne 14
Tel. 021 318 91 11
Standort der beiden sozialrechtlichen
Abteilungen:
Schweizerhofquai 6
6004 Luzern
Tel. 041 419 35 55

www.chaeis.net
Stiftung Auffangeinrichtung BVG
Weststrasse 50
8003 Zürich
Tel. 041 799 75 75
Risikoversicherung für Arbeitslose,
Zwangsanschluss, freiwillige Versicherung,
Verwaltung von Freizügigkeitskonten

www.bsv.admin.ch
Bundesamt für Sozialversicherungen
Informationen zu den verschiedenen
Sozialversicherungen

www.treffpunkt-arbeit.ch
Informationen zur Arbeitslosenversicherung, Stellenangebote

www.suva.ch
Schweizerische Unfallversicherungsanstalt (Suva)
Nächstgelegene Agentur unter
Tel. 0848 820 820
Viele Informationen zum Thema Unfall
und Unfallverhütung; Beratungsadressen
unter (→ Service → Beratungsadressen)

Literatur

Beobachter-Ratgeber

Baumgartner, Gabriela; Bräunlich Keller,
Irmtraud: **Fair qualifiziert?** Mitarbeitergespräche, Arbeitszeugnisse, Referenzen.
Beobachter-Edition, Zürich 2012

Bräunlich Keller, Irmtraud: **Arbeitsrecht.** Vom Vertrag bis zur Kündigung.
12. Auflage, Beobachter-Edition,
Zürich 2013

Bräunlich Keller, Irmtraud: **Flexibel
arbeiten: Temporär, Teilzeit, Freelance.**
Was Sie über Ihre Rechte wissen müssen.
2. Auflage, Beobachter-Edition,
Zürich 2012

Bräunlich Keller, Irmtraud: **Job weg?
So geht es weiter.** Meine Rechte bei
Kündigung und Arbeitslosigkeit. 2. Auflage, Beobachter-Edition, Zürich 2011

Bräunlich Keller, Irmtraud: **Mobbing –
so nicht!** Wie Sie sich gegen Schikanen
am Arbeitsplatz wehren. 2. Auflage,
Beobachter-Edition, Zürich 2011

Dacorogna-Merki, Trudy: **Stellensuche
mit Erfolg.** So bewerben Sie sich richtig.
13. Auflage, Beobachter-Edition,
Zürich 2013

Haas, Esther; Wirz, Toni: **Mediation –
Konflikte besser lösen.** 4. Auflage,
Beobachter-Edition, Zürich 2015

Limacher, Gitta: **Krankheit oder Unfall
– wie weiter im Job?** Das gilt, wenn Sie
nicht arbeiten können. Beobachter-Edition,
Zürich 2015

Rohr, Patrick: **So meistern Sie jedes
Gespräch.** Mutig und souverän argumentieren – im Beruf und privat. 3. Auflage,
Beobachter-Edition, Zürich 2012

Ruedin, Philippe; Christen, Urs; Bräunlich
Keller, Irmtraud: **OR für den Alltag.**
Kommentierte Beobachter-Ausgabe aus der
Beobachter-Beratungspraxis. 10. Auflage,
Beobachter-Edition, Zürich 2012

Stokar, Christoph: **Der Schweizer
Business-Knigge.** Was gilt in der Arbeitswelt? Beobachter-Edition, Zürich 2015

Stokar, Christoph: **Der Schweizer
Knigge.** Was gilt heute? 4. Auflage,
Beobachter-Edition, Zürich 2013

Wyss, Ralph; Pelosi, Lea: **Besser verhandeln im Alltag.** Die wichtigsten Verhandlungstechniken richtig anwenden. Mit
vielen Praxisbeispielen. Beobachter-Edition,
Zürich 2013

Bücher zu Führungsthemen

Allgemeine Führung

Steiger, Thomas M.; Lippmann, Eric: Handbuch Angewandte Psychologie für Führungskräfte. 4. Auflage, Springer-Verlag, 2013

Kommunikation

Covey, Stephen M. R. Schnelligkeit durch Vertrauen. Gabal-Verlag, 2009

Neuberger, Oswald: Das Mitarbeitergespräch. Springer Gabler, 2015

Ruppel, Johannes; Schulz Thun, Friedemann; Stratmann, Roswitha: Miteinander reden: Kommunikationspsychologie für Führungskräfte. Rowohlt-Taschenbuch-Verlag, 2003

Watzlawick, Paul; Beavin, J.H.; Jackson, Don D.: Menschliche Kommunikation Verlag Hans Huber, 2011

Leadership (Führen über Persönlichkeit)

Chopra, Deebak: Mit dem Herzen führen. Kohan-Verlag, 2012

Heini, Claude: Führungskraft – Führen mit Kraft. Windsor-Verlag, 2012

Kouzes, James; Posner, Barry: Leadership Challenge. Wiley-VCH-Verlag, 2008

Selbstführung

Buckingham, Marcus: Nutzen Sie Ihre Stärken jetzt. Campus-Verlag, 2009

Christen, Margot; Menzi, Susanne; Züger, Rita-Maria: Selbsterkenntnis Leadership-Modul für Führungsfachleute. Compendio Bildungsmedien, 2013

Covey, Stephen M. R.: Die 7 Wege zur Effektivität. Gabal Management, 2010

Team

Blanchard, Kenneth H., Zigarmi, Patricia; Zigarmi, Drea: Leadership and the One Minute Manager: Increasing Effectiveness Through Situational Leadership. Harper Collins, 2013

Haug, Christoph V.: Erfolgreich im Team, dtv, 2008

Hersey, Paul H.; Blanchard, Kenneth H; Johnson, Dewey E.: Management of organizational behavior. 10. Auflage, Prentice Hall, 2012

Müller, Eva B.: Virtuelle Teams managen. www.business-wissen.de

Tuckman, Bruce W.: Developmental sequence in small groups, Psychological Bulletin 63, S. 384–399

Konfliktmanagement

Glasl, Friedrich: Konfliktmanagement, Ein Handbuch für Führungskräfte, Beraterinnen und Berater. Haupt-Verlag, 2011

Glasl, Friedrich: Selbsthilfe in Konflikten, Konzepte – Übungen – Praktische Methoden. Haupt-Verlag 2011, Rosenberg, Marschall B.: Gewaltfreie Kommunikation. Junfermann-Verlag, 2010

Stichwortverzeichnis